北京大学非营利组织法研究书系编委会

主　任：陈金罗

委　员：魏定仁　金锦萍　刘培峰

　　　　沈国琴　方志平

北京大学非营利组织法研究书系

A Collection of Foreign Laws
Concerning Nonprofit Organizations Ⅲ
LAWs

非营利组织法译汇（三）
英国慈善法

金锦萍 译

社会科学文献出版社
SOCIAL SCIENCES ACADEMIC PRESS (CHINA)

总　　序

　　1998年，北京大学法学院非营利组织法研究中心（以下简称中心）宣告成立，旨在"开展理论研究，提高理论水平，开展教学活动，培养高层次人才，参与立法进程，逐步完善非营利组织的法制建设"。当时"非营利组织"及其相关概念对于大众甚至学界来说都还是非常陌生的。十一载光阴荏苒，截至2008年底，在全国各级民政部门登记的非营利组织已然突破40万个，且每年以超过10%的速度增长；非营利组织学术研究方兴未艾，学界思维活跃，学术活动频繁。

　　中心自成立之日起，就以推动我国非营利组织法制建设为己任，十一年如一日，痴心不改，初衷不移。幸运的是，在这期间，我们迎来了非营利组织法制建设的黄金时期。1998年的《民办非企业单位登记管理暂行条例》尽管现在看来不尽如人意，但是在当时它将向社会提供公共服务的非营利组织从社会团体中分离出来并进行规范，具有开创性的历史意义；2004年通过的《基金会管理条例》更为基金会的健康发展提供了途径；2008年的《企业所得税法》及其实施条例的颁布，既明确了"符合条件的非营利组织的收入为免税收入"，又提高了公益捐赠税前扣除的比例，非营利组织的税收优惠政策因此名正言顺。时至今日，三大条例(《基金会管理条例》、《社会团体登记管理条例》和《民办非企业单位登记管理暂行条例》)也正处于修改之中,以期通过完善相关规则为我国非营利组织的培育发展和规范管理提供更为理想的法制环境。

中心有幸亲历并深入参与这一过程。早在2000年4月,中心就承担了全国人大常委会科教文卫委员会委托起草《民办学校促进法》草案的任务,并圆满完成任务。此后,中心根据研究人员专业特长,在研究各国立法实践和我国非营利组织发展现状的基础上,经过两年不懈的努力,提交了《中国非营利组织立法模式》的研究报告,并出版了《中国非营利组织法的基本问题》和《中国非营利组织立法模式论文集》两书。针对中国宪法之下非营利组织基本法缺位,行政法规与相关领域内立法相互冲突,法律协调成本过高等现状,在参照近年来世界各国非营利组织立法特点的基础上,提出了统一立法的主张。具体而言,在宪法和民法之下,制定统一的非营利组织法,作为非营利组织领域的基本法,规范整个非营利组织设立、登记、内部治理、监管等相关活动。在非营利组织内部,将现有的社会团体、民办非企业单位、基金会整合为社团法人、财团法人,并根据它们各自的特点,规定不同的治理准则。这个研究报告提出后,引起了社会各界的较大反响,一致认为该方案是近年来有关非营利组织立法的一个很有意义的研究报告。尽管也有不同的声音,但大家的基本共识是:根据这个立法模式,制定非营利组织法专家建议稿,供社会和政府参考,对推动非营利组织立法和促进非营利组织的规范发展将大有助益。于是中心在非营利组织立法模式研究的基础上,于2006年开始了中国非营利组织法专家建议稿的起草工作。为此我们还翻译了30多个国家的非营利组织领域的法律,并出版了《外国非营利组织法译汇》《外国非营利组织法译汇(二)》两书。希望通过比较法的视角为立法提供多种解决问题的选择。中心还陆续参与了中国慈善法的起草，参加《社会团体登记管理条例》、《基金会管理条例》和《民办非企业单位登记管理暂行条例》的修订工作。

为让更多的人分享学术研究成果，中心将陆续推出北京大学非营利组织法研究书系。书系包括（但是不限于）外国相关立法的介绍、非营利组织法纲要、公益信托制度、基金会法律规则诠释、监管体制研究，等等。希望这些著作能够记载和解读正在发生的现实和变化，同时为蓬勃发展的中国非营利组织提供法律知识和智慧支持。

北京大学法学院非营利组织法研究中心
2009 年 10 月 31 日

目　　录

1993 年慈善法

第一章　慈善委员会和慈善组织的官方托管人 …………… 3
第二章　慈善组织的登记和名称 …………………………… 5
第三章　慈善委员会的信息获取权 ………………………… 12
第四章　财产近似原则的适用和法院及慈善委员会对慈善
　　　　组织的监督和帮助 ………………………………… 17
第五章　慈善组织的土地 …………………………………… 47
第六章　慈善组织的会计账目、年度报告以及年度报表 …… 56
第七章　慈善受托人社团 …………………………………… 65
第八章　慈善法人 …………………………………………… 73
第九章　其他规定 …………………………………………… 79
第十章　附则 ………………………………………………… 99

2006 年慈善法

第一编　"慈善组织"和"慈善目的"的定义 …………… 111
第二编　关于慈善组织的规定 ……………………………… 116
第一章　慈善委员会 ………………………………………… 116
第二章　慈善法庭 …………………………………………… 120

第三章	慈善组织的登记	124
第四章	财产近似原则的适用	132
第五章	法院和慈善委员会对慈善组织的协助和监管	136
第六章	非公司制慈善组织账目的审计和检查	148
第七章	慈善公司	152
第八章	慈善法人	154
第九章	慈善组织管理人等	155
第十章	非法人慈善组织的权力	163
第十一章	使用资金和合并的权力	171

第三编 慈善组织的筹款 180
  第一章 公共慈善募捐 180
  第二章 筹集资金 202
  第三章 财政资助 208

第四编 其他事宜和一般规定 211
  第一节 其他事宜 211
  第二节 一般规定 213

2011年慈善法

第一编 "慈善组织"及"慈善目的"的定义 221
  第一章 总则 221
  第二章 本法特别条款 227
第二编 慈善委员会及慈善组织官方托管人 229
第三编 豁免登记的慈善组织及主管人 234
第四编 慈善组织的登记及名称 237
第五编 获取信息的权力 246
第六编 将财产用于类似目的权力，法院及慈善委员会对慈善组织的协助及监督 256

目　录

第七编	慈善组织土地	297
第八编	慈善组织账户、报告及年报	309
第一章	个人账目	309
第二章	集团账目	312
第三章	账目审计与账目审查	316
第四章	年度报告、年报及公众查阅账目的权力等	331
第五章	设定最低资金限额的权力	339
第九编	慈善组织内部受托人、受托人及审计员等	341
第十编	慈善公司等	353
第十一编	登记为法人的慈善组织	359
第一章	总则	359
第二章	权限、行为能力及程序等	364
第三章	修改章程	368
第四章	转换、合并及转让	370
第五章	补充	380
第十二编	慈善组织受托人成立法人	383
第十三编	非法人慈善组织	391
第十四编	特殊信托	404
第十五编	地方慈善组织	408
第十六编	慈善组织合并	415
第十七编	法庭	419
第一章	总则	419
第二章	向法庭提出上诉和申请	422
第三章	向法庭提请	425
第十八编	其他条款和补充条款	428
第十九编	最后条款	441
译后记		443

1993 年慈善法

本法根据 1872 年《慈善受托人登记法》，以及 1960 年《慈善法》、1992 年《慈善法》第一编中除已失效的条款或过渡性条款外的内容综合修订而成。

【1993 年 5 月 27 日】

女王陛下根据并遵照上下两院的建议与意见，并依其职权于本次国会会议上颁布本法，全文如下。

第一章 慈善委员会和慈善组织的官方托管人

第一条 慈善委员会

Ⅰ．英格兰和威尔士应当设立慈善委员会，享有本法及其他生效的制定法赋予的职权。

Ⅱ．慈善委员会的组成和运作程序，和其他关于慈善委员会及其官员、雇员的事项，适用本法附表一的规定。

Ⅲ．在不影响其他制定法授予的特定权力和职责的情况下，慈善委员会的主要职责是通过鼓励改进管理方式，就事关慈善组织的事宜为受托人提供信息和建议，以及通过调查和核实权利滥用的方式促进慈善资源的有效利用。

Ⅳ．慈善委员会的主要目标是促进每一个慈善组织（除非其慈善目的发生改变）高效运作以实现信托目的；但是慈善委员会不得直接介入慈善组织的管理。

Ⅴ．每年年底，慈善委员会应当尽快向国务大臣提交一份年度工作报告，国务大臣应将报告副本呈交国会两院审阅。

第二条 慈善组织的官方托管人

Ⅰ．应当长期设有慈善组织的官方托管人（本法中简称为"官方托管人"），其职权为在本法规定的条件下担任慈善信托的托管人；官方托管人是一个单一法人，其永久存续并且使用由行政机关或者法院所授予的官方印鉴。

Ⅱ．被任命的慈善委员会官员应当是官方托管人。

Ⅲ．官方托管人根据慈善事务专员下达的一般或者具体的指引履行职责，其开支除由其作为慈善组织的受托人获得偿还或者回收的款项外，由慈善委员会承担。

Ⅳ. 在官方托管人职位空缺或者相反的情况下，慈善事务专员经过官方托管人的特别或者一般授权后，可以代行其职权。

Ⅴ. 除非因官方托管人或其代理人故意的疏忽或者渎职，官方托管人对任何财产的损失或者不当利用不负法律责任；对因官方托管人的疏忽或者懈怠造成的损失，统一基金应向慈善组织承担赔偿责任。

Ⅵ. 官方托管人应按照财政部的要求保存会计账簿和相关记录，并且应该按照规定的格式、方式和时间处理会计报表。

Ⅶ. 处理后的会计报表应当由统一审计署检查和证明；慈善委员会向国务大臣提交的报告中应包括一份年中或者年会计记录的副本，以及统一审计署对会计报表的证明和报告。

第二章 慈善组织的登记和名称

一 慈善组织的登记

第三条 慈善组织的登记簿

Ⅰ.慈善委员会应以其认为合适的方式,持续保有慈善组织的登记簿。

Ⅱ.除以下本条第五款规定的慈善组织外,所有慈善组织都应进行登记;对于本条第五款第一项以外的可不进行登记的慈善组织,可依其请求将其列入登记簿;并且在任何时间,可依该组织(无论其在登记时是否属于可不进行登记的组织)请求注销登记。

Ⅲ.登记簿应包括——

(一)每个已登记慈善组织的名称,以及

(二)慈善委员会认为应予以登记的慈善组织的特殊信息以及类似的相关信息。

Ⅳ.当慈善组织的目的或者信托条款改变,以致慈善委员会认为其已不再是慈善组织时,应注销该慈善组织的登记,注销自组织目的或者信托条款改变之日起生效;当某一慈善组织消灭或者终止运行时,应注销其登记。

Ⅴ.下列慈善组织可不进行登记:

(一)本法附表二中包含的慈善组织(本法称为"豁免登记的慈善组织");

(二)根据命令或者规章不需登记的慈善组织;

(三)具有以下特征的慈善组织:

(1)没有永久性捐赠,而且

(2)不占有或者使用任何土地,

并且该组织通过所有渠道获得的年度总收入低于1000英镑；此外，已登记的宗教场所不需进行登记。

Ⅵ. 慈善组织申请登记时，应向慈善委员会提交信托条款的副本（如果该组织并非基于现存的信托条款而设立，则提交该组织的详细情况），以及国务大臣所规定的、慈善委员会基于申请的目的而要求提交的其他文件或者信息。

Ⅶ. 以下义务应予履行：

（一）任何未登记并且未被豁免登记的慈善组织的受托人应申请登记，并且根据以上本条第六款的规定提供相应的文件和信息；

（二）如果慈善组织不复存在或者已登记的信托条款变更、详细情况发生变化，该组织的受托人或最后受托人应将该情况通知慈善委员会，并向慈善委员会提交发生变化的详细情况或者新的或变更后的信托条款副本。

Ⅷ. 登记簿（包括登记簿中因慈善组织被注销而删除的条目）应当允许公众在适当的时间查阅；只要该慈善组织依然登记在册，本条规定的向慈善委员会提交的信托条款副本或者详细情况，应由该慈善委员会负责保存，并在适当的时间向公众开放，除非国务大臣的规章中另有规定。

Ⅸ. 如果登记簿中的信息未形成正式文档，以上本条第八款的规定应当理解为慈善组织提供的信息应当清晰易读，便于公众在适当的时间查阅。

Ⅹ. 经慈善委员会做出决定，以上本条第八款的规定不适用于登记簿中的特殊信息，以及决定中列明的信息。

Ⅺ. 除非法院做出指令，本条前款规定不要求任何人向慈善委员会提供慈善组织管理计划的副本；或者通知慈善委员会慈善组织基于该计划所做出的变更；或者在慈善委员会已经获得应审阅的文件或副本后，再次提交文件副本。尽管根据本款规定不需向慈善委员会提交文件副本，但如果该副本涉及已登记的慈善组织，则该副本应当如同提交给慈善委员会一样，根据以上本条第八款允许公众查阅。

Ⅻ．国务大臣基于以下方面的原因，可以做出命令，对以上本条第五款第三项中规定的具体数额做出变更：

（一）货币价值的变化，或者

（二）为了扩大以上本条第五款第三项规定的豁免登记的慈善组织范围。

ⅩⅢ．以上本条第五款第二项规定中，"根据命令或者规章不需登记的慈善组织"是指：

（一）根据慈善委员会的命令被永久或暂时地列为例外的组织；

（二）根据国务大臣做出的规章被永久或者暂时地列为例外的组织；

并且以上本条组织符合列为例外的条件。

ⅩⅣ．在本款中，"已登记的宗教场所"是指1885年《宗教场所登记法》规定的场地或者建筑物（即假如1960年《慈善法》没有通过，将被1853年《慈善法》部分地予以豁免的场地或者建筑物）。基于本款规定之目的，"建筑物"包括建筑物的某部分。

第四条 登记的效力、权利要求和异议

Ⅰ．除为更正登记而进行的记载外，记载于登记簿上的慈善组织，在任何时候均应被推定是或者曾经是慈善组织。

Ⅱ．因某一组织被登记为慈善组织而受到或者可能受到影响的任何人，如果其有理由认为该组织并非慈善组织，可以对慈善委员会的登记行为提出异议或者申请慈善委员会注销登记；提起和处理异议或者申请的具体方式由国务大臣以规章的形式予以规定。

Ⅲ．对于慈善委员会将某一组织登记为或者不登记为慈善组织的决定，或者将某一组织从登记簿中注销或者将不予注销的决定，总检察长、某一组织的慈善受托人或者主张为某一组织慈善受托人的人，或者任何根据以上本条第二款提出异议或者申请而被驳回的人，均可向高等法院提起上诉。

Ⅳ. 如果慈善委员会做出的关于将某一组织应登记为慈善组织或者不予注销登记簿中的某一组织的决定被提起上诉，则在该决定被判定是否有足够理由前，登记簿中的相关条目应维持不变，但该条目的效力待定且应标明该条目效力未定；此外，根据以上本条第一款的目的，当登记簿中的相关条目根据本款规定处于效力未定状态时，该组织不应被视为已经登记。

Ⅴ. 如果慈善委员会认为客观情况已经发生变化，或者该决定与嗣后的司法裁定（不论该裁定是否在上诉中做出）不一致，那么即使在上诉中已经根据以上本条第三款的规定就该问题做出了决定，该决定也并非最终决定；而且任何影响某一组织在登记簿上的登记或者注销的问题，都可以由慈善委员会重新审查。

第五条 小型慈善组织以外的已登记的慈善组织在官方出版物等上的身份

Ⅰ. 本条适用于最近一个会计年度的总收入超过5000英镑的已登记的慈善组织。

Ⅱ. 如果本条适用于已登记的慈善组织，那么该慈善组织已登记的事实应当以明确易懂的英文表述在以下文件中：

（一）该慈善组织发布的、以其名义发布的以及其为募集金钱或者获得其他财产等利益时发布的通知、广告以及其他文件；

（二）以该慈善组织的名义签发的汇票、本票、背书文件、支票以及关于金钱或者其他货物的订单；

（三）该慈善组织的所有账单、发票、收据以及信用证。

Ⅲ. 无论该募集是以明示还是默示的方式，以及对金钱或其他财产的是否给付了对价，以上本条第二款第一项均应适用。

Ⅳ. 如果在本条适用的已登记的慈善组织中，负责签发或者授权签发以上本条第二款第一项或第三项规定的文件的任何人，未按本条相关条款的规定在文件中标明该组织为已登记的慈善组织的，则其构成犯罪，应按简易程序判处不超过法定第三等标准的罚金。

Ⅴ. 如果在本条适用的已登记的慈善组织中，负责签发或者授权签发以上本条第二款第二项规定的文件的任何人，未按本条相关条款的规定在文件中标明该组织为已登记的慈善组织的，则其构成犯罪，应按简易程序判处不超过法定第三等标准的罚金。

Ⅵ. 国务大臣可以通过命令修改本条第一款所规定的数额。

二　慈善组织的名称

第六条　慈善委员会要求慈善组织变更名称的权力

Ⅰ. 对于本条适用的慈善组织，慈善委员会可以发布指令要求其在规定的时间变更名称，新名称由慈善受托人确定并经慈善委员会批准。

Ⅱ. 以上本条第一款适用于以下慈善组织，如果：

（一）该组织为名称已登记的慈善组织，其名称（"已登记名称"）：

（1）与其他慈善组织的名称（无论登记与否）相同，或者

（2）被慈善委员会认为非常类似于其他慈善组织的名称（无论登记与否）；

（二）慈善委员会认为该慈善组织的名称可能会误导公众，使公众对该组织

（1）设立时的目的，或者

（2）为实现该目的而开展的活动的本质产生误解；

（三）该慈善组织的名称中包含国务大臣制定的规章中所单列的单词或语句，并且慈善委员会认为这些单词或者词句的使用会误导公众对该慈善组织地位的认识；

（四）慈善委员会认为该慈善组织的名称的使用会使公众认为该组织与英国政府、任何地方政府、任何其他团体或者个人有一定联系，虽然该慈善组织事实上与其并无任何联系；

（五）慈善委员会认为该慈善组织名称中存在侮辱性语言。

以及，本款中慈善组织的名称，是指已登记的慈善组织登记的名称。

Ⅲ. 任何根据以上本条第二款第一项做出的指令，应当在该登记名称被记载于登记簿之日起十二个月内做出。

Ⅳ. 任何根据本条向慈善组织做出的指令应对慈善受托人送达；慈善受托人收到该指令后，无论该慈善组织的信托条款如何规定，均应执行该指令。

Ⅴ. 慈善组织根据本条规定变更名称的，在不与以上第三条第七款第二项规定相抵触的情况下，其有义务在名称变更当日将新名称告知慈善委员会。

Ⅵ. 慈善组织根据本条对名称的变更，不影响其任何权利和义务；该慈善组织以其原名、针对其原名开始或进行的法律程序可以该组织的新名称开始或继续进行。

Ⅶ. 1985年《公司法》第二十六条第三款（即关于可忽略的名称细微变更的规定）的规定应根据本条的目的适用，如同该公司法中第二十六条第一款第三项与上述本条第二款第一项的所指内容相同一样。

Ⅷ. 如果慈善组织采用公司法人形式，那么，本条中对慈善组织受托人的规定应理解为对公司董事的规定。

Ⅸ. 本条规定不适用于豁免慈善组织。

第七条　当慈善组织为公司法人形式时，根据第六条做出的指令的效力

Ⅰ. 当慈善组织为公司法人形式时，根据第六条规定做出的指令应视为要求公司董事通过决议变更慈善组织的名称。

Ⅱ. 慈善组织的董事在遵循以上本条的指令通过决议时，应遵守1985年《公司法》第三百八十条的规定（即关于决议和协议的登记等事项的规定）。

Ⅲ. 当公司法人形式慈善组织按照以上本条的指令变更名称时，

登记人员应履行以下义务：

（一）按照1985年《公司法》第二十六条的规定（即关于禁止使用的特定名称注册的规定），在登记簿上的原名称处登记新名称；

（二）根据具体情况，签发法人变更证明；

并且，该慈善组织名称的变更自该证书签发之日起生效。

第三章　慈善委员会的信息获取权

第八条　进行调查的一般权力

Ⅰ．基于一般或者特定目的，慈善委员会可以不定期地调查所有慈善组织、特定的慈善组织或者某类慈善组织，但不得对豁免登记的慈善组织进行此类调查。

Ⅱ．慈善委员会可以自行调查，也可任命特定人员进行调查并要求其提交一份调查报告。

Ⅲ．为实现调查的目的，慈善委员会或者受其任命的特定人员可要求任何人（本条相应条款所规定的人）：

（一）以书面形式提供与被调查的事项相关的、当事人可以通过合理的方式取得的会计记录和陈述，或者书面答复向其提出的有关被调查事项的问题或者询问，以及通过法定声明的形式确认其账目、陈述和答复的真实性；

（二）提供该方当事人保管或者控制的与被调查问题相关的文件的副本，并通过法定声明的形式确认这些副本的真实性；

（三）在特定的时间和地点提供证据或出示相关文件。

Ⅳ．为实现调查的目的，可以采用宣誓的方式确保证据的真实性，调查人员应监督被调查者的宣誓行为，或要求其制作或者签署一份保证自己在调查中所提供事实的真实性声明。

Ⅴ．为实现本条的调查目的，慈善委员会应向提供证据或者文件的人支付必要的费用；如果根据以上本条第三款第三项做出的指令，被调查的人需要前往距离其住所十公里以外的地方接受调查，那么，在慈善委员会支付或者交付必要费用之前，该被调查者没有义务服从该指令。

Ⅵ. 慈善委员会依据本条进行调查时，拥有如下权力：

（一）在其认为合适时，要求调查人员印刷或者出版其调查报告，或者关于调查结果的声明；

（二）如果有人可能就慈善委员会采取的行动对调查报告或者声明提出异议，那么，可以足以引起其注意的方式公布这些报告或者声明。

Ⅶ. 如果本条所规定的调查的对象是地方慈善组织，则可由郡或者地区委员会、伦敦市议会或者伦敦区议会向慈善委员会提供相应的费用。

第九条　要求提供文件或者搜索记录的权力

Ⅰ. 慈善委员会可以通过命令——

（一）要求拥有与慈善组织有关的、有助于慈善委员会履行其自身或者官方托管人职责的信息的人提供该信息；

（二）要求保管或者控制与慈善组织有关的、有助于慈善委员会履行其自身或者官方托管人职责的文件的人——

（1）向慈善委员会提供该文件的副本或者摘要，或者

（2）向慈善委员会移交该文件原本以供审查，除非该文件构成某一法院、公共主管当局或地方当局的记录或者其他文件的一部分。

Ⅱ. 为履行慈善委员会或者官方托管人的职责，任何经授权的慈善委员会的管理人员都有权无偿审查档案或者其他自所有法院、注册处、登记处所获取的文件，并制作相应的副本或者摘要。

Ⅲ. 慈善委员会被授权无偿持有根据以上本条第一款向其提供的副本或者摘要；如果依据以上第一款向慈善委员会提供的需要的审查文件，涉及一个或者多个慈善组织，且没有被慈善组织授权的文件受托人或者保管人持有，那么慈善委员会可以选择持有该文件或者将其送交慈善组织授权的其他人。

Ⅳ. 任何保管涉及豁免登记的慈善组织的相关文件的人，没有义务根据第一款规定向慈善委员会提交该文件中任何部分、文件的副本

或摘要。

Ⅴ．如果记录的信息非清晰易读的形式，那么，以上本条第二款所授予的权利包括要求提供清晰易懂的信息，或者将该信息做成或加工成副本或者摘要的权利。

第十条　向慈善委员会以及由慈善委员会进行的信息披露

Ⅰ．如果某个团体或者个人的信息披露能够促进或者有助于慈善委员会履行其职责，那么在合乎或者为了实现制定法所规定之目的且在不违反以下本条第二款和其他制定法中明确限制的情况下，本条所适用的任何团体或个人可以向慈善委员会披露其所获信息。

Ⅱ．以上本条第一款的规定不适用关税和消费税专员署以及国内税收专员署；但是，这些专员署（简称为"相关机构"）可以向慈善委员会提供以下信息：

（一）相关团体无论基于何种目的而认定为慈善目的而设立的任何组织的名称和地址；

（二）当相关团体基于提供或者获得帮助的目的而披露信息以决定是否某组织为慈善目的而设立时，关于设立或者管理该组织的目的和信托条款的信息；而且

（三）关于某一组织的信息，如果基于某种目的，该组织被视为为慈善目的而设立，但相关团体认为该组织：

（1）曾经或者正在从事非慈善目的的活动；

（2）曾经或者正在将其部分基金用于非慈善目的。

Ⅲ．在以上本条第二款中与国内税收专员署有关的组织，应理解为英格兰和威尔士境内的组织。

Ⅳ．为了实现任何制定法的目的且在不违反以下本条第五款规定的情况下，慈善委员会可以向本条适用的团体或者个人披露其获得的信息，如果该信息披露有助于：

（一）实现慈善委员会的职能；或

（二）帮助或者促进某个团体或者个人实现其职能的。

Ⅴ. 如果根据以上本条第一款、第二款规定向慈善委员会进行的信息披露，要受到慈善委员会所明确规定的信息披露的限制，那么，慈善委员会在按照以上本条第四款的规定进行信息披露时也应遵循该限制。

Ⅵ. 本条适用于以下团体或个人：

（一）所有政府部门（包括北爱尔兰的政府部门）；

（二）所有地方政府机构；

（三）所有治安警察；

（四）所有其他具有公共职能的团体或个人（包括履行与公共活动有关的法定职能的团体或个人）。

Ⅶ. 当慈善委员会根据以上本条第四款的规定进行信息披露时，以上本条第六款第四项中的团体或者个人，应被理解为包括位于英国境外其他国家或者地区的该类团体或个人。

Ⅷ. 本条中任何规定均不影响其他条款所规定的可行性信息披露的权力。

Ⅸ. 本条中"制定法"包括由次级立法（1978年《法律解释法》规定的含义范围内）中的制定法。

第十一条 向慈善委员会提交错误的或者误导的信息等问题

Ⅰ. 任何人故意或者过失地向慈善委员会提供错误或者误导的信息的，构成犯罪，如果该信息——

（一）属于依照本法规定应当提供的信息；或者

（二）虽然不符合以上本款第一项的条件，但是该信息的提供者明知或者可合理预知慈善委员会履行其职责将使用该信息。

Ⅱ. 任何根据本法规定需要向慈善委员会提供信息的人故意改变、藏匿、隐瞒或者销毁该信息的，构成犯罪。

Ⅲ. 依据本条规定构成犯罪的任何人，将承担以下责任：

（一）被以简易程序判决承担不超过法定最高限额的罚金；

（二）被判处两年以内监禁或者单处罚金，或者两年以内监禁并处罚金。

Ⅳ. 本条中所指慈善委员会包括以上第八条中规定的其他调查人员。

第十二条 资料保护

为实现1984年《资料保护法》第三十条（关于为实现与财政服务有关的指定功能等的目的而对国民查阅资料规定的豁免的规定）的目的，可以赋予慈善委员会以国务大臣的与以下内容相关的职能——

（一）保护慈善组织免受管理中的失职行为和不当管理（无论是慈善受托人还是其他人所造成的）的影响；

（二）保护慈善组织的财产免受损失或被不当利用，或者通过恢复该项财产以保护慈善组织的财产。

第四章　财产近似原则的适用和法院及慈善委员会对慈善组织的监督和帮助

一　法院权力的延伸和章程的变更

第十三条　近似原则的适用情形

Ⅰ．在不违反以下本条第二款规定的情况下，具备以下条件，慈善组织可以改变最初的慈善捐赠目的以便能使捐赠的财产的全部或其部分适用近似原则——

（一）如果最初目的，全部或者部分地——

（1）已经实现；或

（2）无法实施，或者无法按照确定的指令实现或者无法按照捐赠的目的实施；

（二）实施最初目的仅需运用捐赠财产的一部分；

（三）将捐赠财产与其他用于相似目的的财产结合使用能够更有效率，并且考虑到捐赠的目的，财产适合应用于共同目的；

（四）考虑到捐赠的目的或切实可行地管理捐赠财产，最初目的是为某一地区而设立，但是该地区已不是一个行政区划，或者最初目的是为某一阶层或者某一地区而设立，但出于某种原因该人群或者地区已不再适合；

（五）自最初目的确定后，该目的已全部或者部分地——

（1）被以其他方式充分实现；

（2）由于其对社区无利、有害或者出于其他原因而不再具有法律所认可的慈善性；

（3）考虑到捐赠目的，用其他任何方式都已不能合理和有效地利用捐赠财产。

Ⅱ. 以上本条第一款的规定不影响为慈善目的而适用财产近似原则时所需满足的条件的规定，但满足这些条件便无法实现最初目的的情形除外。

Ⅲ. 如果某项财产已经通过规划或者其他方式被改变或者调整用途，那么，前述的关于最初目的的规定应理解为是指该财产当时被使用的目的。

Ⅳ. 不影响以上本条第一款规定中的制订计划的权力的前提下，财产持有目的被写为本法附表三第一栏中提到的区域的利益，那么，法院可以在司法管辖范围内根据计划将财产近似原则扩大适用于该表同一条目第二栏所规定的地区。

Ⅴ. 因此，规定慈善目的的信托条款为慈善受托人规定了一项义务，即在某项财产全部或者部分适用近似原则时，该慈善受托人应采取措施保证近似原则的适用，从而确保有效利用慈善组织的财产。

第十四条　捐赠者不明或拒绝承认时近似原则的适用

Ⅰ. 捐赠的特定慈善目的无法实现时应当适用财产近似原则，如同该财产为一般慈善目的而捐赠，如果该项财产属于——

（一）捐赠者，但在以下时间之后，仍无法确认捐赠者的身份或者无法找到捐赠者——

（1）规定的公告或者调查已经公布或者进行，以及

（2）自该公告或者调查确定的公告期间届满之日，或者

（二）捐赠者以规定形式放弃要求返还其财产的权利。

Ⅱ. 如果以上本条财产的受托人或者受托人的代表人公布或者进行了规定的公告或调查，但该财产的利益相关人没有在本条第一款第一项（2）规定的期限届满前提出权利要求，则该受托人不对该财产损失承担责任。

Ⅲ. 根据本条的目的，如果某项财产符合下列任一条件，那么无须公告或者调查，即可将该财产认定为捐赠者不明的财产——

（一）该财产是通过募捐箱募集的现金或者通过捐赠财产无法被

区分的方式募集的；

（二）该财产是通过彩票、竞赛、娱乐、销售或者其他类似募集方法募集的财产，允许以募集财产提供奖品或者作为销售的条件来开展活动。

Ⅳ．即使某项财产不属于以上本条第三款规定的财产，但是，符合以下情形之一的，考虑到本条的目的，法院可以不经公告或调查，而是通过命令确定该财产为捐赠者不明的财产——

（一）考虑到向捐赠者返还该项财产的支出，返还该项财产是不合理的；

（二）考虑到捐赠的性质、环境、数量以及自捐赠经过的期间，捐赠者没有理由期待返还捐赠。

Ⅴ．当根据本条对某项财产适用财产近似原则时，捐赠者应自捐赠之日起就丧失对该项财产的所有利益；如果某项财产因捐赠者不明或者捐赠者无法找到而适用近似原则，而非根据本条第三款、第四款而适用近似原则时，那么——

（一）慈善组织的计划应当具体确定该财产的价值总额；

（二）自计划做出之日起六个月内，如果对该财产享有部分权利的捐赠者要求返还财产，那么他有权从受赠慈善组织取回等值的财产，但应扣除自其主张权利之日起受托人支出的合理费用；

（三）计划中可以包括实现这些权利的指令。

Ⅵ．如果——

（一）根据指令，一定数额的财产被用于实现权利要求，但是

（二）如果慈善委员会做出指令，要求返还超过相关数额的财产，那么捐赠人仅有权要求返还主张数额占以上本条第五款第二项中总额的比例的部分；而且，为实现该目的，"相关数额"是指扣除自主张权利之日起慈善组织受托人支出的、与主张权利相关的、涉及捐赠财产的合理费用。

Ⅶ．为实现本条的目的，如果依据慈善目的使用财产确有困难，

以致该财产或者该财产中部分不能适用近似原则而被返还,那么应当认定慈善目的无法实现。

Ⅷ. 在本条中,"规定的"是指慈善委员会的规章所做出的规定;当涉及以上本条第一款第一项所指的用于公布的公告时,这些规章可以规定公告的内容、形式及方式。

Ⅸ. 本条所指的慈善委员会的规章应以慈善委员会认为合适的方式公布。

Ⅹ. 在本条中,除非依据文义应另作解释,捐赠者均指包括通过最初捐赠者或者以最初捐赠者名义提出权利主张的人,已有财产包括当时的最初捐赠财产或孳息。

Ⅺ. 即使捐赠发生于本法适用之前,对用于慈善目的的财产,本条依然适用。

第十五条 特许状或立法规制下的慈善组织

Ⅰ. 如果关于设立或者规制法人团体的特许状经过批准或者默许被修改,那么与法人团体或法人财产的管理有关的经营管理计划(包括为对这些财产适用近似原则而制订的计划)可由有管辖权的法院制订,但只有当女王陛下认为可以通过修改宪章以批准经营管理计划或允许非经修改特许状可以生效时,该经营管理计划或者该部分有效。

Ⅱ. 如果慈善组织处于法院、北爱尔兰相应法院、本法赋予的权力或者北爱尔兰有关慈善组织立法的管辖范围内,那么,可以制订该法人团体的经营管理计划;而且,如果女王陛下在考虑该经营管理计划后认为修改与该组织有关的特许状是合适的,那么经该组织申请,女王陛下可以通过国会的命令以批准和接受新特许状的方式对其做出修改;而且,这些命令可以与修订特许状同样的方式废止或者修改。

Ⅲ. 法院对于慈善组织的管辖权不应通过立法或者其他法律文件排除或者限制本法附表四中所提到的慈善组织,关于该慈善组织的经营管理计划可以通过立法或者其他法律文件修订或者替代,如同通过法院的制订的经营管理计划一样进行修订或者替代,也可根据附表四授权进行修订或者替代。

二 慈善委员会制订经营管理计划或者采取保护慈善组织的行动的权力

第十六条 基于特定目的拥有与高等法院相同的管辖权

Ⅰ. 按照本法规定,基于以下本条目的,慈善委员会在慈善组织的诉讼活动方面可以依据命令拥有与高等法院相同的司法管辖权限和权力——

(一)制订慈善组织的经营管理计划;

(二)任命、解任或者撤销某慈善管理人或者慈善组织受托人,或者撤销慈善组织的官员或者雇员;

(三)授权管理或者转移财产,或者命令或授权任何人进行财产转移或支付。

Ⅱ. 如果法院为管理即将建立的慈善组织而指令制订经营管理计划,法院可以通过命令将其交付慈善委员会,由其按照法院根据具体情况做出的指令准备或制订一个计划。法院作出的命令应有利于慈善委员会根据命令实施计划,如同根据以上本条第一款规定的情形且没有法院的进一步命令时一样。

Ⅲ. 根据本条,慈善委员会无权审理或决定普通法或者衡平法中的慈善组织或慈善组织受托人与持有或者就某项财产主张权利的人或者享有与慈善组织相冲突的利益的人之间的财产关系,或者审理或决定有关抵押或信托的真实性或范围问题。

Ⅳ. 根据本条以下的规定,慈善委员会不得根据本条关于慈善组织的相关规定行使司法管辖权,除非——

(一)慈善组织申请,或者

(二)法院根据以上本条第二款的规定下达命令;

(三)总检察长针对豁免登记的慈善组织以外的慈善组织提出

申请。

V. 当非豁免登记的慈善组织从各种渠道获得的年度总收入不超过500英镑时，如果具有以下本款规定的申请条件，法院可行使本条所规定的权力——

（一）一个或者多个慈善受托人提出申请；或者

（二）慈善组织的利益相关者提出申请；或者

（三）一个或多个慈善组织所在地的居民提出申请且该慈善组织为一地区性慈善组织。

VI. 如果慈善委员会认为某个非豁免登记的慈善组织的受托人为了该组织的利益应当申请制订经营管理计划而该受托人不合理地拒绝或忽视申请，并且慈善委员会已经提供机会允许该受托人向其进行陈述，那么视为制订经营管理计划的申请已经做出，慈善委员会可据此行使本条所规定的权力。但是，慈善委员会无权根据本款规定变更慈善组织的目的，除非该慈善组织已经设立四十年以上。

VII. 如果——

（一）慈善组织无法申请制订经营管理计划是因为慈善组织的受托人职位空缺或者受托人缺席或者无行为能力，但是

（二）现有受托人提出申请且慈善委员会认为根据具体情形提出申请的人数是合适的，

那么慈善委员会可以受理申请，并且视为慈善组织合法有效提出了申请。

VIII. 为解除受托人的职责，慈善委员会可基于慈善组织管理人或者慈善组织受托人的申请行使本条规定的权力。

IX. 如非基于法院的命令而行使本条规定的权力，慈善委员会应将其行为意图通知每位慈善受托人，除非无法找到受托人、无法获知受托人在英国境内的住址或者该受托人是申请的一方当事人或者利害关系人。通知应以邮寄方式送达，且如果采用了邮寄的方式，应寄往该受托人在英国境内已知的最新地址。

Ⅹ．如果因为可能引起的争议、特殊的法律问题或事实问题，或者其他原因导致慈善委员会认为该事项适于法院审理，慈善委员会不应根据本条规定行使权力，但该事项是由法院通过命令移送的除外。

Ⅺ．任何针对本条所规定的慈善委员会的命令提起的上诉由总检察长提交高等法院。

Ⅻ．自慈善委员会公布根据本条做出的命令之日起三个月内，任何慈善受托人或者被撤职的慈善组织管理人或者雇员（除非他同时被撤销受托人的职责或者获得了可能的慈善组织特别访问者的同意）可以针对该命令向高等法院提出上诉。

ⅩⅢ．除非持有慈善委员会符合上诉条件的证明或者高等法院大法官法庭分庭法官的同意，任何人不得根据以上本条第十二款规定提出上诉。

ⅩⅣ．如果慈善委员会根据本条的规定制订了一个关于慈善组织的经营管理计划，那么任何该组织的利益相关者和该组织的慈善受托人依据以上本条第十二款规定享有相同的上诉权。因此，如果某一慈善组织是地区慈善组织，该地区的两个或更多的居民或教区议会或任何包括该地区或者其中一部分社区（在威尔士）拥有该上诉权。

ⅩⅤ．如果国务大臣认为基于以下理由那样做合适的话，

（一）由于货币价值的变化，或者

（二）为了增加慈善委员会可以根据以上本条第五款的规定行使司法管辖权的慈善组织的数目，国务大臣可以通过修订第五款，替换其中规定的具体数额标准。

第十七条　制订经营管理计划或者修改慈善组织财产运用方式的延伸权力

Ⅰ．如果慈善委员会认为为管理慈善组织应当制订经营管理计划，而且需要或者能够改变据以设立或者管制慈善组织的国会法案的规定或者制定由慈善委员会执行的、超越或可能超越其权力范围的除本条以外的其他规定，或者国会基于任何原因需要对经营管理计划进行审

查,那么(在不违反以下本条第六款的规定的前提下)慈善委员会可以根据本条规定而制订有效的经营管理计划。

Ⅱ. 慈善委员会基于本条规定制订的经营管理计划可以依据国务大臣的命令而具有效力,但是应向国会提交命令草案。

Ⅲ. 在不影响适用1946年《立法法》第六条的情况下,如果某个经营管理计划超越了本条规定可以运用的权力,修改了任何国会公共法案所包含的或者已经生效的成文法规定,除非国会两院均同意国务大臣提交的命令草案,否则国务大臣不得制定该命令。

Ⅳ. 在不违反以下本条第五款规定的前提下,法院或者慈善委员会可以修改或者更换任何依据本条规定生效的经营管理计划的任何条款,该计划类似于根据以上第十六条规定的根据慈善委员会命令而具有法律效力的经营管理计划。

Ⅴ. 当以上本条第三款适用于某经营管理计划时,其据以生效的命令可以规定,如新经营管理计划并非依据本条规定而具有法律效力,不得修改或更换原经营管理计划;该命令还可规定,该款适用于修改或者更换该命令赋予效力的原经营管理计划的新经营管理计划。

Ⅵ. 如同以上第十六条规定的需要慈善受托人申请和通知慈善受托人一样(没有法院命令的情形下),在没有申请和通知的情况下,慈善委员会依据本条不应继续进行程序;但是,在依据第十六条第六款或者第七款申请制订经营管理计划或慈善委员会行使职权时,慈善委员会可以根据本条或者第十六条采取其认为合适的方式继续进行程序。

Ⅶ. 无论某一慈善组织的信托条款如何规定,未经法院或者慈善委员会同意,不应将为实现慈善组织目的的财产用于支付任何准备或者宣传提交国会议案的费用,但是本条不适用于豁免登记的慈善组织。

Ⅷ. 如果慈善委员会认为慈善组织符合以下条件——

(一)慈善组织全部收入在当前状况下不可能有效地实现其目的;并且

（二）如果当前状况持续存在，可能会制订对该组织的剩余财产适用近似原则的经营管理计划；并且

（三）现在制订经营管理计划尚不具可行性，

那么，慈善委员会可以通过命令授权该慈善组织受托人自由决定（当然需要符合命令中规定的条件）是否申请制订经营管理计划以便有效运用该组织已累算收入及应累算收入以实现其目的，依据该命令运用慈善组织财产的行为应被视为符合该慈善组织的目的。

Ⅸ. 根据以上本条第八款做出的不适用于命令做出前超过300英镑的已累算收入、命令做出后超过三年的应累算收入，以及命令做出后前三年中任何一年超过100英镑的应累算收入。

第十八条　采取行动保护慈善组织的权力

Ⅰ. 在根据本法第八条的规定对某一慈善组织进行调查后，如果慈善委员会认为——

（1）在慈善组织的管理中存有失职行为或者不当管理；或者

（2）有必要保护该慈善组织的财产或者为实现慈善组织的目的而合理运用该组织的财产或者将归属于该组织的财产，

那么，慈善委员会可以自行决定采取以下措施——

（一）命令暂停任何受托人、慈善组织的管理人、慈善组织的代理人或者雇员行使职责或者从事工作，直到已经充分考虑是否撤销其职权（不论基于本条还是其他规定）；

（二）为妥善管理慈善组织而通过命令任命同等数目的慈善组织受托人；

（三）通过命令将慈善组织依据信托持有的财产交由官方托管人托管，或者要求慈善组织财产的保管人将该财产移交给官方托管人，或者任命任何人将该财产移交给官方托管人；

（四）命令代表慈善组织持有其财产的任何人，或者慈善组织的任何受托人未经慈善委员会同意不得出让慈善组织的财产；

（五）命令慈善组织的债务人未经慈善委员会同意不得向慈善组

织清偿债务；

（六）通过命令限制（无论慈善组织的信托条款如何规定）在慈善组织的管理中未经慈善委员会同意可以进行的交易，可以支付的财产性质和数额；

（七）根据以下第十九条的规定，通过命令任命慈善组织财产和事务的接收人和管理人。

Ⅱ. 在根据以上第八条的规定对慈善组织进行调查后，如果慈善委员会认为——

（一）在慈善组织的管理中存有失职行为或者不当管理行为；或者

（二）有必要保护该慈善组织的财产或者为实现该组织的目的而合理运用该组织的财产或者将归属于该组织的财产，

那么，慈善委员会可自行决定采取以下措施——

（1）通过命令解任那些对失职行为或者不当管理负有责任或知悉，或以行为帮助实施、促成失职行为或者不当管理的任何受托人、慈善组织受托人、慈善组织管理人员、代理人或者雇员；

（2）通过命令制订管理该慈善组织的经营管理计划。

Ⅲ. 以上本条第一款和第二款中的失职行为和不当管理（不论信托条款中如何约定）可以适用于为向处理慈善组织事务的人员支付报酬或者奖金而建立雇佣关系的行为，或者基于其他管理目的而支付或者可能支付超过为实现慈善组织目的应支付财产的数额的行为。

Ⅳ. 在以下情况下，慈善委员会可以自行决定通过命令撤销该慈善组织的受托人——

（一）最近五年内，慈善组织管理人：

（1）因宣告破产、没收财产曾被解雇；

（2）虽然与债权人达成和解、协议或者达成信托文件而依然被解雇；

（二）慈善受托人是一个处于清算中的法人；

（三）慈善受托人由于1983年《精神健康法》所规定的精神紊乱而不具有行为能力；

（四）慈善受托人不履行职责，也不宣布其是否将履行其职责；

（五）慈善受托人位于英格兰和威尔士以外或无法找到或不履行职责，以及因为其缺席或不履行职责妨碍了慈善组织的正常管理。

Ⅴ. 在下列情况下，慈善委员会可以通过命令自行决定任命慈善组织的管理人——

（一）代替慈善委员会根据本条或者其他规定而撤销的慈善组织管理人；

（二）该慈善组织已没有管理人，或者由于受托人的空缺或者丧失行为能力而致使该慈善组织无法申请指定；

（三）该慈善组织仅剩下一个非社团法人的慈善组织管理人，而慈善委员会认为为正常管理该慈善组织需要增加受托人的人数；

（四）慈善委员会认为，由于现任慈善受托人无法找到、不履行职责或者在英格兰和威尔士以外，为正常管理该慈善组织需要额外增加一个慈善受托人。

Ⅵ. 慈善委员会依据本条自行撤销或者任命慈善组织的管理人的权力应包括通过命令交付或者转移财产给慈善组织管理人的权力，类似于慈善委员会根据以上第十六条的规定因撤销或者任命慈善组织管理人而有权交付或者转移财产。

Ⅶ. 任何根据本条而做出的撤销或者任命慈善组织的受托人、交付或者转移财产的命令，其效力与根据本法第十六条而做出的命令相同。

Ⅷ. 在不违反本条第九款规定的前提下，前述第十六条第十一款到第十三款的规定如同适用于第十六条规定的命令一样适用于本条规定的命令。

Ⅸ. 第十六条第十三款所规定的获取证书或者许可的要求不适应于以下情形：

（一）由慈善组织或其受托人针对以上本条第一款第七项规定的任命慈善组织财产或者事务的接收人或者管理人命令提起的上诉；或者

（二）由根据第二款第一项或者第四款第一项的规定命令被免除管理职责或者解除雇佣关系的人针对该命令提起的上诉。

X．以上第十六条第十四款适用于为管理慈善组织依据本条而制订经营管理计划的命令，如同其适用于第十六条规定的命令。

XI．如果做出的命令将导致暂停任何人履行其在慈善组织中的管理职责或者雇佣职责达两个月以上，那么慈善委员会不应根据以上本条第一款第一项做出命令；但是，考虑到暂停其履行职责的期间，且在不影响以上第八十九条第一款规定的一般情况适用的前提下，慈善委员会可以通过命令为此做出具体规定，尤其是以自己名义履行职责或者由别人代理行使职权的事项；如果被暂停履行职责的是慈善组织管理人，那么应调整规则以确保数目精简后的管理人能够继续履行职责的规定。

XII．在根据本条（本条第一款除外）规定行使司法管辖权前，慈善委员会应通知每个慈善组织管理人其将行使司法管辖权的意图，但对无法找到或者在英国境内没有已知住所的人可不予通知。通知可以邮寄方式，而且如采用邮寄方式，收信地址应写为收信人在英国境内最新的已知住所。

XIII．慈善委员会应在其认为合适的期间内重新审查其根据以上本条第一款第一项、第三项到第五项中任意一项而做出的命令；如果通过审查，他们认为撤销该命令是合适的，那么慈善委员会均可撤销该命令（无论是否存在保留性或者过渡性规定）。

XIV．任何人违反了以上本条第一款第四项、第五项或第六项规定的命令，构成犯罪，应被以简易程序判处不超过法定第五等标准的罚款。

XV．如果慈善组织管理人或受托人通过违反以上本条第一款第四项或第五项规定的命令的方式违反信托（无论是否已经根据以上第十四款规定对违反命令的行为提起了诉讼），以上本条第十四款不应妨碍针对管理人或受托人的提起诉讼。

ⅩⅥ. 本条规定不适用于豁免登记的慈善组织。

第十九条　关于任命的慈善组织接收人或管理人的补充规定

Ⅰ. 慈善委员会可以根据第十八条第一款第三项的规定任命他们认为合适的人担任慈善组织财产或事务的接收人或管理人（而非慈善组织的管理人或者雇员）。

Ⅱ. 在不影响以下第八十九条第一款规定的一般情况适用的前提下，慈善委员会可以具体规定慈善委员会任命的接收人或管理人根据命令应履行的职责；以及其在慈善委员会的监督下应履行的职责。

Ⅲ. 为履行上述职责，上款中的命令可以规定以下事项——

（一）授予接收人或者管理人以命令中规定慈善组织的慈善受托人相应权力和职责（不论该权力和职责是否依据本法产生）；

（二）接收人或者管理人依据以上本款第一项规定可以行使或者履行的权力和职责，或者只能由接收人或者管理人而不能由慈善组织管理人行使或者履行的权力和职责。

Ⅳ. 如果某人根据上述命令被任命为接收人或者管理人，那么——

（一）以下第二十九条适用于接收人或管理人及其职责，如同该条适用于基于同样方式被任命的相关慈善组织受托人及其职责；

（二）涉及由于接收人或管理人履行职责而产生的特殊事项，慈善委员会可向高等法院申请指令。

Ⅴ. 在以上本条第四款第二项规定的申请的基础上——该申请的费用由相关的慈善组织承担，高等法院如果认为合适，则可以——

（一）做出如此的指令，或者

（二）下达命令宣布涉及的人的权利，不论该人是否到庭。

Ⅵ. 国务大臣制定的规章可以就以下事项做出规定——

（一）根据本条对被任命人的任命或者撤职事项；

（二）从相关慈善组织的收入中支付被任命人报酬的事项；

（三）被任命人向慈善委员会提交报告的事项。

Ⅶ．以上本条第六款规定的规章可以特别地授予慈善委员会以下权力——

（一）要求被任命人就正当履行职责做出保证；

（二）决定被任命人的报酬数额；

（三）规定不给予任何报酬的情形。

第二十条　第十六条至第十八条规定的程序的公开

Ⅰ．慈善委员会不得依据本法规定命令制订经营管理计划以管理慈善组织，或者向法院或国务大臣提交经营管理计划以使其生效，除非已经提前两个月以上公告其提议，并邀请公众在公告规定的期限（自公告之日起不少于一个月）内向其提出异议，而且，对于位于某个教区或者社区（威尔士）的非教会地方性慈善组织的经营管理计划，其经营管理计划已提交教区或者社区的议会或者教区会议的主席（在该教区或社区没有议会的情况下）。

Ⅱ．除非按照以上本条第一款对制订经营管理计划提前两个月以上进行公告，慈善委员会不得根据本法规定做出命令以任命、辞退或解雇慈善组织管理人或者慈善组织受托人（不包括官方托管人）。但是，本款不适用于以下情形——

（一）根据第十八条第一款第二项下达的命令；或者

（二）慈善委员会认为无须公告即可辞退或解雇受托人的命令。

Ⅲ．当慈善委员会依据本法对慈善组织管理人、慈善组织受托人、管理人员、代理人或雇员做出不经其同意的解雇命令时，慈善委员会应提前一个月以上通知他并允许他在通知指定期间内提出异议，除非被解雇人无法找到或者在英国境内没有已知住址。

Ⅳ．当根据以上本条第一款至第三款规定公告提议后，慈善委员会应认真考虑在通告指定期间内向其提出的异议，并且如果他们认为合适,无须再次公告即可不做修改或按照合理的异议做出修改。

Ⅴ. 当慈善委员会在不违反第十六条第十二款关于上诉的规定的前提下做出命令时,慈善委员会可以其认为合适的方式,或者对命令进行公告,或者通知有权提起上诉的人。

Ⅵ. 当慈善委员会根据本法规定做出命令以制订慈善组织的经营管理计划时,自该命令公布后一个月内,慈善委员会应将该命令副本置于办公室以供公众在合适的时间查阅;如果是地方性慈善组织,该副本也可同时置于慈善组织的其他便于查找的地方。

Ⅶ. 根据本条规定做出的关于提议或者命令的公告,应写明慈善委员会认为足够详尽和合适的关于命令或者提议的或者命令的详细情况,或者获取这些详细情况的指引;并且任何公告均应以慈善委员会认为足够详尽和合适的方式做出。

Ⅷ. 根据本条规定做出的并非公告的通知,可以邮寄送达。如果采用邮寄送达,收信地址为收信者在英国境内的最新可知地址。

三 官方托管人被授权管理的财产

第二十一条 将慈善组织的财产委托给官方托管人以及信托的终止

Ⅰ. 法院可以通过命令——

(一)将慈善组织持有或者依据信托持有的土地转移给官方托管人;

(二)授权或者要求拥有该土地的人将土地转移给官方托管人;

(三)任命某人将该土地转移给官方托管人。

但是,本款不适用于基于抵押或者保证而对土地享有的利益。

Ⅱ. 当财产由官方托管人信托持有时,法院可以做出命令,解除官方托管人对该全部或者部分财产享有的受托人职责。

Ⅲ. 当官方托管人被解除任何财产的监护人职责,或者其持有财产所依据的信托终止后，法院在其认为合适或有利时，可以做出将财产授予他人的命令或指令。

Ⅳ．由符合命令要求的行为或按照命令执行事务的行为引起的任何损失，或者由于不合理的命令导致执行人造成的损失，行为人不承担法律责任。

第二十二条　关于官方托管人被授权持有的财产的补充规定

Ⅰ．受本法规定的限制，官方托管人依据信托持有财产时不得行使管理的权力，但是，他应当享有与财产受托人相同的权力、义务和责任，被授予同样的权利和豁免地位；除无权收费外，他还如同1906年《公共受托人法》第四条规定的指定法人信托人一样应服从法院的管理和命令。

Ⅱ．在不违反以下本条第三款的规定的前提下，当土地由官方托管人信托持有时，慈善受托人有权代表或以官方托管人的名义执行和处理那些原本由慈善组织管理人以其自己名义从事的保证和事项。

Ⅲ．当官方托管人根据以上第十八条规定的命令而持有土地时，慈善受托人不得行使以上本条第二款授予的从事土地交易的权力，除非该交易得到了法院或慈善委员会的命令授权。

Ⅳ．当官方托管人依信托持有土地时，慈善组织管理人有权如同其持有土地一样为该土地设定负担；契约、协议或者合约条款由于官方托管人持有土地而可以被官方托管人强制执行的，也可由慈善组织管理人如同其持有土地一样强制执行。

Ⅴ．如果慈善组织是法人，则以上本条第二款、第三款、第四款在适用中，慈善组织管理人替换为慈善组织。

Ⅵ．任何慈善组织管理人不得根据以上本条第二款、第三款、第四款强加任何个人责任于官方托管人。

Ⅶ．如果官方托管人通过信托而持有的相关财产是有价证券或者其他权利证书，则官方托管人可将其交由慈善受托人持有或者管理而不承担由此引起的任何责任。

第二十三条　因 1987 年《土地归复法》而发生的土地减缩

Ⅰ．如果符合以下条件——

（一）某一慈善组织的某土地为官方托管人信托持有，并且

（二）慈善委员会认为，基于特定时间和特定情形，1987 年《土地归复法》第一条（关于以售产信托取代归复权利的规定）将或者可能适用于该土地，

那么，在 1987 年《土地归复法》第一条适用于该土地之前，以上第十六条规定的慈善委员会为解聘慈善组织管理人而行使的司法管辖权，可由慈善委员会基于以下目的而自行决定行使——

（一）为了做出命令解除官方托管人关于该土地的受托人职责，并且

（二）为了做出他们认为必须或者合适的授权持有的命令或者指令。

Ⅱ．如果符合以下条件——

（一）1987 年《土地归复法》第一条适用于在该条适用之前该土地已由官方托管人信托持有的某土地；并且

（二）该土地仍然由官方托管人持有但受到该条规定的信托条款的限制，

那么，法院或者慈善委员会可以——

（1）做出命令解除官方托管人关于该土地的受托人职责；

（2）（在不违反本条以下规定的前提下）在他们认为需要或者合适时做出授权持有命令或指令。

Ⅲ．如果解除官方托管人就某土地上享有的受托人职责的命令符合以下条件——

（一）该命令由法院根据以上第二十一条第二款或者由慈善委员会根据以上第十六条而做出，并且做出该命令的原因是 1987 年《土地归复法》将或者可能适用于该土地；或者

（二）该命令由法院或慈善委员会根据本条第二款而做出，

则因官方托管人被解除职务而被授权持有土地的人将成为相关的

慈善组织管理人（以下本条第四款规定），除非法院或者慈善委员会（如果情况要求）认为该土地归属于其他人可能更为合适。

Ⅳ．以上本条第三款中的"相关的慈善组织管理人"是指——

（一）依据第三款第一项规定做出的将土地授予官方托管人信托持有的命令生效前的慈善组织的管理人；

（二）在将1987年《土地归复法》第一条适用于该土地、依据以上本条第二款规定的命令将该土地授予官方托管人依据信托持有之前的慈善组织管理人。

Ⅴ．如果——

（一）1987年《土地归复法》适用于以上本条第二款第一项规定的土地，并且

（二）该土地仍然如以上本条第二款第二项规定由官方托管人信托持有，

那么，在不违反以下本条第六款规定的前提下，本条规定之外的所有权力、义务和责任，将由官方托管人作为受托人出卖土地而享有的权力、义务和责任，而非慈善组织管理人享有的权力、义务和责任；并且，那些受托人有权如同其持有土地一样代表或以官方托管人的名义执行或者处理的保证或者事项。

Ⅵ．如果土地仍然由官方托管人持有，则不得根据以上本条第五款规定要求或授权受托人出卖土地。

Ⅶ．如果——

（一）官方托管人被依据以上本条第二款规定命令解除就某土地的受托人职务，并且

（二）该土地根据以上本条第三款的规定归属于慈善受托人或者根据情况而归属于受托人以外的人，

那么，该土地由受托人或特殊情况下的权利人作为售产信托人依据1987年《土地归复法》第一条规定的信托而持有。

Ⅷ．对于依据该条规定而授予官方托管人持有土地的任何损失或

者不当使用,官方托管人不对任何人承担法律责任,除非该损失或不当使用是由履行职责的人的故意或者过失导致;但是,官方托管人因故意或过失而应承担的赔偿金由统一基金承担。

Ⅸ. 本条中的1987年《土地归复法》第一条的适用是指根据该条由相应土地引起的售产信托。

四 共同投资或共同存款基金的建立

第二十四条 建立共同投资基金的计划

Ⅰ. 为建立共同的投资基金,法院或者慈善委员会可以制订计划或者使计划生效(本条中"计划"均指"共同投资基金计划"),前提是信托条款中具有如下规定——

(一)经由或者代表参加该计划的慈善组织转移至基金用于投资的财产应在被任命的管理基金的受托人控制下;

(二)以经由或者代表慈善组织转移给基金财产的价值或数额以及与转移时基金的价值,决定参加经营管理计划的慈善组织(根据计划的规定)享有基金的资产和收入份额。

Ⅱ. 如果两个以上的慈善组织提出申请,法院或者慈善委员会可以制订一个共同投资基金计划。

Ⅲ. 共同投资基金计划可以规定允许任何慈善组织参加该基金。该计划也可以限制慈善组织以任何方式参加该基金。

Ⅳ. 共同投资基金计划可以规定共同投资基金的建立、投资、管理、终止,及以下特殊事项——

(一)被任命为持有或者管理该基金全部或部分的受托人的报酬,规定或不规定参加慈善组织的管理人也可接受报酬;

(二)基金规模的限制,投入财产或撤回财产的时间、数量或对其他权利的限制,以及从慈善组织撤回财产前可以贷款形式从基金中取回的数额;

(三)为避免分配数额的波动而不予分配的收入,以及一般性的关于收入分配的管制；

（四）为满足对外支付的目的而允许暂时从基金中借出金钱；

（五）计划中关于将要参加该基金的慈善组织的权利、已经参加基金的慈善组织的权利以及只能由管理该基金受托人决定或通过其他方式解决的其他专门事项；

（六）对向参加基金的慈善组织提供账目和信息的管制。

Ⅴ. 一项共同投资计划，除可规定投入的向基金转移的财产（慈善组织根据投入的财产占共同基金资金的比例按份持有基金资本和收入）外，还可规定慈善组织在基金中可由或代表慈善组织存入的金钱数额（慈善组织根据存入的金钱数额获得等量的金钱回报并根据计划中规定的利率获取利息）；此外，如果计划做出如上规定，还应规定只能从参加基金的慈善组织可分配的资本和收入份额中而非从存入的数额中，通过储蓄不定期地偿还存入数额的合理回报和利息（不超过存入的数额）。

Ⅵ. 除非共同投资计划做出相反规定，参加基金的慈善组织的权利不能让与他人或者收费，任何受托人或负责共同投资基金管理的相关人员也不应被要求或授权考虑影响参加的慈善组织或其财产或其权利的信托条款或者其他权益。

Ⅶ. 每个慈善组织的投资的权力包括参加共同投资经营的权力，除非该慈善组织的信托条款中有明确排除共同投资计划。

Ⅷ. 一项共同投资基金应被当作一项慈善事业，并且如果该计划仅针对豁免登记的慈善组织，那么基于本法的目的，该基金应当被当作一个豁免慈善事业。

Ⅸ. 以上本条第八款规定不仅适用于根据本条授权建立起来的共同投资基金，还适用于根据适用于专为慈善组织利益、依据任何特定的慈善组织或各类别慈善事业的法律而设立的类似基金。

第二十五条　建立共同存款基金的计划

Ⅰ. 为建立共同存款基金，法院或慈善委员会可以制订计划或者赋予经营管理计划效力（本条中的"计划"均指"共同存款基金计划"），前提是信托条款中有如下规定——

（一）经由或者代表参加该计划的慈善组织转移至基金用于投资的财产应在被任命的管理基金的受托人控制下；

（二）以经由或者代表慈善组织转移给基金财产的价值或数额以及与转移时基金的价值，决定参加经营管理计划的慈善组织（根据计划的规定）享有基金的资产和收入份额。

Ⅱ．受以下本条第三款限制，第二十四条的以下规定——

（一）第二款到第四款，以及

（二）第六款到第九款，

适用于共同存款计划和共同存款基金，如同其适用于共同投资计划和共同投资基金——

Ⅲ．在根据以上本条第二款而适用第二十四条的相关规定时，以上第二十四条第四款中的第二项和第三项应替换为以下规定——

"（二）关于存入基金的款项的回收时间、数额和其他权利的管制；

（三）授权将某年中部分收入存入准备金账户以弥补基金的亏损，以及有时决定存款利率方式的一般性管制"。

五　慈善委员会的额外权力

第二十六条　授权交易慈善组织财产的权力

Ⅰ．根据本条规定，如果慈善委员会认为慈善组织管理人在管理中提议或者计划的行动有利于实现慈善组织的利益，可以通过命令批准该行动，不论该权力是否属于慈善组织管理人在管理慈善组织时行使的权力范围。并且，基于以上命令的授权而为的行为应被认为属于其权利范围。

Ⅱ．根据本条做出的命令可以授权进行特殊交易、妥协或类似活动，或者财产的特殊运用，或者给予一般授权，和（在不影响以上本条第一款的一般性情况适用的前提下）授权使用共同的房屋地基、或者共同雇佣员工，或基于管理需要与其他慈善组织联合。

Ⅲ. 依据本条做出的命令可就费用的承担或与以上本条授权的行动有关或由此引发的问题做出指令；根据以上本条命令、相关指令的授权而为的行为如同依据慈善组织的信托条款做出的一样，对当时的慈善组织管理人具有约束力；但在慈善组织的申请下，这些指令可被修改或者为新的命令取代。

Ⅳ. 在不影响以上本条第三款规定的一般性情况适用的前提下，根据本条规定以命令形式做出的指令尤其应包括，支付指定基金中支出的指令、收取费用存入资本和收入的指令、在特定期间从资金中支出或以收入冲抵支出的指令、限制损害慈善组织的花费的指令、从交易中获取金钱用于投资的指令。

Ⅴ. 依据本条做出的命令可授权采取行动，纵使该行动属于以下本条第六款列举的无资格法中禁止行为或慈善组织信托条款规定的只有经或者根据法院的授权方能采取的行动；但是，如果该行动为无资格法以外的国会法案或者信托条款明确禁止或该行动会改变慈善组织的目的，那么依据本条做出的命令也不得授权采取这些行动。

Ⅵ. 以上本条第五款指的无资格法包括1571年《教会租赁法》、1572年《教会租赁法》、1575年《教会租赁法》以及1836年《教会租赁法》。

Ⅶ. 本条规定的命令，不得授权对曾属宗教祭祀场所的建筑以及那些受到或将受到基于1923~1952年《圣俸联合标准》、1944~1954年《地区重组标准》、1968年《牧师标准法》或者1983年《牧师标准法》而制订的计划规制的建筑。本款所指的建筑物包括建筑物的一部分及被与建筑物一同用于计划的土地。

第二十七条　授予优惠措施的权力

Ⅰ. 根据下述第三款的规定，慈善委员会可以通过命令行使和首席检察官一样的权力以授权慈善组织受托人以下权力：

（一）运用慈善组织的财产；或者

（二）代表慈善组织任意程度地放弃其接收财产的权利；

上述行动的采取需要满足以下两个条件：

（1）（除本条外）慈善组织受托人无权如此行动，但是

（2）在所有的情况中将认为其自身有道德义务去采取这些行动。

Ⅱ．慈善委员会行使上述第一款授予的权力时应受到首席检察官的监督并遵循首席检察官的指示；这些指示还可能要求慈善委员会采取如下措施：

（一）不得行使这一权力，或者

（二）在行使权力前咨询首席检察官。

Ⅲ．如果符合以下条件，则慈善委员会可以将向其提出的申请移送给首席检察官：

（一）申请慈善委员会行使的权力并未在指示中被排除，但是

（二）慈善委员会认为由首席检察官接受该申请更为合适。

Ⅳ．因此，如果有人向慈善委员会提出上述第三款第一项所提到的申请，而慈善委员会决定不授予慈善受托人采取上述第一款第一项或者第二项所规定措施的权利，该拒绝并未排除首席检察官根据向其提出的申请而授予慈善受托人这些权利。

第二十八条　做出关于慈善组织匿名银行账户的指示的权力

Ⅰ．如果符合下述条件，则慈善委员会可以根据下述第二款给出指示：

（一）慈善委员会接到相关组织通知下列事项：

（1）其持有一个或者多个以一个特定慈善组织的名义或者代表该特定慈善组织开设的账户（相关的慈善组织），并且

（2）该账户，或者（在其拥有多个账户的情况下）其中一个账户属于匿名账户；

（二）慈善委员会在进行合理的调查后，不能确定该慈善组织或者其受托人。

Ⅱ．本款所指的指示具有以下特征：

（一）该指示要求相关组织，根据该账户所涉及的慈善组织的信用，移交该数额或总金额（在可能情况下）给下述第三款所规定的指示中列出的其他的慈善组织；或者

（二）该指示要求相关的组织，向指示中所列出的两个或者更多的慈善组织的任一个移交指示中列出的、该慈善组织的金额或者总金额。

Ⅲ．如果相关的慈善组织的目的为慈善委员会所知晓，在对比这些目的与其他的慈善组织的目的之后，慈善委员会可以在第二款所指的指示中列出他们认为合适的其他的慈善组织；但是，除慈善委员会接收到某组织的慈善受托人关于他们愿意接受将移交给他们的金额的书面确认外，慈善委员会不得擅自确定该慈善组织。

Ⅳ．任何一笔资金，如果其将根据本条规定被移交给某一慈善组织，那么，只有在符合以下条件时，该笔资金方能被移交：

（一）该慈善组织将基于其目的而持有和运用该笔资金，但是

（二）该笔资金作为慈善组织的财产，仍然要受到相关的慈善组织关于其支出的规定的限制。

Ⅴ．如果符合下列条件：

（一）慈善委员会得到相关组织的第一款所述的通知，并且

（二）在该组织根据第二款规定的指示做出移交之前，该组织根据相关情况认为由其所持有的资金，或（在可能情况下）该资金的一部分所属于的那个慈善组织不再是无法找到的，

那么，该组织应将这些情况书面通知慈善委员会；如果慈善委员会认为该资金不再是匿名的，则慈善委员会应当撤销第二款所述的针对相关的慈善组织而给予这些组织的指示。

Ⅵ．任何慈善组织受托人或者慈善组织管理人所持有的证明其从相关组织处获得本条规定的一定资金的收据，视为该组织完全履行义务。

Ⅶ. 任何关于保密或者限制披露的义务（不论以何种方式强加）均不应排除相关组织基于让慈善委员会履行本条所规定的职责的目的而向慈善委员会披露信息的权利。

Ⅷ. 为实现本条的目的：

（一）如果在慈善委员会收到本条第一款第一项通知前五年内没有一桩交易因该账户而受到影响，则该账户是匿名的，除非：

（1）有一笔交易中包含向该账户支付的内容，或者

（2）持有该账户的组织的交易受到了该账户的影响。

（二）"相关组织"包括：

（1）英格兰银行；

（2）一个基于英格兰银行的授权、按照《1987年银行法》第一部分而从事存款业务的组织；

（3）《1992年银行合作法》第八十二条第三款所规定的欧洲的存款机构；

（4）建房互助协会慈善委员会按照《1986建房互助协会法》而授权从其会员中募集资金的建房互助协会；

（5）国务大臣可能通过规章规定的、那些《1987年银行法》附表二中所提及的机构。

（三）向慈善组织移交是指根据慈善受托人的决定（并且某慈善组织受到任何金额的指示都应相应地予以解释）：

（1）移交给慈善受托人，或

（2）移交给任何慈善组织的受托人。

Ⅸ.（一）为决定涉及行使第八条和第九条授予的权力的相关事项，慈善委员会在本款所规定的账户上不负任何职责（其结果，例如，基于本条所规定的慈善委员会的职责，就其所持有的账户，一个相关组织不应被要求本据本法第八条第三款第一项提供任何陈述、回答任何问题或调查）。

（二）本款适用于上述第八款第一项所规定的匿名账户，但是不

包括忽略了该项（1）的账户。

Ⅹ．上述第一款不适用于豁免登记的慈善组织的账户或者代表豁免登记的慈善组织的匿名账户。

第二十九条　向慈善组织管理人提出建议的权力

Ⅰ．在慈善组织管理人的书面申请上，慈善委员会可以就影响该管理人履行职责或类似的问题提供意见或者建议。

Ⅱ．如果慈善组织管理人或者慈善组织受托人根据本条所规定的慈善委员会的关于该慈善组织的意见或建议而采取行动，在关系到如此行动的责任时，则应被假定为已经按照其信托条款而行动，除非在其行动时，存有以下情况：

（一）他知道或者有理由知道慈善委员会在提供意见或者建议时忽略了重要的事实；或

（二）在获取该意见或建议之前，法院已经就该问题或者程序做出决议。

第三十条　保存慈善组织文件的权力

Ⅰ．慈善委员会可以提供包含赠与、遗嘱或其他慈善组织相关文件的账目。

Ⅱ．为安全保存，慈善委员会可以接收任何属于或者关于慈善组织、慈善组织管理人的文件，或者其他保管属于或者关于慈善组织（包括已经终止的慈善组织）的文件的人可以在慈善委员会的同意下将这些文件保存于慈善委员会，其他法律明确要求将文件保存于其他地方的除外。

Ⅲ．如果慈善委员会登记了某一文件或者基于本条的规定而保存该文件，其内容的证据可以以证书副本的形式由基于该目的而被慈善委员会一般或者特别授权的慈善委员会的管理人员提供；一个这样的副本文件，无须验证签署证书者的官方职位、权力、笔迹或者前述的已被登记或保存的原始文件，即可被接收。

Ⅳ．国务大臣可以制定规章规定关于根据本条而将文件保存于慈善委员会处的事项，也可以规定在规章规定的情形下或者一定期间后销毁或者处理这些文件的事项。

Ⅴ．上述第三款和第四款的规定适用于根据第九条规定而移交给慈善委员会的以及根据该条第三款而由其保存的文件，如同适用于根据本条规定为安全保存而由慈善委员会保存的文件。

第三十一条 对律师账单征税的权力

Ⅰ．慈善委员会可以命令对律师为慈善组织、慈善组织管理人或者慈善组织受托人事务提供服务而收取的费用征税，同时收取纳税成本费用，命令中可以指定高等法院等部门的税收管理人员负责，或由其他法院中有权就账单征税的税收管理人员负责。

Ⅱ．就本条所规定的对律师账单征税的命令而言，征税应当持续，税收管理人员应有同样的权力和义务；如同命令已经做出一般，在被征税人的申请下，税收的费用应由就该费用征税的法院承担。

Ⅲ．律师的账单支付以后，本条规定的任何命令均不得就该账单征税。除非慈善委员会认为其包含过高的收费；如果基于关于律师报酬的协议或者支付后时效期间终止等原因高等法院已经命令不得就律师的费用征税的，则不得下达任何上述命令。

六 和慈善组织有关的诉讼

第三十二条 由慈善委员会提起的诉讼

Ⅰ．根据下述第二款的规定，慈善委员会可以行使和首席检察官依职权行使的权力类似的下列权力：

（一）进行和慈善组织、慈善组织的财产或者事务相关的程序，或者

（二）为避免这些程序的结束而请求协商。

Ⅱ．上述第一款不适用于首席检察官根据下述第六十三条第一款而享有的请求终止慈善组织的权力。

Ⅲ．和慈善委员会根据第一款提起的诉讼相关的行为和程序，应

在类似情况下首席检察官根据其职权提起诉讼时的那些行为和程序相同。

Ⅳ．任何法律和实践均不得要求首席检察官成为上述诉讼的一方当事人。

Ⅴ．慈善委员会应自行行使本条所赋予的权力，但是，任何一种情况下其行使权力均需要经过首席检察官的同意。

第三十三条　其他人可以提起的诉讼

Ⅰ．慈善组织可以提起的诉讼，包括慈善组织可以提起的诉讼、慈善受托人可以提起的诉讼、慈善组织利益相关者可以提起的诉讼，以及慈善组织是一个地区慈善组织时由该慈善组织的地区的两个或者更多居民所提起的诉讼，但是不包括上述各类以外的人所提起的诉讼。

Ⅱ．根据本条以下各款的规定，任何慈善组织提起的与慈善组织相关的诉讼（不包括豁免登记的慈善组织）均不得被法院受理或在法院进行，但慈善委员会已通过命令授权的除外。

Ⅲ．如果慈善委员会认为根据本法上述第三十二条以外其他的条款的规定其有权处理某事件，那么，在没有特殊原因的情况下，慈善委员会不得授权慈善组织就此提起诉讼。

Ⅳ．慈善组织依据本条就将要发生的原因、事项而提起诉讼或者提起上诉时，无须获得命令的许可。

Ⅴ．如果本条前述各款的规定要求慈善组织提起诉讼时需要经过慈善委员会以命令授权，但是在其申请被慈善委员会驳回的情况下，如果其获得了附属于大法官法庭分庭的高等法院的法官的同意，则该诉讼依然可以被法院受理或者在法院进行。

Ⅵ．前述各款的规定不适用于首席检察官提起的诉讼，不论是否有告发人，同样也不适用于慈善委员会根据上述第三十二条而提起的诉讼。

Ⅶ．在收到本条或其他条款所规定的申请的情况下，如果慈善委员会认为有必要就慈善组织（不包括豁免登记的慈善组织）、慈善组织的财产或者事务提起诉讼并且由首席检察官提起诉讼，则慈善委员会应当将此通知首席检察官,并且将该陈述和他们认为能清楚解释该事项的特殊细节邮寄给首席检察官。

Ⅷ. 在本条中,"慈善诉讼"指在英格兰和威尔士的法院中提起的诉讼,该诉讼属于法院关于慈善组织的管辖权的范围,或属于法院就基于慈善目的而管理的信托的管辖权的范围。

第三十四条　第八条中的调查报告在特定诉讼中的证据效力

Ⅰ. 第八条所规定的有权调查者就该调查所作的报告的副本,如果慈善委员会证明该副本的真实性,则该副本在本条所适用的诉讼中可以:

(一)作为报告中所述任何事实的证据;并且

(二)作为报告中事项所涉及的人对他提到的任何事情的证据。

Ⅱ. 本条适用于:

(一)慈善委员会根据本法本部分所提起的任何诉讼;以及

(二)首席检察官就某慈善组织而提起的任何诉讼。

Ⅲ. 基于本条第一款所规定的目的作为证书的文件,应当被作为证据而接受,除有相反证据应被认为具有证明效力。

七　"信托法人"的意思

第三十五条　第十六条和第十八条中所指的信托法人的规定的实施

Ⅰ. 在以下规定中所包含的"信托法人",是指法院在任何特定案件中任命的担任受托人的法人,包括慈善委员会根据本法任命的担任受托人的法人:

(一)《1925年固定土地法》第一百一十七条第三十款;

(二)《1925年受托人法》第六十八条第十八款;

(三)《1925年财产法》第二百零五条第二十八款;

(四)《1925年不动产管理法》第五十五条第二十六款;

(五)《1981年最高法院法》第一百二十八条。

Ⅱ. 本条具有溯及力；但是，在 1982 年 1 月 1 日前，本条所指的《1981 年最高法院法》第一百二十八条应为《1925 年司法最高法院（合并）法》第一百七十五条第一款。

第五章　慈善组织的土地

第三十六条　对处置的限制

Ⅰ. 根据本条以下规定和本法第四十条，在未经法院或者慈善委员会命令的情况下，任何为慈善组织持有或信托持有的土地均不得出卖、出租和进行其他类似方式的处置。

Ⅱ. 如果出现以下情况，则上述第一款不适用于该土地的处置：

（一）该土地被处置给的人不是：

（1）一个有关系的人（本法所附表五中规定的），

（2）有关系的人的受托人或者受委任者；

（二）满足下述第三款或者第五款的要求。

Ⅲ. 除非将要进行的处置是下述第五款所提到的租赁，否则在缔结有关出卖、出租或者其他处置的合同之前，慈善组织管理人必须：

（一）自受其指示并排他性地为该慈善组织服务的有资格的测量员处获得一份关于将要进行的处置的报告并认真考虑该报告；

（二）以测量员在报告中建议的方法、在其建议的时间内公告将要进行的处置，除非测量员建议为慈善组织的利益最好不公告该处置；

（三）对测量员的报告进行审查后，认为将要进行的处置对慈善组织是可行的、最有利的一种方式。

Ⅳ. 基于上述第三款的目的，一个符合以下条件的人是一个有资格的测量员：

（一）他是皇家特许测量员协会或者估价师和拍卖人联合协会的会员或者职业助理，或者他符合国务大臣指定的规章的那些要求；

（二）慈善组织管理人有理由相信他有能力、有经验进行所涉的、特定地区的或者特定种类土地的估价；

并且，基于上述第三款的目的，其提供的报告应包含这些信息并处理这些事项，这也可能是如此指定的规章的要求。

Ⅴ. 如果将要进行的处置是土地的出租，并且租约中包含一个在七年内终止该租约的条款（不包括全部或者部分基于罚金而终止），那么，在签署该租约之前，慈善组织管理人必须：

（一）自其合理认为有必要能力和足够实践经验就将要进行的处置提供合理意见的人处获取其建议并认真考虑其建议；

（二）在审查该建议后，认为其将要进行的处置对慈善组织而言是可行的、最好的一种处置方式。

Ⅵ. 如果符合以下条件：

（1）该土地为慈善组织所信托持有或持有，

（2）其持有所基于的信托条款规定该土地用于该慈善组织的全部目的或者特定目的，

那么，根据下述第七款和第八款并且不忽略本条前述规定的适用的情况下，该土地不得被出卖、出租或者进行其他的处置，除非慈善组织管理人事先：

（一）发布公告，并且征集自公告做出之日起算的规定期间内向其提交的陈述；

（二）在将要进行处置的期间内认真考虑那些向其提交的陈述。

Ⅶ. 上述第六款不适用于符合以下条件的对土地的处置：

（一）考虑到获得其他的用来替代的财产——该财产将按照上款第二项所指的信托方式被持有——该处置将要受到影响；

（二）该处置是出租该土地，并且租约中规定在契约签订之日起两年终止该租约的条款（不包括全部或者部分基于罚金而终止的条款）。

Ⅷ. 如果某一慈善组织或者某些慈善组织或者其代表以书面形式向慈善委员会提交申请，慈善委员会认为给出下列指令更有利于该慈善组织或者这些慈善组织的利益，则慈善委员会可以指令以下事项：

（一）上述第六款不适用于为某个慈善组织或者某类慈善组织持有或者信托持有的土地（不论是全部还是仅仅特定种类的处置，或者是土地，或者其他指令中可能规定的），或

（二）该款不适用于为慈善组织持有或者信托持有的土地的特定处置。

Ⅸ. 无论慈善组织的信托条款中如何规定，应适用本条所规定的对处置的限制，但本条不适用于以下情况：

（一）基于议会法案成文法或针对一般或特定事项的明确授权而进行的处置（不包括法院命令同意的授权）；或

（二）处置那些由慈善组织持有或者信托持有的土地，且该处置符合以下条件：

（1）向另外一个慈善组织处置该土地，目的不是获取可合理获得的高价，并且

（2）第一个慈善组织的信托条款中授权如此处置，或者

（三）由慈善组织或者其代表根据其信托条款进行的，将该土地出租给信托条款规定的受益人的处置，并且其租约符合以下条件：

（1）租约的订立不是为了获取可以合理获得的高价租金，

（2）租约的目的是使基于慈善组织所有的目的或者特定的目的而进行让渡的土地被使用。

Ⅹ. 本条规定不适用于以下情况：

（一）由豁免登记的慈善组织持有或者信托持有的土地的处置；

（二）通过抵押或者其他担保方式而进行的土地的处置；

（三）关于受俸牧师推荐权的处置。

Ⅺ. 在本条中，"土地"指英格兰和威尔士境内的土地。

第三十七条　关于处置的补充规定

Ⅰ. 任何下列手段之一，包括：

（一）用于买卖、租赁或者其他处置由慈善组织拥有或者信托持有的土地的契约，

(二)任何财产让与、移转或者其他影响上述土地处置的手段,应说明以下事项:

(1)该土地由某个慈善组织持有或者信托持有,

(2)该组织是否为豁免登记的慈善组织或者其处置是否符合上述第三十六条第九款第一项、第二项或第三项的规定,并且

(3)如果该组织并非豁免登记的慈善组织,并且其处置不是上述各项所列的处置,则该土地是适用该条关于处置限制的土地。

Ⅱ.当任何为某一慈善组织持有或者信托持有的土地,通过上述第三十六条第一款或者第二款所适用的处置,被出卖、出租或者以其他方式被处置时,慈善受托人应通过影响处置的手段来证明以下事项:

(一)(在适用该条第一款的情况下)该处置获得了法院或者(特殊情况下)慈善委员会以命令表现出来的同意;

(二)(在适用该条第二款的情况下)根据该慈善组织的信托条款,慈善受托人有权影响该处置,并且他们遵循了该条适用于该处的规定。

Ⅲ.如果对土地的处置遵循了上述第二款的规定,那么,为了保护付出一定金钱或者金钱价值而获得土地利益的人(不论其是处置相对方或者后来的继受者),证书中所陈述的事实应推定为正确属实。

Ⅳ.如果某项处置符合以下条件:

(一)通过上述第三十六条第一款或者第二款而规定的处置;为某个慈善组织持有或者信托持有的土地被出卖、出租或被采取其他方式处置,但是

(二)该处置没有遵循本条上述第二款的规定,

那么,为了保护善意地付出一定金钱或者金钱价值而获得土地利益的人(不论其是处置相对方或者后来的继受者),该处置不论是否存有以下情况都应推定有效:

(1)该处置获得了法院或者慈善委员会(特殊情况下)以命令表现出来的同意,

（2）根据该慈善组织的信托条款慈善组织管理人有权影响该处置，并且他们遵循了该条适用于该处的规定。

Ⅴ．下列手段——

（一）用于买卖、租赁或者其他处置土地，并使得该土地由慈善组织拥有或者信托持有的契约；

（二）任何财产让与、移转、租赁或者其他影响上述土地的处置的手段，

应说明以下事项：

（1）作为处置的结果，该土地将为某个慈善组织持有或者信托持有，

（2）该慈善组织是否为豁免登记的慈善组织，并且

（3）如果该组织不是豁免登记的慈善组织，上述第三十六条所规定的处置的限制适用于该土地（根据第三十六条第九款的规定）。

Ⅵ．在《1925年固定土地法》第二十九条第一款中（慈善信托和公共信托）：

（一）关于慈善信托、教会信托或者公共信托持有的土地让与，需要说明该土地为这些信托而被持有时的要求不适用于上述第一款所规定的手段；并且

（二）在该法第二十九条第一款规定的情况下，对买方强加的查看交易授权所必需的同意或者命令已经获得的要求不适用于上述第二款所规定的处置；

此外，本款所使用的、亦同时为该法所使用的表达方式，其意义与该法中的意义相同。

Ⅶ．如果符合以下条件：

（一）将要受到上述第一款第一项或者第五款第二项影响的处置是登记的处置，或者

（二）生效以后的上述手段将是一个适用《1925年土地登记法》的一百二十三条第一款（权利的强制登记）中规定的手段，

那么，根据第一款或者第五款的规定而为该手段所包含的陈述，应符合规定的格式。

Ⅷ. 如果符合以下条件：

（一）适时地提出申请且符合以下条件：

（1）用于登记已登记土地的处置，

（2）用于登记涉及未登记土地处置项下的人的权利。

（二）影响土地处置的手段中包含一项符合上述第五款和第七款规定的陈述，并且

（三）作为处置结果而持有或者信托持有该土地的慈善组织非豁免登记的慈善组织，

登记员应以规定的格式，在登记簿中登记该土地所受到的限制。

Ⅸ. 如果符合以下条件：

（一）登记簿中登记有对某土地的限制，并且

（二）持有或者信托持有该土地的慈善组织变成一个豁免登记的慈善组织，

慈善受托人应向登记员申请删除该限制的登记；在收到于规定期间内提出的申请后，登记员应删除关于该限制的登记。

Ⅹ. 如果符合以下条件：

（一）任何一片已登记土地为一个豁免登记的慈善组织所持有或者信托持有，而该慈善组织已经不再是一个豁免登记的慈善组织，或者

（二）作为已登记的土地所有者宣布信托的结果，某片已登记土地变成某个慈善组织（非属豁免登记的慈善组织）信托持有的土地，

则慈善组织管理人应当向登记员提出申请，请求在登记簿中记入上述第八款所规定的对土地的限制；收到在规定期间内提交的申请后，登记员应将对该土地的限制记入登记簿。

Ⅺ. 在本条中：

（一）土地的处置不包括以下处置：

（1）通过抵押或者其他保证而进行的土地的处置，

（2）受俸牧师推荐权的处置，

（3）下述第四十条第一款所规定的让渡租金收取权。

（二）"土地"指位于英格兰和威尔士的土地。

此外，上述第七款至第十款应结合《1925年土地登记法》予以解释。

第三十八条　抵押的限制

Ⅰ．根据下述第二款的规定，未经法院或者慈善委员会的命令，任何为慈善组织所持有或者信托持有的土地均不得进行抵押。

Ⅱ．进行抵押之前，如果慈善组织管理人已经获得并认真考虑了通过书面递交的、关于下述第三款所述事项的合理建议，则上述第一款的规定不适用于为担保贷款而进行的土地抵押。

Ⅲ．第二款所指的事项包括：

（一）如果慈善组织管理人基于某些活动而贷款，该贷款是不是管理人进行活动所必需；

（二）对作为预期借款者的慈善组织而言，借款条件是否合理；

（三）慈善组织根据借款条件偿还借款的能力。

Ⅳ．基于上述第二款规定的目的，合理的建议是指符合以下条件的人的建议：

（一）慈善受托人合理认为的、有金融事务方面的能力和实践经验的有资格的人，并且

（二）该人就所涉贷款的发生而言无金融利益关系。

此外，纵使做出建议的人在如此行为时尚担任该慈善组织的官员、雇员或者慈善组织管理人，这些建议也是符合目的的合理建议。

Ⅴ．无论慈善组织的信托条款中如何规定，本条均予适用；但是，如果上述第三十六条第九款规定的一般或特殊授权已经给出，则不得适用本条。

Ⅵ．在本条中：

"土地"指位于英格兰和威尔士境内的土地;

"抵押"包括不让与担保。

Ⅶ．本条规定不适用于豁免登记的慈善组织。

第三十九条　关于抵押的补充规定

Ⅰ．任何为慈善组织持有或者信托持有的土地的抵押应说明以下事项：

（一）该土地为某个慈善组织持有或者信托持有；

（二）该慈善组织是否为豁免登记的慈善组织以及该抵押是否符合上述第三十八条第五款的规定，以及

（三）如该慈善组织非豁免登记的慈善组织且该抵押不符合上述第三十八条第五款的规定，则该抵押应受该条规定的限制。

此外，如果抵押是一个需登记的处置，则该说明应按规定的格式做出。

Ⅱ．如果上述第三十八条第一款或第二款适用于为某个慈善组织持有或者信托持有的土地的抵押，慈善组织管理人应在抵押中证明以下事项：

（一）（在适用第三十八条第一款的情况下）该抵押获得了法院或者慈善委员会（根据情况）通过命令表示的同意，或者

（二）（在适用第三十八条第二款的情况下）慈善组织管理人根据慈善组织的信托条款有权进行抵押，并且他们获得和考虑了该款所提到的建议。

Ⅲ．如果在进行抵押时遵循了上述第二款的规定，那么为保护支出金钱或者金钱价值而获得相关土地利益的人（不论其是抵押相对方还是权利承受者），应排他性地推定证书中陈述的事实为真。

Ⅳ．如果符合以下条件：

（一）上述第三十八条第一款或者第二款适用于为某个慈善组织持有或者信托持有的土地，但是

（二）该抵押没有遵循上述第二款的规定，

那么，为保护某个善意地通过付出金钱或者金钱价值而获得土地利益的人（不论其是抵押相对方或者权利承受者），抵押应为有效，无论是否具有以下情况：

（1）该抵押已经获得了法院或者慈善委员会通过命令表示的同意，或

（2）根据慈善组织的信托条款，慈善组织管理人有权进行抵押并且已经获得和考虑了该条第二款所提到的建议。

Ⅴ. 在《1925年固定土地法》第二十九条第一款中（慈善信托和公共信托）：

（一）慈善信托、教会信托或者公共信托持有的土地进行抵押（基于该法的目的被认为是转让其土地）时说明为这些信托的需要不适用于上述第一款规定的抵押；并且

（二）根据该法第二十九条第一款的规定，抵押权人（基于该法的目的被作为买方）基于授权该交易的同意或者命令的需要，不适用上述第二款所规定的抵押。

Ⅵ. 本款所使用的、亦为该法所使用的表达方式，其意义同于该法中的意义。

第四十条　慈善组织租金收取权的让渡

Ⅰ. 如果做出让渡时充分考虑了对方支付的金额且该金额不少于每年收取的租金的十倍，上述第三十六条第一款不适用于慈善组织让渡租金收取权的处置。

Ⅱ. 如果某个有权收取租金的慈善组织在对方支付的对价不超过五百英镑的情况下让渡了租金收取权，该慈善组织因提供租金收取权而发生的成本应由接收租金收取权让渡的人承担。

Ⅲ. 如果根据《1977年租金收取权法》第八条至第十条的规定赎回了某个慈善组织有权收取租金的租金收取权，那么，第三十六条第一款和上述第二款的规定均不得适用。

Ⅳ. 国务大臣可以通过命令修改上述第二款，改变现行的金额规定。

第六章　慈善组织的会计账目、年度报告以及年度报表

第四十一条　制作会计记录的义务

Ⅰ．慈善组织的慈善受托人应确保就该慈善组织制作会计记录，该记录应能显示或解释该慈善组织所有的交易，并且：

（一）于任何时间均能以合理的准确性反映该慈善组织于该时期内的财务状况；

（二）使慈善受托人可以确保其依据第四十二条第一款准备会计报表时，相关报表能符合依据该款所颁布之规章的要求。

Ⅱ．会计记录应特别包含下列内容：

（一）显示该慈善组织每日所发生之各项款项的收支情况以及与该收支相关的业务；以及

（二）关于该慈善组织之资产与负债的记录。

Ⅲ．慈善组织的慈善受托人应将依照本条规定所作的关于慈善组织的任何会计记录，自相关慈善组织的相关财政年度之最后一日起，保留六年以上。

Ⅳ．某一慈善组织，于适用于任何会计记录的第三款所规定的六年内不复存在时，依据该款规定保存会计记录的义务，应由该慈善组织的最后一名慈善受托人履行，除非慈善委员会以书面形式同意将上述记录销毁或加以处置。

Ⅴ．本条之规定一律不适用于以公司形式存在的慈善组织。

第四十二条　年度会计报表

Ⅰ．慈善组织之慈善受托人（除本条第三款所规定的情形外），应当就该慈善组织之每一财政年度，准备会计报表，该会计报表之格式及内容，应遵循国务大臣所颁布之规章的相关规定。

Ⅱ. 在不违背第一款之普适性的前提下，根据该款所颁布的规章可以作出以下规定：

（一）就应准备的会计报表，于规章中确定或指明设置报表所应遵循的方法和原则；

（二）规定以会计账目之注解的方式，提供相关信息。

依据第一款所颁布的规章，亦得以基于本法以及依据本法所颁布的任何规章之立法目的，作出相关规定，以确定慈善组织之财政年度。

Ⅲ. 当某一慈善组织在任一财政年度内之总收入未超过 25000 英镑时，慈善受托人得就该年度，选择以下列文件代替第一款所规定的会计报表：

（一）收入和支出的会计账目，以及

（二）资产负债表。

Ⅳ. 下列文件：

（一）慈善受托人依据第一款所准备的会计报表，或者

（二）依据第三款所准备的会计账目和资产负债表，

慈善受托人自上述会计报表或者（视具体情况而定）上述会计账目和资产负债表相应年度的最后一日起，应将其保留至少六年。

Ⅴ. 第四十一条第四款的规定，适用于任何会计记录（即该条第三款所规定的会计记录，同时适用第四款的规定者）的保留事宜，亦适用于上述会计报表或会计账目和资产负债表的保留事宜。

Ⅵ. 国务大臣可以发布命令，另行确定一个数额，以取代第一款所规定的数额。

Ⅶ. 本条之规定一律不适用于以公司形式存在的慈善组织。

第四十三条　对慈善公司会计账目的年度审计或检查

Ⅰ. 慈善组织于下列期限内，其总收入或总支出超过 100000 英镑时，第二款之规定适用于该慈善组织的相关财政年度（"相关年度"）：

（一）相关年度；

（二）存在相关年度时，紧接相关年度之后的、该慈善组织的下

一财政年度；

（三）存在本款第二项所规定的财政年度时，紧接该财政年度之后的、该慈善组织的下一财政年度。

Ⅱ．本款规定适用于慈善组织的某一财政年度时，该慈善组织的该年度之会计账目，应经以下人员审计：

（一）根据《1989年公司法》第二十五条（聘任条件）的规定，具备公司审计员的任职条件者；

（二）根据本法第四十四条的规定所颁布的规章所确定之现有团体的成员之一，且依据该团体的规则，具备慈善组织审计员的任职条件者。

Ⅲ．第二款的规定不适用于慈善组织的某一财政年度时，则（除第四款所规定的情形外）该慈善组织该年度的会计账目，应由下列经慈善受托人选举的人员审查或审计：

（一）由独立审查员审查，亦即，由慈善受托人有合理理由相信具备对会计账目进行适当审查所需能力和从业经验的独立人员审查；或者

（二）由第二款所提及的人员审计。

Ⅳ．慈善委员会认定出现下列情形：

（一）就某一慈善组织的某一财政年度，自该年度最后一日起十个月内，第二款或者（视具体情况而定）第三款的规定未被遵循的；

（二）尽管第二款的规定不适用于慈善组织的某一财政年度，然而该慈善组织该年度之会计账目仍有必要由该款所提及的审计人员审计时，

慈善委员会可以发布命令，要求该慈善组织该年度内之会计账目，由第二款所提及的审计员审计。

Ⅴ．慈善委员会根据第四款规定，针对某一慈善组织发布命令时，除非出现下列情形，否则，相关审计员应由慈善委员会指定：

（一）该命令是基于第二款第二项的规定而发布的；并且

（二）慈善受托人依据该命令，自行指定审计员的。

Ⅵ. 慈善委员会根据第五款规定所指定的审计员，其开展审计活动所需费用，包括该审计员的酬金的偿付，由慈善委员会以下列方式取得：

（一）应由相应慈善组织的慈善受托人个人共同或单独负担费用时，从相应慈善受托人处取得；

（二）慈善委员会认为依据第一款的方法取得费用的偿付不可行时，则从该慈善组织的基金中取得。

Ⅶ. 慈善委员会可以：

（一）指导慈善受托人选择其所要聘任的独立审查员的人选；

（二）对于依据第三款第（一）项所开展的审查活动，作出其认为适当的指示；

上述任何指导或指示，既可具有普适性，亦可单独适用于某一特定的慈善组织。

Ⅷ. 国务大臣可以发布命令，另行确定一个数额，以取代第一款所规定的数额。

Ⅸ. 本条之规定一律不适用于以公司形式存在的慈善组织。

第四十四条　关于审计等事项的补充规定

Ⅰ. 国务大臣可颁布规章，作出以下规定：

（一）基于第四十三条第二款第二项的立法目的，确定一个或一个以上的团体；

（二）就审计员依照第四十三条规定开展审计活动的义务作出规定，根据具体情况，慈善受托人应就依据第四十二条第一款所应准备的相应财政年度的会计报表，或者依据第四十二条第三款所应准备的会计账目及资产负债表做出报告时，亦可对报告的有关事项加以规定；

（三）独立审查员应就其依据第四十三条开展的审查活动作出报告时，对报告的有关事项加以规定；

（四）授权上述审计员或独立审查员查阅相应慈善组织的相关账

簿、文件和其他记录（无论以何种方式记录）；

（五）授权上述审计员或独立审查员，在对慈善组织开展业务时，有权要求已卸任的或现任的慈善受托人、或者卸任的或现任的管理人员或雇员提供信息并作出解释；

（六）授权慈善委员会，就某一特定的慈善组织，或者某一慈善组织的特定财政年度，在规章所确定的条件下，使之免于遵守第四十三条第二款或第三款的规定。

Ⅱ．任何人未向审计员或独立审查员提供其依据第一款第四项或第五项所享有之便利者，慈善委员会可以发布命令，向下列人员发出其认为适当的指令，以确保上述怠职行为得以纠正：

（一）相关怠职人员；

（二）相关慈善组织现任的慈善受托人。

Ⅲ．《1985年公司法》第七百二十七条（法院在特定情形下的免除权）的规定，适用于该法所规定范围内的公司所聘用的审计员，亦适用于依据第四十三条的规定所聘任的审计员或独立审查员。

第四十五条　年度报告

Ⅰ．慈善组织之慈善受托人，应就该慈善组织准备每个财政年度的年度报告，该报告包括以下内容：

（一）慈善受托人就该慈善组织在相应的年度内之活动的报告；

（二）关于该慈善组织或者其慈善受托人或官员的其他信息。

Ⅱ．在不违背第一款之一般性的前提下，依据该款规定所发布的规章可作出以下规定：

（一）就第一款第一项所提及的报告，于规章中确定或指明准备相应报告所应遵循的原则；

（二）应特定的某一慈善组织或某类慈善组织，或者某一慈善组织或某类慈善组织的特定财政年度，授权慈善委员会使相应慈善组织免于遵守第一款第二项的规定。

Ⅲ．慈善组织管理人应于下列期限内，将根据本条规定所准备的关于慈善组织的每个财政年度的年度报告递交给慈善委员会：

（一）该年度最后一日起十个月内；

（二）对于该年度报告，慈善委员会可以基于任何特殊原因，允许延长上述期限。

Ⅳ. 除本条第五款的规定外，任何年度报告均应附有依据第四十二条第一款的规定所应准备的相应年度的会计报表，或者（视具体情况而定）包括依据第四十二条第三款的规定所应准备的会计账目和财务报表，同时应附带下列文件：

（一）该慈善组织相应年度的会计账目，依据第四十三条的规定，已经经过审计的，应附带审计员就该会计报表，或者（视具体情况而定）就该会计账目和财务报表所作报告的副本；

（二）该慈善组织相应年度的会计账目，依据第四十三条的规定，已经经过审查的，应附带独立审查员就其依据该条规定所开展的审查活动所作报告的副本。

第四款的规定，不适用于以公司形式存在的慈善组织，此类慈善组织的慈善受托人依据第三款规定所递交的任何年度报告，相应的应附带该慈善组织依据《1985年公司法》第七章的规定所应准备的、相应财政年度之年度会计账目的副本，同时应附带审计员应该会计账目所作报告的副本。

Ⅴ. 任何依据第三款的规定，向慈善委员会递交的年度报告以及所附带的文件，应由慈善委员会在其所认为的适当的期间内保存。

Ⅵ. 第四款的规定，不适用于以公司形式存在的慈善组织，此类慈善组织之慈善受托人依据第三款规定所递交的任何年度报告，相应的应附带该慈善组织依据《1985年公司法》第七章的规定所应准备的、相应财政年度之年度会计账目的副本，同时应附带审计员就该会计账目所作报告的副本。

Ⅶ. 任何依据第三款规定向慈善委员会递交的年度报告以及所附带的文件，应由慈善委员会在其所认为适当的期间内加以保存。

第四十六条　关于豁免登记的慈善组织及其他的例外的慈善组织之会计账目及年度报告的特别规定

Ⅰ．第四十一条至第四十五条之规定，一律不适用于任何豁免登记的慈善组织，但豁免登记的慈善组织之慈善受托人，应就该慈善组织的相关事务，留存适当的会计账簿，如果其他法律未要求其准备关于会计账目之周期报表的，则应就不超过十五个月的一段期间内所做的收支会计账目，准备连续的财务报表以及关于该时期期末之资产负债表。

Ⅱ．豁免登记的慈善组织之相关的会计账簿以及会计报表，至少应保存六年，除非该豁免登记的慈善组织不复存在，并且经慈善委员会以书面形式同意，将其会计账簿及会计报表加以销毁或处置。

Ⅲ．本法第四十一条至第四十五条之规定，一律不适用于符合以下条件的慈善组织：

（一）本法第三条第五款第三项所规定的慈善组织，并且

（二）未经登记注册。

Ⅳ．除本条第七款所规定的情形外，本法第四十五条的规定，一律不适用于符合下列条件的慈善组织（豁免登记的慈善组织以及第三条第五款第三项所规定慈善组织例外）：

（一）第三条第五款所规定的慈善组织，并且

（二）未经登记注册者。

Ⅴ．经慈善委员会要求，本条第四款所提及的慈善组织的慈善受托人，应就慈善委员会所指定的该慈善组织之财政年度，准备年度报告。

Ⅵ．依据本条第五款的规定准备的年度报告，应包含根据第四十五条第一款所颁布的、关于依该款规定所应准备的年度报告之规章所规定的内容：

（一）慈善受托人就该慈善组织在相应年度内所从事之活动的报告；

（二）关于该慈善组织或者其慈善受托人或管理人员的其他信息。

Ⅶ．任何根据本条第五款的规定所应准备的报告，视同根据该条第一款的规定所应准备的年度报告，适用本法第四十五条第三款至第六款的规定。

Ⅷ．本条所提及的第三条第五款第三项所规定的慈善组织，包括依据第三条第五款的规定免于登记注册的慈善组织。

第四十七条　对年度报告等的公开查阅

Ⅰ．慈善委员会根据本法第四十五条第六款所留存的任何年度报告或其他文件，应于下列时期内之任何合理时间，提供公众查阅：

（一）该文件之存档期；

（二）经慈善委员会决定，亦可为慈善委员会所确定的少于存档期的一段时期。

Ⅱ．任何人——

（一）要求某一慈善组织的慈善受托人以书面的形式向其提供该慈善组织的最新会计账目的副本；并且

（二）就慈善受托人依其要求提供相应副本所需之支出，向慈善受托人支付其所要求的合理费用（如果有费用的话）时。

Ⅲ．慈善受托人应依照其要求，在提出要求之日起两个月内，向其提供相应的副本。

Ⅳ．本条第二款所提及的慈善组织之"最新会计账目"：

（一）对于本款第二项至第四项所列举之外的慈善组织，是指根据本法第四十二条第一款或者第三款的规定而预备的，关于该慈善组织上一财政年度的、依第四十三条规定而经过审计或者审查的会计报表或者会计账目与资产负债表；

（二）对于本法第四十六条第三款所述的慈善组织，其已经根据本法第四十二条第一款或第三款的规定，就上一财政年度预备好相关会计账目的财务报表的，即指该预备好的会计报表或会计账目与资产负债表；

（三）对于以公司形式存在的慈善组织，指根据《1985年公司法》第七章的规定，该公司最近一次经审计的会计账目；

（四）对于豁免登记的慈善组织，指该组织依据任何法定或者其他要件，最近一次经审计的会计账目，如果其会计账目不需经审计的，则为该慈善组织最新预备的会计账目。

第四十八条　已登记慈善组织所提供的年度报表

Ⅰ．任何已登记的慈善组织应就其每一财政年度准备年度报表，该报表的格式及其所包含的信息，可由慈善委员会通过制定规章加以规定。

Ⅱ．上述年度报表提交于慈善委员会的截止日期，为慈善受托人根据本法第四十五条第三款的规定，向慈善委员会提交其就相关财政年度所应准备的相应年度报告之截止日期。

Ⅲ．慈善委员会可以规定特定的某一慈善组织或者某类慈善组织，或者某一慈善组织或者某类慈善组织的特定财政年度，免于履行本条第一款之规定。

第四十九条　违法责任

任何人没有正当理由，持续地发生与下列条款所规定的要件相关之懈怠行为时，将被认定为有罪，其将面临即席判决并承受不超过标准等级四级的罚款：

（一）本法第四十五条第三款根据具体情况也可以包括第四十五条第四款或者第五款；或者

（二）本法第四十七条第二款或者第四十八条第二款。

第七章　慈善受托人社团

第五十条　慈善受托人社团

Ⅰ. 如：

（一）慈善组织受托人根据本法第五十二条之规定向慈善委员会申请颁发慈善受托人社团证书，且

（二）慈善委员会认为该慈善受托人社团之设立将有益于慈善事业，

慈善委员会可颁发该证书，并附加其认为合理的条件或指引。

Ⅱ. 如果慈善委员会认为该慈善组织根据本法第三条的规定应当登记而未登记的，不予颁发证书。

Ⅲ. 获准颁发证书的：

（一）慈善受托人社团将具备独立法人资格，该法人名称以证书上的记载为准；

（二）在无损于本法第五十四条之实施的情况下，该社团法人承继原慈善受托人之相关权利或义务。

Ⅳ. 慈善受托人于慈善受托人社团成立后：

（一）可以社团法人之名义起诉或应诉；

（二）慈善受托人基于慈善目的，或与慈善事业相关的其他目的，对社团财产占有、收益或处分时，享有其于社团成立之前所享有的权力，并受到其于社团成立之前所受的限制及约束；

任何正在进行的或者已经启动的、以慈善受托人的名义起诉或者应诉的相关诉讼程序，将继续进行或者启动，并由慈善受托人以社团法人的名义起诉或者应诉。

Ⅴ. 基于本条规定而成立的社团法人，不需持有公章。

Ⅵ. 在本条中：

所谓"相关权利或义务"是指与本法第五十一条规定之任何归属于该社团法人的财产相关的权利或义务；

所谓"相关诉讼程序"是指与上述任何财产相关的诉讼程序。

第五十一条 归属于社团法人之财产

任何个人或集体所拥有或持有的不动产及属人动产，于被托管期间，不管该财产之天然属性或权利期限如何，经由证书授权，均归属于社团法人，据此，以任何个人或集体之名义持有的股票、基金券或者有价证券，在被托管于慈善受托人社团期间，由该社团以自己的名义持有，除非上述规定之实行将有悖于归属于官方慈善管理人的财产性质。

第五十二条 社团法人的申请

Ⅰ. 任何根据本法第七章之规定，向慈善委员会提起的颁发社团法人证书的申请必须：

（一）以书面形式提出，并由相关慈善受托人签字；

（二）须同时递交慈善委员会所要求的、与申请目的相关之文件或资料。

Ⅱ. 慈善委员会可以：

（一）要求申请人就任何此类申请所包含的事项进行陈述；

（二）对于根据本条第一款第二项之规定所递交的补充文件或材料，有权以其指定的方式进行核实。

第五十三条 慈善受托人的任命及补缺

Ⅰ. 在根据本法第七章颁发社团法人证书之前，须有效地指定慈善受托人，且该指定应得到慈善委员会的认可。

Ⅱ. 社团法人证书颁发之后，一旦慈善受托人之名额出现空缺，须依据慈善组织之章程或协议的约定，或者依据证书的规定或指令，及时加以补充，如果证书尚未颁发，则可依据其他可以适用的合法方式，指定新的慈善受托人，证书颁发之后，则应依证书的相关规定或指令补缺。

第五十四条　社团法人成立后慈善受托人及其他人员的职责

根据本法第七章之规定颁发社团法人证书之后,尽管社团法人已成立,但该慈善组织的全体慈善受托人,对于由其经手的财产应负经管责任,并应对其个人行为、签发信托收据行为、玩忽职守或渎职行为负责,且应负责对慈善组织及其财产进行正当管理,上述职责之承担方式及承担范围与社团法人成立之前慈善受托人的职责相同。

第五十五条　注册证书为慈善组织具备社团法人要件之证据

根据本法第七章之规定颁发社团法人证书之后,该证书即为证明该慈善组织已具备本法第七章所规定的社团法人基本要件的证据,证书上所记载的社团法人成立日期,即视为该法人事实上成立的日期。

第五十六条　慈善委员会修订社团法人证书的权力

Ⅰ．慈善委员会可以依据社团法人之申请对证书进行修订,也可以依职权主动修订。

Ⅱ．在慈善委员会依职权主动修订证书之前,应以书面形式发出通知:

(一)向相关慈善受托人通知其修订意图;

(二)邀请慈善受托人于通知所规定的期限内,向慈善委员会陈述意见,上述期限不得少于自通知发放之日起一个月。

Ⅲ．对于慈善受托人于上述规定期限之内所陈述的任何意见,慈善委员会应予以考虑,之后慈善委员会可不经另行通知,继续实行其修订意图,修订内容可不加修改,也可在慈善委员会认为必要时加以修改。

Ⅳ．慈善委员会对证书进行修订时,可以通过下列方式之一进行:

(一)发布一项命令,就修订内容加以详细规定;

(二)根据修订内容,重新颁发证书。

第五十七条　申请及证书的备案

Ⅰ．慈善委员会根据本法第七章的规定受理社团法人设立申请时,应当将所有的申请行为及所颁发的证书记录备案,并应保存根据本法第七章的规定递交给他们的所有文件。

Ⅱ. 任何人均可在慈善委员会的指示下查阅上述文件,并可请求慈善委员会秘书长签署证明书,对上述任何文件之复印件或者摘要加以证明。

第五十八条　命令及指令的强制执行

注册证书上所载明的任何条件及指令,对于所有慈善受托人均具有约束力,慈善受托人应当执行或遵守,任何未执行或未遵守上述条件及指令的慈善受托人,适用本法第八十八条中关于任何人违背慈善委员会之命令的相关规定。

第五十九条　社团法人成立之前对慈善组织所为的捐赠,于社团法人成立后其效力不变

在慈善受托人团体根据本法第七章的规定成立社团法人之后,任何以慈善组织或者慈善受托人为对象,或者基于该慈善组织之目的,于社团法人成立之前,以契约、遗嘱或其他形式依法成立,但尚未实际履行的涉及不动产或属人动产的捐赠、赠与及处分行为,或者于社团法人成立之后依法进行的上述行为,于社团法人成立之后,视为以社团法人为对象,或者基于与社团法人相同的目的所为的行为而发生效力。

第六十条　社团法人对于文件的执行

Ⅰ. 本条是关于社团法人执行相关文件的规定。

Ⅱ. 社团法人持有公章者,当其于文件上加盖公章时,则该社团法人应当执行该文件。

Ⅲ. 不论社团法人是否持有公章,当发生下列情形之一时,社团法人应当执行相关文件:

(一)该文件经由社团法人中多数慈善受托人签字,表明(不论是以何种表达方式表明)由该社团法人执行该文件的,或者

(二)该文件经由本条第四款所规定之具有决定权的慈善受托人

认可，具有执行力的。

Ⅳ. 为实现本条第三款第二项之规定，相应慈善组织中的慈善受托人团体，具有独立法人资格者，可以基于慈善受托的目的，于慈善受托人中，授予两名或两名以上的慈善受托人：

（一）具有普遍的决定权，或者

（二）于全体慈善受托人认可的权限范围内具有决定权；

上述人员被指定后，可以社团法人之名义，代表社团法人执行相关文件，其执行行为将使以社团法人为一方当事人的交易产生法律效力。

Ⅴ. 根据本条第四款的规定享有决定权的慈善受托人：

（一）对于任何以书面形式作出的，或者经由相应慈善组织中的慈善受托人全体会议决定作出的文件，享有决定权的慈善受托人均应执行之，即使该慈善受托人尚欠缺除本条第四款的规定之外的其他赋予其决定权之必要手续；

（二）得以行使任何慈善受托人被授予行使的职权，同时受到其他任何慈善受托人所受到的约束，或者其他方式的约束；

（三）受上述约束之具有决定权的慈善受托人，除非其决定权被撤销，否则，不论相应慈善组织中的慈善受托人成员有何变动，均认定其决定权是由该慈善组织现任的慈善受托人所授予并得以继续享有之，且其决定权对于现任慈善受托人具有法律效力。

Ⅵ. 本条第四款所规定的享有决定权的慈善受托人以社团法人的名义代表社团法人执行某份文件时，除非存在相反意图，否则，倘若该慈善组织之慈善受托人得以以官方慈善管理人或其他任何人之名义，代表官方慈善管理人或其他任何人执行该份文件时，则该享有决定权的慈善受托人亦享有一项默认的权力，得以以官方慈善管理人或其他任何人之名义，代表官方慈善管理人或其他任何人，为社团法人执行该份文件。

Ⅶ. 当社团法人正式执行某份文件时，则清楚地表明，该份文件之制订人将其作为一份契据而制订，该文件一旦交付，则成为有效的契据，除非存在相反意图，否则，该份契据一旦被正式执行，则推定其同时已经被交付。

Ⅷ. 对于某份文件的相对方而言，当该份文件存在下列情况之一时，则应认定该份文件已经由社团法人正式执行：

（一）文件由相应慈善组织之大多数慈善受托人签署；

（二）文件由相应慈善组织之慈善受托人授权的，能以社团法人的名义，代表该社团法人执行该份文件的享有决定权的慈善受托人签署；

并且，当情况清楚地表明，该份文件之制订人将其作为一份契据而制订时，一旦该份文件被执行，则同时应认定该份文件已经被交付给相对方。

本条所谓的"相对方"是指提供对价的善意相对方，包括承租人、承按人，或者对于社团财产享有利益并提供对价的其他人。

第六十一条　慈善委员会有权解散社团法人

Ⅰ. 当慈善委员会相信有以下情况之一发生时，可以依职权主动发布命令，解散社团法人，解散日期以命令中所载明的日期为准：

（一）社团法人不具有资产，或者没有开展业务；

（二）成为独立社团法人的相应慈善组织已经终止存在；

（三）原来以慈善事业为目的而成立的组织，或者慈善委员会认定其以慈善事业为目的而成立的组织，不再作为慈善组织，或者（在某些情况下）当其成立独立社团法人时即不具备慈善组织之性质；

（四）成为独立社团法人的相应慈善组织之设立目的，迄今为止已经尽可能地实现，或者实际上已经不可能实现。

Ⅱ. 经成为独立社团法人的相应慈善组织之慈善受托人的申请，慈善委员会认为解散社团法人有益于该慈善组织时，可以发布命令，解散该社团法人，解散日期以命令中所载明的日期为准。

Ⅲ. 除本条第四款有其他规定之外，根据本条规定，慈善委员会所发布的解散独立社团法人的命令，将使如下被托管于相应慈善组织的财产，归属于该慈善组织中的慈善受托人：

（一）命令发布时归属于独立社团法人的所有财产；

（二）命令发布时归属于其他任何财产受托人（官方慈善管理人除外）的所有财产。

Ⅳ. 如果慈善委员会在命令中作了相应规定，则：

（一）财产的全部或者其中任何指定的部分不归属于相应慈善组织中的慈善受托人，而是归属于被另行指定为慈善组织之慈善受托人或者代名人的其他人员，或者其他可能被指定的人员，但原慈善组织之慈善受托人除外；

（二）任何人所持有的、被托管于相应慈善组织的被指定的投资财产，或者投资财产中被指定的种类，必须移交于该慈善组织的慈善受托人，或者本款第一项中所规定的相关人员；

本款所谓的"指定的"是指由慈善委员会在命令中作出的指定。

Ⅴ. 解散社团法人时：

（一）原社团法人所享有的权利由相应慈善组织的慈善受托人享有，其承担的义务由慈善受托人承担；

（二）任何正在进行的或者已经启动的、由社团法人起诉或者应诉的相关诉讼程序，将继续进行或者启动，并由慈善受托人起诉或者应诉。

Ⅵ. 本法第五款适用于任何根据本条发布的命令，上述命令一经发布，则：

（一）本条第三款关于财产归属的规定中，所规定的财产归属于相应慈善组织的慈善受托人，或者归属于被另行指定为慈善组织之慈善受托人或者代名人的其他人员，并且，任何人所持有的、被托管于相应慈善组织的投资财产，必须移交于该慈善组织的慈善受托人，或者移交于被另行指定为慈善组织之慈善受托人或者代名人的其他人员；

（二）慈善委员会根据本条规定发布命令之后，可以对命令进行更改，也可以根据本条规定，另行发布命令废除之。

第六十二条　本章相关解释

在本法第七章中：

"社团法人"是指根据本法第五十条成立的具有独立法人资格的社团法人；

"相应慈善组织"与社团法人相关联，是指其慈善受托人已经组成上述社团法人的慈善组织；

"受托人"与慈善组织相关联，是指慈善受托人。

第八章 慈善法人

第六十三条 清算

Ⅰ. 当高级法院依据《1986年破产法》的规定对慈善组织进行清算时,首席检察官或者任何得到该法案授权的人员,可以向高级法院递交诉愿书,请求由英格兰或者威尔士的具有管辖权的法院,依据该法的相关规定,对该慈善组织进行清算。

Ⅱ. 在慈善组织发生上款的清算情形时,如果慈善委员会依据本法第八条的规定,在向慈善组织提起质询后认定该慈善组织存在本法第十八条第一款第一项或者第二项所规定之情形,慈善委员会也有权向高级法院递交上述清算诉愿书。

Ⅲ. 当慈善法人被解散时,慈善委员会有权依据《1985年公司法》第六百五十一条(法院宣布公司解散无效的权力)之规定,申请法院依据该条规定发布命令;并且在申请的同时,该条第一款的规定适用于被提起申请的慈善法人、该法人的清算人,以及慈善委员会。

Ⅳ. 当依据《1985年公司法》第六百五十二条(注册登记官注销停业公司登记的权力)的规定,慈善法人的登记被注销时,慈善委员会有权依据该法第六百五十三条第二款(受侵害人对注销行为的异议)之规定,申请法院发布命令,恢复该慈善法人的注册登记,并且在申请的同时,该法第六百五十三条第二款的规定适用于该慈善法人、上述任何受侵害人、慈善委员会。

Ⅴ. 慈善委员会依据本条的规定享有的权力,应当由其自由行使,但均须得到首席检察官的许可。

Ⅵ. 在本条中,"慈善法人"是指从事慈善事业的法人。

第六十四条　对目的条款的修改

Ⅰ．某慈善组织以法人或者其他有权自治的社团法人的形式存在时，其能够改变组织慈善性质的权限在试图进行下列申请时无效：

（一）在作出改变前，通过处分行为或者双方协议而获得的财产，且不具备以货币形式存在的，或者能以货币衡量价值的充足对价者，或者通过上述行为而获得之财产的等价财产；

（二）在作出改变前，已经发生增值的财产；

（三）上述财产所带来之收入。

Ⅱ．当某慈善组织以公司的形式存在时，其下列修改行为，未经慈善委员会之事先同意，一律无效：

（一）对于公司组织大纲中目的条款的修改；

（二）对于公司组织大纲中其他任何条款或者公司组织细则中任何条款的修改，且该条款是关于公司财产的使用或运用方式的规定或者限制时。

Ⅲ．当慈善法人根据本条第二款的规定，对相关文书之条款进行修改后，如果存在下列情形，则公司在向注册登记官交付或者寄交相关文件之副本时，需同时提交慈善委员会之书面同意书的复印件：

（一）与其修改行为相关，根据《1985年公司法》第六条第一款（目的条款被修改后的文件附送）之规定，或者该法第十七条第三款（对于公司组织大纲中可能包含于公司组织细则之条款的修改）之相关规定，该慈善法人应向公司注册登记官递交修改后之公司组织大纲的打印副本；

（二）根据《1985年公司法》第三百八十条第一款（决议或协议的登记等事项）之规定，应向注册登记官寄交相关修改行为之决议书的打印副本或者其他副本。

Ⅳ．公司在执行本条第三款之规定时，如果存在《1985年公司法》第六条第三款（违法责任）中所规定的违法情形的，适用该款关于违法情形之相关规定。

第六十五条　无效的交易行为

Ⅰ.《1985 年公司法》第三十五条（公司不受章程限制的权力）和第三十五 A 条（董事对公司具有约束力的权力）的规定，不适用于慈善法人之行为，除非其行为与下列人员有关：

（一）该人就慈善法人的相关行为，提出以货币形式存在的或者能以货币衡量价值的充足对价；

（二）该人并不知道该行为为公司章程所禁止，或者公司董事超出其职权范围，或者该人在相关行为作出之时，并不知道该公司为慈善法人。

Ⅱ. 但是，当慈善法人意图转移或者授予某项财产利益于相对人时，即使该行为为公司章程所禁止，或者做出该行为的董事超出其职权范围，如果该行为的相对人给予了充足对价，并且并不知晓上述影响公司行为效力之情形，则该善意相对人有权依据该行为而获得财产或者财产所包含之任何利益。

Ⅲ. 基于本条第一款的规定而引发诉讼时，当事人主张以下事项的，应就该事项负举证责任：

（一）某人知道某行为为公司章程所禁止，或者超出公司董事的职权范围；

（二）某人知道该公司为慈善法人。

Ⅳ. 公司为慈善法人的，其依据《1985 年公司法》第三十五条第三款的规定，对于某项行为的批准，或者对于该法第三百二十二 A 条（以公司董事或者其关系人为一方当事人的交易行为无效）所规定的相关交易的批准，如果未经慈善委员会事先以书面形式作出同意，则该批准无效。

第六十六条　需要得到慈善委员会事先同意的行为

Ⅰ. 公司为慈善法人的，下列行为未经慈善委员会事先以书面形式作出同意的，一律无效：

（一）该公司根据本条第二款中所列出的《1985 年公司法》中的

相关规定，所作出的正式批准；

（二）该公司根据该法第三百二十二条第二款第三项（对于得撤销的、董事或者其关系人获得或出让资产之行为的追认）的规定，所作出的追认。

Ⅱ. 本条第一款第一项所指之《1985年公司法》中的相关规定，是指：

（一）该法第三百一十二条（对于已经被撤职或者退休之董事的报酬）；

（二）该法第三百一十三条第一款（与许诺的让渡或者公司财产相关的，对于已经被撤职或者退休之董事的报酬）；

（三）该法第三百一十九条第三款（于董事之聘用合同中添加条款，使其任职期限将要超过或者可能超过五年）；

（四）该法第三百二十条第一款（董事或者其关系人获得或出让资产之行为）；

（五）该法第三百三十七条第三款第一项（预留基金以备董事某项开支之需）。

第六十七条　慈善法人须在其信函等文件中标明自己的商号

公司法第三十条第七款（关于标明公司商号等的相关要求的豁免）的规定，在适用于慈善法人时，并不能使该公司免除该法第三百四十九条第一款（公司必须在其信函等文件中标明自己的商号）规定的标明商号的义务。

第六十八条　慈善法人须在其信函等文件中标明自己的慈善性质

Ⅰ. 公司为慈善法人的，如果其商号中没有包含"慈善"或者"慈善的"字样时，该公司必须于下列文件中，以清晰可读的文字表明该公司为慈善法人这一事实：

（一）该公司的所有商务信函；

（二）该公司所有的公告或者其他官方出版物；

（三）以该公司的名义开具的所有汇票、本票、签注文件、支票、提款单或者订货单；

（四）所有表明由该公司履行的财产让渡契据；

（五）该公司所递交的所有单据，以及该公司所开具的所有发票、收据和信用证。

Ⅱ. 本条第一款第四项中所称的"财产让渡契据"，包括所有设立、转让、更变或者消灭地产利益的法律文书。

Ⅲ. 当存在违背本条第一款之规定的情形时，《1985年公司法》第三百四十九条第二款至第四款（违反商务信函等文件中列明必要细节的行为）的规定，参照《1985年公司法》第三百四十九条第三款第二项的规定，适用于包裹单，对于本条第一款第五项所规定之任何文书，可参照包裹单适用上述条款。

第六十九条　账目调查

Ⅰ. 对于以公司形式存在的慈善组织，慈善委员会可通过发布命令，要求对其所指定的一段期间内，该慈善组织的经营状况及其账目，由慈善委员会所指定的审计人员进行调查和审计，该审计人员必须符合《1989年公司法》第二十五条所规定之被指定为公司审计人员的条件。

Ⅱ. 审计人员根据本条第一款进行审计时：

（一）有权查阅由慈善受托人占有或控制的，或者慈善受托人有权查阅的，与该慈善组织相关的账簿、账目和文件；

（二）在其认为有必要的情况下，有权要求该慈善组织任何已卸任的或者现任的慈善受托人，或者任何已卸任的，或者现任的管理人员或职员，就其履行审计职责所需之事项，提供相关资料或者作出解释；

（三）审计工作结束之后，或者在进行审计工作的过程中，在其认为有必要的情况下，可就审计工作或者该慈善组织之账目或相关事项，向慈善委员会作出报告，同时应将上述报告之副本送交慈善受托人。

Ⅲ. 根据本条第一款进行审计时所需之费用，包括审计人员的报酬，由慈善委员会支付。

Ⅳ. 任何人未依法向审计人员提供其依据本条第二款之规定所享有之便利时，慈善委员会可以向该人或者该慈善组织的现任慈善受托人发布命令，作出其认为适当的指示，以确保上述人员依法履行其职责。

第九章　其他规定

一　投资权

第七十条　对大范围投资限制的放宽

Ⅰ. 经财政部同意，国务大臣有权发布下列内容的命令：

（一）在一笔托管基金是由慈善组织持有的，或者由托管于慈善组织的财产所组成的情况下，任何依据《1961年受托人投资法》第二条第一款（对信托基金进行分割，从而使得较大范围内的投资与较小的范围内的投资具有相等的价值）的规定，对信托基金所进行的分割，必须使分割基金时较大范围内之投资的价值，与分割时之较小范围内的投资之价值，达到命令中所规定的比例；

（二）在慈善组织申请就上述信托基金作出分割时，该法的相关规定适用于国务大臣认可的、基于上述任何指令或者与该指令相关之指定的更改。

Ⅱ. 在依据本条发布的命令生效之前，由慈善组织所持有的或者托管于慈善组织的财产所组成的信托基金，已经依据《1961年受托人投资法》第二条第一款进行分割的，不管该款的规定如何，在命令的有效期内，该笔基金仍可依据该款的相关规定，再一次分割，而且只能再分割一次。

Ⅲ. 国务大臣只有在将命令的草案递交于国会两院，并且经国会两院决议作出批准后，才可以根据本条发布相关命令。

Ⅳ. 本条之相关用语，与《1961年受托人投资法》中相应的用语，具有相同的含义。

Ⅴ. 本条适用于苏格兰时，所谓"慈善组织"，指符合苏格兰《1990年法律修改法》（其他规定）之第一条第七项所规定的、被认可的团体。

第七十一条 投资权的扩展

Ⅰ. 经财政部许可，国务大臣有权颁布规章作出如下规定：对于由慈善组织所持有的或者托管于慈善组织之财产所组成的信托基金，授权一名慈善受托人，将上述财产以规章所规定的任何方式进行投资，且该投资方式在当时不包含于《1961年受托人投资法》附表一任何部分所规定的投资方式之中。

Ⅱ. 根据本条所颁布的规章，国务大臣有权指定其认为适当的相关规定：

（一）对于根据本条第一款的规定所授权的任何方式的投资行为，作出相应的规定；

（二）对于上述投资行为的变更和维持作出相关规定。

Ⅲ. 国务大臣有权就以下事项，在规章中作出特别规定：

（一）由慈善组织持有的或者托管于慈善组织的财产所组成的信托基金，得以根据本条第一款之规定所授权的任何投资方式被用于投资的，国务大臣得就投资财产所占的比例加以限制，该限制既可以针对上述投资方式中任何一般的投资方式，也可以针对上述投资方式中任何特殊的投资方式；

（二）就投资建议的获得及相关考虑事项，规定相关的要件，该要件得与《1961年受托人投资法》第六条（受托人对于投资项目的选择）中所规定的所有要件相同。

Ⅳ. 根据本条的相关规定所享有的任何投资权：

（一）应与根据其他规定所享有的权力结合起来行使，且不得有损于根据其他规定所享有的权力的行使；

（二）不受任何未包含于依据成文法而制定的法律或者法律文书中的信托条款的约束，除非信托条款以明示条件将该投资权排除；

但上述任何形式的投资权，只有在依据成文法而制定的、与受托人投资权相关的法律或者法律文书未表达相反的意图时，受托人才得以行使。

Ⅴ. 国务大臣只有在将规章的草案递交于国会两院，并且国会两院决议作出批准后，才可以根据本条颁布相关规章。

Ⅵ. 在本条中，"财产"的含义是：

（一）在英格兰和威尔士，"财产"是指任何种类的不动产或者属人动产，包括货币和现存物，但不包括可期待利益；

（二）在苏格兰，"财产"是指现实享有的任何种类的财产，且不管该财产是否可以被继承、是不是动产、是有形物还是无形物，但不包括将来的利益，不管该利益是既定的，还是可能发生的；

本条所谓"由慈善组织持有的或者托管于慈善组织之财产"，是指由慈善组织以上述方式持有的财产，不管该财产当时是否处于被用于投资的状态。

Ⅶ. 本条适用于苏格兰时，所谓"慈善组织"，是指符合苏格兰《1990年法律修改法》（其他规定）之第一条第七项所规定的、被认可的团体。

二 对慈善受托人资格的剥夺

第七十二条 被免除慈善法人慈善受托人资格的人员

Ⅰ. 根据本条下列规定，慈善受托人发生以下情形之一的，剥夺其任职资格：

（一）被判决认定有任何不诚实或者欺诈行为的；

（二）被宣告破产，或者被处以扣押财产，且该情形尚未被解除的；

（三）与其债权人达成债务和解，或者将信托契约让与其债权人，且尚未被解除的；

（四）基于慈善受托人在由其所负责的，或者与其个人利益存在利害关系的，或者能为其带来利益或便利之慈善组织管理业务中，出现处理不当或者管理不善的情形，从而被以下命令免除其慈善受托人资格的：

（1）慈善委员会根据本法第十八条第二款第一项之规定所发布的命令；

（2）慈善委员会根据《1960年慈善法》第二十条第1A款第一项（为保护慈善组织而采取相应行为之权力）的规定，或者根据于《1992年慈善法》第八条生效之前施行的、该法第二十条第一款第一项的规定所发布的命令；

（3）高级法院所发布的命令；

（五）因其与任何团体之管理或者控制相关联，从而根据苏格兰《1990年法律修改法》（其他规定）第七条（苏格兰最高民事法庭处置慈善组织管理事务之权力）的规定，被免除慈善受托人资格的；

（六）其慈善受托人之资格，被根据《1986年公司董事免职法》之相关规定所发布的免职命令所免除，或者被根据《1986年破产法》第四百二十九条第二款第二项（未依照地方法院之行政命令支付相应款项）之相关规定所发布的命令所免除。

Ⅱ．对于本条第一款的规定：

（一）不论有罪认定是在该款生效之前，或是生效之后作出，均适用该款第一项的规定，但是，如果有罪认定是基于《1974年罪行平反法》的相关规定从而失效的，则不适用该项的规定；

（二）不论破产宣告或者扣押财产的处罚发生在该款生效之前，或是生效之后，均适用该款第二项的规定；

（三）不论债务和解，或者信托契约让与发生在该款生效之前，或是生效之后，均适用该款第三项的规定；

（四）不论相关命令的发布以及免职处分是发生在该款生效之前，或是生效之后，均适用该款第四项至第六项的规定。

Ⅲ．除本款所规定的情形外，慈善法人之慈善受托人，根据本条第一款第二项的规定，应被剥夺其任职资格的，如果其依据《1986年公司董事免职法》第十一条（未清偿债务之破产者）的规定，被授权担任该慈善组织的董事,则不应被剥夺其慈善受托人的资格,类似地,如果慈善法人的慈善受托人存在以下情形,则不适用本条第一款第六项关于剥夺其慈善受托人资格的规定:

(一)该慈善受托人依据免职命令的规定,应被剥夺其任职资格的,同时该命令授权其担任慈善法人之董事;

(二)该慈善受托人,依据基于《1986年破产法》第四百二十九条第二款第二项的规定所发布的命令,应被剥夺慈善受托人资格的,发布该命令的法院同时授权其担任慈善法人之董事。

Ⅳ.慈善委员会根据本条第一款的规定,发布免除慈善受托人任职资格的命令后,有权撤回该命令,不论该撤销是针对一般的慈善组织,或是特定的慈善组织,抑或是特定类别的慈善组织而发出的,但是,在下列情形下,不得向慈善法人发布撤回令:

(一)被免职的相关慈善受托人,于被免职期间,基于根据《1986年公司董事免职法》所发布的免职命令,或者根据该法第十一条第一款(未清偿债务之破产者)或第十二条第二款(未依照地方法院之行政命令支付相应款项)的规定,被禁止担任该慈善法人的董事,并且

(二)该被免职的相关慈善受托人,未被授权担任其他任何公司的董事。

Ⅴ.任何基于本条第四款的规定所发布的撤回令,应以书面的形式送达相对人。

Ⅵ.基于本条的规定,慈善委员会应通过其认为适当的方式,将如下依据本条第一款第四项的规定,被免除慈善受托人资格的相关人员记录在案:

(一)基于慈善委员会于本条第一款的规定生效之前或者生效之后发布的免职命令,而被免除慈善受托人资格的相关人员;

(二)基于高级法院于《1992年慈善法》第四十五条第一款生效之后发布的免职命令,而被免除慈善受托人资格的相关人员;并且当

相关人员基于高级法院所发布的命令而被免职时，高级法院应将免职事宜告知慈善委员会。

Ⅶ. 根据本条第六款所作的相关记录，应在合理的时间内以清晰可读的方式供公众查阅。

第七十三条　被免职之后仍担任慈善受托人的人员

Ⅰ. 任何人依据第七十二条的规定，被免除慈善受托人之任职资格之后，仍然担任该慈善组织的慈善受托人的，除本条第二款所规定之情形外，将构成违法，并将承担以下法律责任：

（一）依据即席判决，将处以六个月以内的监禁，或/和法定最高限额内之罚款；

（二）依据公诉判决，将被处以两年以内的监禁，或/和罚款。

Ⅱ. 本条第一款的规定，不适用于下列情形：

（一）相关的慈善组织为慈善法人，并且

（二）被免除慈善受托人资格者，仅是依据本法第七十二条第一款第四项或第六项的规定而被免职。

Ⅲ. 任何人依据第七十二条的规定，被免除慈善受托人之任职资格之后，仍然以慈善组织之慈善受托人的身份为相关行为的，免职事实不得为该行为无效的唯一事由。

Ⅳ. 当慈善委员会认定下列事实时，有权发布命令，责令相关人员向慈善组织偿还相应款项的全部或部分，或者具体情况表明有此需要时，有权责令其向慈善组织偿还相应利益之全部或部分的货币价值，其价值数额由慈善委员会核定：

（一）任何人依据第七十二条的规定，被免除慈善受托人的任职资格之后，仍然担任慈善组织（被豁免之慈善组织除外）的慈善受托人，并且

（二）在其为上述行为期间，以报酬或费用的形式，从慈善组织处收受与其担任该慈善组织的慈善受托人相关的款项，或者以实物形式支付的利益。

Ⅴ. 本条第四款的规定,不适用于相关人员未被免除其慈善受托人之任职资格期间应得的、以报酬或费用的形式取得的款项。

三 小型慈善组织

第七十四条 转让全部财产、修改目的条款的权力

Ⅰ. 本条适用于符合下列条件的慈善组织:

(一)上一财政年度的总收入未超过 5000 英镑;

(二)未拥有规定可用于该组织的设立目的,或特定设立目的的信托土地;

(三)该组织既非豁免登记的慈善组织,也非慈善法人。

Ⅱ. 在符合本条下列规定的前提下,适用于本条规定的慈善组织的慈善受托人,依据本条规定,有权作出以下决议:

(一)将该慈善组织的全部财产,转让给决议中所指定的其他慈善组织,该受让的慈善组织,既可为已登记的慈善组织,也可为不需要登记的慈善组织;

(二)将该慈善组织的全部财产,依照决议中所规定的方式,在决议所指定的两个或两个以上的慈善组织之间分割转让,该受让的慈善组织,既可为已登记的慈善组织,也可为不需要登记的慈善组织;

(三)以决议中所确定的其他具有法定慈善性质的设立目的,代替原有的设立目的的全部或一部分,以修改该慈善组织的信托条款;

(四)以决议所确定的方式修改以下信托条款,包括与慈善受托人拥有的慈善组织管理权相关的条款以及与该慈善组织的管理业务相关的程序性条款。

Ⅲ. 依据本条第二款所作出的决议,应经参加表决的慈善受托人中三分之二以上的多数通过。

Ⅳ. 适用于本条规定的慈善组织(让与慈善组织)的慈善受托人,只有在符合下列条件时,才有权通过本条第二款第一项或者第二项所规定的决议:

（一）让与慈善组织的现有的设立目的，已经无益于该慈善组织资源的适当和有效的运用；

（二）决议中所确定的慈善组织，具有与让与慈善组织性质相似的设立目的，且该目的具有合理的可行性；

让与慈善组织在决议通过之前，必须收到决议中所确定的慈善组织（具体情况表明有多个慈善组织时，则必须每个慈善组织）的慈善受托人以书面的形式作出的确认，即确认其愿意依据本条的规定，受让财产。

Ⅴ．适用于本条规定的慈善组织（让与慈善组织）的慈善受托人，只有在符合下列条件时，才有权通过本条第二款第三项所规定的决议：

（一）让与慈善组织的现有的设立目的，或者具体情况表明，被提议代替原有设立目的的其他目的，已经无益于该慈善组织资源的适当和有效的运用；

（二）决议中所确定的设立目的，具有与原设立目的相似的性质，且根据具体情况，具有可行性。

Ⅵ．慈善受托人根据本条第二款的规定，通过决议时应当

（一）根据具体情况，以其所认为的合理的方式发布公告，公开决议内容；

（二）向慈善委员会递交决议的副本，同时递交其通过该决议理由的陈述。

Ⅶ．慈善委员会对决议进行考虑时，有权要求慈善受托人就下列事项提交附加说明或解释：

（一）慈善受托人决定依据本条作出相关决议时相关的背景和参考的环境；

（二）其作出相关决议时对本条的遵守情况；

并且慈善委员会认为与慈善组织有利益关系的人，可自慈善委员会依据本条第六款第二项的规定，收到决议副本之日起六个星期内，向慈善委员会进行陈述，慈善委员会应对其陈述加以考虑。

Ⅷ. 依据本条规定，慈善委员会收到任何慈善受托人提交的决议副本之后，如果其认为慈善受托人在作出决议时，遵守了本条的相关规定，慈善委员会应在收到决议副本之日起三个月内，以书面形式通知慈善受托人：

（一）慈善委员会同意该决议；

（二）慈善委员会不同意该决议。

Ⅸ. 如果慈善委员会告知慈善受托人其同意决议内容的，则：

（一）如果该决议是根据本条第二款第一项或第二项的规定而通过的，慈善受托人应依照决议内容，将让与慈善组织所有的财产安排好，使之处于可以被转让的良好状态，当决议中确定了转让期限时，应使财产于期限届满前被转让，以使任何被转让的财产由受让该财产的慈善组织（受让慈善组织），基于其设立目的而占有并运用，但是，财产被转让于受让慈善组织之后，仍应受到与未转让之前相同的费用约束；

（二）如果该决议是根据本条第二款第三项或第四项的规定而通过的，则自决议确定之日起，该慈善组织原信托条款，视为已经依照决议所确定的条款而被修改。

Ⅹ. 为使财产在依据本条的相关规定的前提下被转让于另一慈善组织，慈善委员会经受让慈善受托人的请求，有权发布命令，确认让与慈善组织的财产：

（一）归属于受让慈善组织之慈善受托人，或者其中任何的慈善受托人；

（二）归属于由受让慈善组织之慈善受托人提名的、持有该慈善组织之托管财产的其他人。

Ⅺ. 国务大臣可以发布命令，修改本条第一款关于数额的现行规定，而代之以另外的数额。

Ⅻ. 在本条中，

（一）"慈善法人"是指以公司或者其他独立法人的形式存在的慈

善组织；

（二）本条所指的"将财产转让于另一慈善组织"，是指将财产转让于受让慈善组织的慈善受托人，或者慈善受托人中的任何人，或者在慈善受托人作出相应决定时，转让于由其提名的、持有该受让托管财产的其他人。

第七十五条　使用资金的权力

Ⅰ．本条适用于符合下列情况的慈善组织：

（一）该慈善组织拥有永久性的捐赠基金，且该基金不包含信托土地；并且

（二）上一财政年度的总收入未超过1000英镑；

（三）该组织既非豁免登记的慈善组织，亦非慈善法人。

Ⅱ．适用于本条规定的慈善组织的慈善受托人，如果认为相对于该慈善组织的设立目的，其财产规模太小，使得单凭收入的支出不足以实现该组织的任何实用性目的，可以依据本条的规定，作出决议，决定该慈善组织不受其永久性的捐赠基金的、关于其资金使用方面的限制。

Ⅲ．依据本条第二款所作出的决议，应经参加表决的慈善受托人中三分之二以上的多数通过。

Ⅳ．在通过上述决议之前，慈善受托人必须考虑，是否存在合理的可能性，依据本法第七十四条，将慈善组织的全部财产转让或者分割，但如果其认为转让或分割财产可能给慈善组织增加无法接受的费用负担，则对该转让或分割不予考虑。

Ⅴ．慈善受托人依据本条第二款的规定，通过决议时，必须：

（一）根据具体情况，以其所认为的合理的方式发布公告，公开决议内容；

（二）向慈善委员会递交决议的副本，同时递交其通过该决议之理由的陈述。

Ⅵ．慈善委员会对决议进行考虑时，有权要求慈善受托人就下列

事项提交附加说明或解释：

（一）慈善受托人决定依据本条作出相关决议时相关的背景和参考的环境；

（二）其作出相关决议时对本条的遵守情况；

Ⅶ. 慈善委员会认为与慈善组织有利益关系的人，可自慈善委员会依据本条第五款第二项的规定，收到决议副本之日起六个星期内，向慈善委员会进行陈述，慈善委员会应对其陈述加以考虑。

Ⅷ. 依据本条规定，慈善委员会自任何慈善受托人处收到决议副本之后，如果其认为慈善受托人在作出决议时，遵守了本条的相关规定，慈善委员会应在自收到决议副本之日起三个月内，以书面形式通知慈善受托人：

（一）慈善委员会同意该决议；

（二）慈善委员会不同意该决议。

Ⅸ. 如果慈善委员会告知慈善受托人其同意决议内容的，则自通知确定之日起，慈善受托人有权根据本条的规定，支出慈善组织的任何财产，而不受本条第二款中所指的各项限制。

Ⅹ. 国务大臣可以发布命令，修改本条第一款关于数额的现行规定，而代之以另外的数额。

Ⅺ. 在本条中，"慈善法人"是指以公司或者其他独立法人的形式存在的慈善组织。

四 地方慈善组织

第七十六条 地方权力机构保存的本地慈善组织所制作的索引

Ⅰ. 各郡、区或者伦敦各自治区的地方议会，以及伦敦的市议会，有权将议会所在地的各个本地慈善组织或者各种本地慈善组织，制作索引，并且有权公布该索引内容或者该索引的摘要。

Ⅱ. 地方议会欲依据本条规定，就各个本地慈善组织或者各种本地慈善组织，建立或者维持相关索引时，有权请求慈善委员会向其免费提供慈善组织登记簿中与索引相关的慈善组织的登记信息复印件，已经提供过复印件的，可以要求提供相关慈善组织所发生变化的详细材料；慈善委员会有权与地方议会商定，不经其进一步请求，即向议会提供有关上述变化的详细材料。

Ⅲ．依据本条规定所做的索引，应在合理时间内提供公众查阅。

Ⅳ．地方议会在依据本条的规定，制作并维持索引时，有权基于其所同意的条件、限制，在其所认可的情况下，聘用任何志愿组织为其代表；所谓"志愿组织"，是指任何非以营利为目的而开展业务的团体，且非公共权力机构或地方政权机构。

Ⅴ．履行地方议会职能的联合委员会，根据本条规定，对于议会所在地，设立目的的性质与该委员会所提供的服务相同，或者对该服务具有补充性的慈善组织，享有与地方议会同等的权力。

第七十七条　地方权力机构对于当地慈善组织的考察

Ⅰ．根据本条下列规定，各郡、区或者伦敦各自治区的地方议会，以及伦敦的市议会，有权对议会所在地的地方慈善组织中，具有相同或者相似设立目的的一组的业务情况，组织考察工作，并在慈善受托人的合作下进行，经与慈善受托人协商，上述地方议会认为合适时，有权向慈善委员会报告考察工作的结果，并就考察结果提出相应的建议。

Ⅱ．有权根据本条的规定，发起考察活动的地方议会，在其所发起的对议会所在地的地方慈善组织的业务情况的考察工作中，有权与他人合作进行（不论其是否与其他慈善组织合作），或者与他人联合发起并开展上述考察活动。

Ⅲ．未经慈善受托人的同意，地方议会不得根据本条规定，对相应的慈善组织发起考察工作，地方议会亦不得对教会慈善组织发起考察工作。

Ⅳ．对于某一郡中，设立目的的性质与郡议会所提供的服务相同，或者对该服务具有补充性的慈善组织，未经该郡议会的同意，区议会不得依据本条规定，对该慈善组织的业务情况发起考察工作。

Ⅴ.本法第七十六条第四款、第五款的规定，基于该条的目的而适用，亦基于本条的目的，适用于本法所规定的情形。

第七十八条　慈善组织之间，以及慈善组织与地方权力机构之间的合作

Ⅰ.任何地方议会，或者任何履行地方议会职能的联合委员会有权：

（一）经与设立目的的性质与地方议会或联合委员会所提供的服务相同或者对该服务具有补充性的慈善组织协商，基于上述服务或者慈善组织的受益人的利益，协调该议会或委员会与该慈善组织之间的活动；

（二）基于上述受益人的利益，主动向上述任何慈善组织披露与该地方议会或联合委员会所提供的服务相关的信息，不论其是否依据本款的规定，事先与该慈善组织就此进行协商。

在本条中，"地方议会"指各郡、区、伦敦各自治区、教区或者社区（在威尔士），包括伦敦市议会，以及西里群岛的议会。

Ⅱ.不论慈善组织的信托条款的规定如何，慈善受托人认为下列事项有利于改善慈善组织的工作质量、提高工作效率时，有权依据本款的规定，从事下列事项中的全部或部分，其从事相关事项所需的费用，可以从该慈善组织的收入或者被作为收入使用的款项中支出，相关的事项如下：

（一）可以参与依据本法第七十七条或者其他规定而开展的，对慈善组织或者某类慈善组织业务情况的考察工作；

（二）可以与依据本条第一款开展业务的地方权力机构，或者其他慈善组织协商，以协调其与该权力机构或慈善组织之间的活动；

（三）得以公布其他慈善组织的信息，以引起该慈善组织的受益人的注意。

第七十九条　教区慈善组织

Ⅰ.慈善受托人基于设立教区委员会的教区的教民的利益，或者其他与该教区相关的慈善目的，而掌管用于公共娱乐场所的财产、或者用于分配的财产（不论是否依据相关圈地法而分配）时，除教会慈善组织外，经慈善委员会许可，并经教区委员会同意，慈善受托人可以将财产转让于教区委员会，或者转让于由教区委员会指定的任何人，教区委员会或者其指定的受让人掌管受让财产时，应当遵守慈善受托人所遵守的信托条款，服从慈善受托人所服从的条件。

本款的规定除适用于基于慈善目的而掌管的财产外，还适用于基于其他任何公共目的而掌管的财产。

Ⅱ. 某一教区的教区慈善组织的慈善受托人，当其所属的慈善组织既非教会慈善组织，也非成立不超过四十年，如果慈善受托人中既不包含由地方政府选民、地方税纳税人或者教区教民所选举出来的慈善组织成员，也不包含由教区委员会或教区会议指定的慈善组织成员时，教区委员会或教区会议有权再行指定额外的慈善受托人，且再行指定慈善受托人后所达到的人数应为慈善委员会所许可的数目；当慈善组织只有一名并非经由上述选举或指定程序而产生的独任慈善受托人时，经慈善委员会许可，慈善受托人的人数得以增加至三名，其中一名由独任慈善受托人任命，另一名由教区委员会或者教区会议任命。

Ⅲ. 除教会慈善组织外，如果依据慈善组织的信托条款，乡村教区的教民（不论其是否组成教区委员会），或者民选教区委员会以前（即1894年）被授予指定慈善组织之慈善受托人或者受益人的资格的，则：

（一）对于设立教区委员会的教区，应由教区委员会指定慈善受托人，并由教区委员会所指定的人员指定受益人；

（二）对于未设立教区委员会的教区，应由教区会议指定上述人员。

Ⅳ. 除教会慈善组织外，以前（即1894年）担任乡村教区的教区慈善组织的慈善受托人者为教区督察员或者教会委员时，不论其是单独担任，还是与他人联合担任，在此种情形下，必须由教区委员会另行指定慈善受托人，以代替以前由教区督察员或教会委员所担任的慈善受托人，其所指定的人数不应超过以前教区督察员或教会委员所担任的慈善受托人的人数，如果该教区未设立教区委员会，则由教区会议指定。

Ⅴ. 在大伦敦（包括市区及郊区）之外的区域（并非伦敦郊区的自治区域），以前（即1927年）担任任何慈善组织的慈善受托人者为教区督察员时，不论其是单独担任，还是与他人联合担任，在此种情形下，必须由教区委员会另行指定慈善受托人，以代替以前由教区督察员所担任的慈善受托人，其指定的人数不应超过以前教区督察员所担任的慈善受托人的人数，如果该教区未设立教区委员会，则由教区会议指定。

Ⅵ. 对于在《1972年地方政府法》通过以前仍然存在的城市教区，如果其于1974年4月1日之后，不再为教区，本条第五款所规定的指定权，由区自治会行使。

Ⅶ. 本条上述规定适用于威尔士时：

（一）本条第一款以及第二款所提到的"教区"或者"教区委员会"，相应的由"社区"或者"社区议会"分别指代；

（二）本条第三款第一项以及第二项所提到的"教区"、"教区委员会"或者"教区会议"，相应的由"社区"、"社区议会"或者"区自治会"分别指代；

（三）本条第四款以及第五款所提到的"教区委员会"或者"教区会议"，相应的由"社区议会"或者"区自治会"分别指代。

Ⅷ. 根据本条规定所指定的慈善组织的慈善受托人，任期四年，退任的慈善受托人符合条件者可以再次被指定，但是：

（一）根据本条第二款指定慈善受托人时，如果以前未根据该款，或者《1894年地方政府法》或《1960年慈善法》的相应条款，而指定慈善受托人的，当被指定的人数为两名或两名以上时，其中一半被指定的（或者极有可能被指定的）慈善受托人的任期应为两年；

（二）指定慈善受托人以弥补临时出现的空缺时，被指定补缺的慈善受托人，其任期为原慈善受托人任期所余的时间。

Ⅸ．本条的相关规定不影响《1944年教育法》界定范围内之志愿学校，或者财政保障学校的托管、控制或管理。

Ⅹ．本条的相关规定不适用于西里群岛，如果本条规定符合根据与当地政府相关的法律而颁发的、与当地行政区域或者当地权力机构权力相关的命令（包括尚未颁发的命令），则具有法律效力。

Ⅺ．在本条中，"以前（即1894年）"，是指紧随《1894年地方政府法》通过以前的那段时期，"以前（即1927年）"，是指紧随1927年4月1日以前的那段时期，"以前"一词应作相应的解释。

五　苏格兰慈善组织

第八十条　慈善委员会对于特定苏格兰慈善组织的监管

Ⅰ．本法以下的规定，即第八条以及第九条、第十八条（除第二款第二项之外）、第十九条，适用于慈善组织，对于被认可的团体，如果其管理地或掌控地完全或者主要在英格兰或威尔士境内时，亦具有相同的适用力。

Ⅱ．当被认可团体的管理或控制完全或主要发生在苏格兰境内，但掌管该团体财产的任何人或管理或控制该团体的人员位于英格兰或威尔士境内时，如果慈善委员会认定该团体满足本条第三款所规定的情形的，有权发布命令，责令该掌管财产者未经慈善委员会许可，不得放弃该财产。

Ⅲ．本条第二款所称的情形为：

（一）该团体在经管方面存在处理不当或者管理不善的情形；并且

（二）有必要依据本条第二款的规定发布命令，以维护该团体的财产，或者确保相关财产能够基于该团体之经营目的而被正当地运用；

本条第二款所称的"慈善委员会认定该团体满足所规定的情形"，

是指慈善委员会基于检察官所提交的信息而做出的认定。

Ⅳ. 符合下列情形的，慈善委员会有权发布命令，将相关财产归属于依据本条第五款的规定而在命令中指定的被认可的团体或慈善组织，或者责令该财产的所有者将财产转让于上述团体或慈善组织，或者指定任何人将该财产转让于上述团体或慈善组织：

（一）英格兰或威尔士境内的人管理某一被认可团体的财产，或者管理或控制该团体；

（二）慈善委员会认定该团体满足以下情形（不论其是否基于检察官所提交的信息而做出认定），即该团体在经管方面存在处理不当或者管理不善的情形，并且有必要依据本款的规定发布命令，以维护该团体的财产，或者确保相关财产能够基于该团体之经营目的而被正当地运用。

Ⅴ. 慈善委员会依据本条第四款发布命令时，如果其认为其他被认可的团体或慈善组织之经营目的，与本条第四款第一项所提到的被认可的团体之经营目的具有相同的性质，并且具有合理的可行性，则有权在命令中指定其认为合适的其他被认可的团体或慈善组织，将第四款所规定的财产归属之，但慈善委员会在得到下列人员以书面的形式（视具体情况而定）确认其愿意受让财产之前，不得在命令中作出相应的指定：

（一）拟指定团体之相关的管理或掌控人员；或者

（二）拟指定慈善组织之慈善受托人。

Ⅵ. 在本条中"被认可的团体"，与《1990年苏格兰法律修改法》（其他规定）第一章（苏格兰慈善组织）中所规定的"被认可的团体"具有相同的含义。

六 关于慈善组织的管理规定

第八十一条 慈善组织会议的通知方式

Ⅰ. 慈善组织的信托条款规定应向慈善受托人、慈善组织成员或者捐献者发出通知时，该通知可以通过邮寄的方式发出，如果采用邮寄方式，可以寄到发通知时慈善组织办公室或总部所使用的慈善受托人、慈善组织成员或捐献者名册中所列明的住址。

Ⅱ．规定应以邮寄方式发出通知时，在经过邮寄通常的送达时间后，视为该通知已送达。

Ⅲ．规定应向慈善受托人、慈善组织成员、捐献人发出的关于会议或选举的通知的，如果在上述名册中没有列明相关人员在大不列颠的住址，则无须向该人员发出。

第八十二条　执行方式

Ⅰ．依据慈善组织信托条款的规定，慈善受托人有权授予其团体中任何人（名额不少于二名）一般决定权，或者授予其慈善受托人认为适当的权限范围内的决定权，使其以全体慈善受托人的名义，代表全体慈善受托人执行财产让渡契约或者其他契据或文件，以使得以慈善受托人为一方当事人的交易发生法律效力，由被授予决定权的慈善受托人执行的契据或文件，其所发生的法律效力，等同于该契据或文件由全体慈善受托人执行时所发生的法律效力。

Ⅱ．依据本条第一款规定享有决定权的慈善受托人：

（一）对于任何以书面形式订立的，或者经由相应慈善组织中的慈善受托人全体会议决议订立的契据或文件，享有决定权的慈善受托人均应执行之，即使该慈善受托人尚欠缺除本条第一款的规定之外的其他赋予其决定权的必要手续；

（二）可以行使任何慈善受托人被授予行使的职权，同时受到其他任何慈善受托人所受到的约束或者其他方式的约束；

（三）受上述约束但具有决定权的慈善受托人，除非其决定权被撤销，否则，不论相应慈善组织中的慈善受托人成员有何变动，均认定其决定权是由该慈善组织现任的慈善受托人所授予并有权继续享有，且其决定权对于现任慈善受托人具有法律效力。

Ⅲ．本条第四款所规定的享有决定权的慈善受托人，以全体慈善受托人的名义，代表慈善受托人执行契据或文件时，除非存在相反意图，在该慈善组织慈善受托人有权以官方慈善管理人或其他任何人之名义，代表官方慈善管理人或其他任何人执行该契据或文件时，该享有决定权的慈善受托人亦享有一项默认的权力，有权以官方慈善管理人或其他任何人之名义，代表官方慈善管理人或其他任何人，为全体慈善受托人执行该份文件。

Ⅳ. 对于依据本条的规定将被执行的契据或文件，如果任何善意的相对人，有权对任何表明以慈善受托人为一方当事人的契约或协议所涉及的财产或利益，即时地或者将要享有或主张以货币形式存在的或者具有货币价值的利益，为维护该善意相对人的利益，应推定该契据或文件已经依据本条的规定被适时地执行。

Ⅴ. 依据本条规定所授予的决定权，可以与其他权力共同行使，且不影响其他权力的行使。

第八十三条 慈善受托人掌管财产的资格证明与变更

Ⅰ. 依据慈善组织的信托条款，由慈善受托人、慈善组织成员或其他人员组成的全体会议，有权通过决议，聘任或者解聘基于慈善目的而掌管财产的慈善受托人时，在此情形下，对于载明某一慈善受托人被聘任或解聘的慈善组织的备忘录，如果该备忘录由会议主持人在会上签字，或者经会议指令以其他方式签署，并且经出席会议的两名成员证实，则该备忘录可以作为某一慈善受托人被聘任或者解聘这一事实的充分证据。

Ⅱ. 证明某一慈善受托人根据本条第一款的规定，被聘任或者解聘这一事实的备忘录，如果作为法律契据而被执行，则该备忘录在操作上，与根据《1925年信托法》第四十条（即声明聘任或解聘慈善受托人掌管相关信托财产资格的法律契约的操作）的规定，基于法律契约而聘任或解聘慈善受托人时的操作方式相同。

Ⅲ. 依据本条的规定，当一份文件以本条第一款所述方式被签署并证实时，则除非存在相反情况，否则，文件上的签章将作为证据证明，或者依据该签章足以推定，该份文件已经依据该款所规定的方式被签署并证实。

Ⅳ. 本条的相关规定，除第二款之外，适用于制定于任何时期的备忘录，但第二款的规定适用于制定于《1960年慈善法》实施之后的备忘录。

Ⅴ. 本条的规定适用于慈善组织，对于适用《1854年文艺与科学机构法》相关规定的公共机构，也具有适用性。

第十章　附则

第八十四条　慈善委员会提供可供公众查阅的文件复印件

慈善委员会基于任何人的请求,向其提供根据本法第二章至第六章的规定,于提出请求时可供公众查阅的、由慈善委员会掌管之文件的副本或摘要。

第八十五条　需向慈善委员会交纳的费用和其他款项

Ⅰ.国务大臣有权颁布规章,规定相关人员向慈善委员会交纳规章所规定的下列事项的相关费用:

(一)慈善委员会根据关于慈善组织的相关法律规定,履行相应的职责时所需的费用;

(二)相关人员查阅由慈善委员会根据相关法律规定而掌管的慈善组织登记簿或其他材料,或者慈善委员会向其提供相关材料的复印件或摘要时所需的费用。

Ⅱ.根据本条规定所颁布的规章,有权:

(一)免除或者规定免除相关人员交纳上述相关费用的义务;

(二)规定在规章所列举的情形下,相关人员全部或部分免除交纳相应费用,或者规定其应偿还全部或部分相应的费用。

Ⅲ.根据本条规定所颁布的规定交纳费用的规章,如果相关事项之前并无可交纳的费用,则国务大臣只有在将规章之草案递交于国会两院,并且经国会两院以相应决议作出批准时,才可以颁布相关的规章。

Ⅳ.慈善委员会向公众提供其发行的相关出版物时,有权向对方收取其认为合理的费用。

Ⅴ.慈善委员会依据本条的规定所收取的任何费用和款项,均须存入统一基金中。

第八十六条　规章与命令

Ⅰ.国务大臣依据本法的规定所颁发的任何规章或命令：

（一）应以法定方式颁发；

（二）在符合本条第二款规定的前提下，有权由国会两院通过决议废除之。

Ⅱ.本条第一款第二项的规定不适用于以下规章或命令：

（一）根据本法第十七条第二款、第七十条或第九十九条第二款的规定所颁发的命令；

（二）根据本法第七十一条的规定所颁布的规章；

（三）适用于本法第八十五条第三款相关规定的规章。

Ⅲ.国务大臣或慈善委员会根据本法的规定所颁布的规章，或者国务大臣根据本法规定所颁发的命令，有权：

（一）针对不同的情况，作出不同的规定；

（二）规定国务大臣认为适当的，或者（视具体情况而定）慈善委员会认为适当的补充性、附加性、结果性或暂行性的规定或保留条款。

Ⅳ.国务大臣在依据本法第四十二条、第四十四条或第四十五条颁布规章之前，应当与其认为合适的人选商议。

第八十七条　慈善委员会发布命令，以执行必要条款

Ⅰ.任何人未遵守本法所规定的必要条款时，根据本条第二款的规定，慈善委员会有权发布命令，向该人发出其认为适当的指令，以确保失职行为得以纠正。

Ⅱ.本条第一款的规定不适用于存在下列情形的必要条款：

（一）相关人员未遵守必要条款，或者在履行必要条款方面长期存在失职行为，有可能被处以刑事处罚时；

（二）相关必要条款是由慈善委员会发布的、适用本法第八十八条规定的命令所确立的，或者是由慈善委员会作出的、依据本法第九十条第二款的规定，适用本法第八十八条的指令所确立的。

第八十八条 对慈善委员会的命令的执行

未遵守下列命令的，经由慈善委员会向高级法院作申请，按照未遵守高级法院所发布的命令处置：

（一）慈善委员会依据本法第九条第一款、第四十四条第二款、第六十一条、第七十三条或第八十条的规定所发布的命令；

（二）慈善委员会依据本法第十六条或第十八条所发布的、关于要求转让财产或者支付相关款项的命令；

（三）慈善委员会发布的、责令改正违反本法规定的失职行为的命令。

第八十九条 关于慈善委员会所发布命令的其他规定

Ⅰ．慈善委员会依据本法规定所发布的命令，有权包含慈善委员会认为有利于命令所规定内容的实行的附加性或补充性规定，或者慈善委员会基于相对人的申请或提请而行使职权，发布相关命令时，即使申请人未作出相应的申请或提请中，慈善委员会仍有权在命令中添加上述规定。

Ⅱ．慈善委员会依据本法的规定发布命令时，在无损于命令中所要求的本法规定的必要条款的实行的前提下，有权自行发布其认为适当的、关于该命令的发布或命令内容的公告，或者，当命令是基于相对人的申请而发布时，有权要求申请人发布公告，或者要求该命令所涉及的慈善组织发布公告。

Ⅲ．除本法第六十一条外，慈善委员会依据本法其他任何规定而发布命令时，在命令发布之日起一年内，如果慈善委员会认定该命令被错误地发布，或者是基于不实陈述而发布的，或者违反了本法的相关规定，则有权基于申请或提请，或者依职权主动撤销该命令的部分或全部，不论其撤销是否符合相关除外条款暂行性规定。

Ⅳ．除本条第三款所规定的情形，以及存在基于本法的规定提出的诉请之外，慈善委员会依据本法所发布的任何命令，均应被推定为适时并正式地发布，且不得仅仅基于其存在不规则或不正式之处，而怀疑其效力，该命令所规定的基本内容，在不违背慈善委员会另行颁发命令的情况下，仍然发生法律效力。

第九十条　慈善委员会的指令

Ⅰ. 慈善委员会依据本法的任何规定所发出的任何指令：

（一）有权依据该规定另行发出指令，以修改或者撤回原来的指令；

（二）应以书面的形式发出。

Ⅱ. 本法第八十八条以及第八十九条第一款、第二款、第四款适用于慈善委员会发布的命令的规定，也适用于慈善委员会所发出的指令。

Ⅲ. 本条第一款所称的"慈善委员会"，与依据本法第八条第三款所发出的指令相关，包括慈善委员会中根据该条的规定提出质询的任何人。

Ⅳ. 本条的相关规定一律不适用于慈善委员会依据本法第八十七条第一款发布的命令中所包含的指令。

第九十一条　命令与指令的生效

Ⅰ. 本条适用于慈善委员会依据本法的规定所发布的命令或发出的指令。

Ⅱ. 适用本条规定的命令或指令，有权通过以下方式，对自然人（而非社团法人）发生效力：

（一）将命令或指令交付该自然人；

（二）将命令或指令送达该自然人在大不列颠联合王国现时所知的地址；

（三）将命令或指令以邮寄的方式寄往上述地址。

Ⅲ. 适用本条规定的命令或指令，应当通过交付或邮寄的方式，对社团法人发生效力，交付或邮寄的地址为：

（一）该社团法人位于大不列颠联合王国境内的已登记注册的营业处或总部；

（二）如果该社团法人在大不列颠联合王国境内未设立上述营业处或总部的，则交付或邮寄至该社团法人在大不列颠联合王国境内开展业务或从事活动（视具体情况而定）的处所。

Ⅳ．为实现本款的规定，命令或指令的相对人（包括自然人及社团法人），有权向慈善委员会通报命令或指令送达的地址，任何命令或指令一旦以邮寄的方式寄往该地址，则对该相对人发生法律效力。

Ⅴ．本条所称的"慈善委员会"，与依据本法第八条第三款所发出的指令相关，包括慈善委员会中根据该条的规定提出质询的任何人。

第九十二条　针对慈善委员会的申诉

Ⅰ．法院应颁布条令作出相关规定，以规范依据本法规定向高级法院提出的，针对慈善委员会的命令或决定的申诉。

Ⅱ．对于上述向高级法院提起的申诉，首席检察官以及法院条令许可的或者法院指令的其他人员，有权列席旁听，并陈述意见。

第九十三条　关于证据的其他规定

Ⅰ．慈善组织提起相关诉讼，或者其他人代表慈善组织提起相关诉讼，要求对方偿还因地产、租金、利润或其他地产收入所孳生的租金或其他定期报酬的，除了基于归还财产所产生的附带租金外，如果有情况表明，上述租金或其他定期报酬，无论于何时，曾经连续十二年向慈善组织支付，或者为了该慈善组织的利益而支付，则该情况足以作为初步证据，证明就地产或其他地产收入，存在永久性的支付报酬的义务，而不需再有其他证明该义务起源的证据。

Ⅱ．在任何诉讼程序中，下列文件，可以作为证据，证明文件中所载明的文书或事实：

（一）1818年至1837年，基于乔治三世第58号法C91及其后所颁布的法而指定慈善委员会成员，其就相关慈善组织提出质询后所作出的报告的复印件；

（二）慈善委员会的助理慈善委员向慈善委员会提出的、关于各郡以及各自治市区的报告复印件，作为对下议院自1890年12月8日起至 1909 年 9 月 9 日止所发布的命令的答复,递交于下议院的。

Ⅲ. 关于慈善委员会所发布的命令、证书以及其他文书的证据,应当为慈善委员会所保留之副本,或从慈善委员会所保留的副本中取得,经慈善委员会中享有一般决定权或者专职掌管相应事务的委员的鉴定,上述副本认定为真实的副本,上述相关文书的副本,即使未经文本上的证明人以其职位、权力或笔迹加以证明,仍可认定为证据。

第九十四条　就特定违法行为发动诉讼程序的限制

Ⅰ. 违反本法相关规定的行为,适用本条规定者,未经检察长的同意,不得针对行为发动相关的诉讼程序。

Ⅱ. 本条适用于违反本法下列条款的违法行为:

(一) 本法第五条;

(二) 本法第十一条;

(三) 本法第十八条第十四款;

(四) 本法第四十九条;

(五) 本法第七十三条第一款。

第九十五条　社团法人的违法行为

社团法人违反本法的相关规定,且有证据证明该违法行为经该社团法人的董事、经理、秘书或其他类似管理人员,或者行使相应职权的其他人员的同意或默许,或者可归咎于上述人员的失职行为时,应认定相关人员与社团法人均违反了本法的相关规定,应被提起诉讼,并受到相应的处罚。

对于由社团成员管理其业务的社团法人,"董事"是指该社团法人的成员。

第九十六条　对于"慈善组织"或特定类别的慈善组织的解释

Ⅰ. 在本法中,除非上下文另有规定,否则:

(一) "慈善组织"是指任何基于慈善目的而成立的、在高级法院的慈善事务管辖权限内,受到高级法院控制的、以社团法人的形式存在的公共机构或者非社团法人公共机构;

"教会慈善组织"之含义,与《1894年地方政府法》所规定之含义相同;

"豁免登记的慈善组织",根据本法第二十四条第八款的规定,是指依据本法附表二的相关规定而设立的慈善组织;

"地方慈善组织"是指与其所在地相关,其设立目的在性质上或者由该慈善组织信托条款所确定的,全部或主要地服务于该地区之整体或部分利益的慈善组织;

"教区慈善组织"是指与教区或者社区(在威尔士)相关,其收益,或其利益的个别分配,局限于该教区或者社区的居民,或者局限于仅包含该教区或社区的全部或部分的古老教会教区,或者局限于除包含该教区或社区之外,还包含四个以下邻近教区或社区的区域。

Ⅱ. 在本法中,"慈善组织"一词不适用于下列情形:

(一)对于任何教会社团(即基于宗教目的而设立的、附属于英国教堂的任何社团,不论其为单一社团或社团法人),在涉及该团体的财产时,"慈善组织"一词不适用之,但是对于包含非宗教目的的社团法人,在涉及其用于非宗教目的的财产时除外;

(二)对于适用于主教教区的《1976年捐赠与教会属地法》所规定的教区主教财政委员会,在涉及该法所规定的主教教区的教会属地时,"慈善组织"一词不适用之;

(三)对于任何被祭献于神圣目的的财产的信托行为,"慈善组织"一词不适用之。

Ⅲ. 适用于本法相关规定的慈善组织,应认为其拥有永久性的捐献财产,除非该慈善组织基于其设立目的而拥有的所有财产,不区分资金与收入,即被用于该设立目的,在本法中,"永久性的捐献财产"是指与慈善组织相关的,该慈善组织所拥有的、限用于其设立目的的财产。

Ⅳ. 本法所提到的"慈善组织",其各种来源的收入,合计未达到指定数额以上者,则其收入应以下列方式确定:

（一）参照该慈善组织的总收入确定；或者

（二）经慈善委员会决定，参照其所估计的该慈善组织的总收入的可能数额确定之；

但是，不论以上述何种方式估算，除慈善组织所拥有的土地可能有的现金收入外，不应将该土地的金钱价值计算在内，在运用上述参考数值估算慈善组织的总收入时，所遇到的任何问题，均由慈善委员会决定，且该决定具有最终效力。

Ⅴ. 慈善委员会有权发出指令，基于本法所有或部分的立法目的、基于某一慈善组织的特定设立目的，或者基于与该慈善组织相关的慈善目的而成立的公共机构，应当被视为该慈善组织的一部分，或者被视为地方慈善组织。

第九十七条　一般解释

Ⅰ. 在本法中，除非上下文另有规定，否则：

（一）"慈善目的"指根据英格兰及威尔士的法律，具有排他性的慈善目的；

（二）"慈善受托人"指对于慈善组织对经营事务，享有一般控制和管理权者；

（三）"慈善委员会"指英格兰与威尔士的慈善委员会；

（四）"公司"指依据《1985年公司法》的相关规定设立登记注册的公司，或者适用该法中适用于上述公司规定的公司；

（五）"法院"指高级法院，此外，英格兰及威尔士的其他法院，在其权限范围内，对于慈善事件享有管辖权者，在该管辖权的地域或数额的范围内，享有与高级法院一致的管辖权，"法院"还包括法院中行使相关职权的法官和其他管理人员；

（六）"财政年度"之含义，对于以公司形式存在的慈善组织，应根据《1985年公司法》第二百二十三条的规定作出解释，对于其他形式的慈善组织，应根据依本法第四十二条第二款所颁发的规章作出解释；但上述解释应符合本法第九十九条第四款的暂行性规定以及本法附表二第二部分的规定；

（七）"总收入"是指慈善组织记录在案的、各种来源的总收入，包括来源于特别信托财产的收入；

（八）"独立考察员"是指与慈善组织相关的、本法第四十三条第三款第一项所提及的人员；

（九）"公共机构"指任何信托机构或企业；

（十）"官方慈善管理人"指公职的慈善管理人；

（十一）"永久性捐赠财产"，应依据本法第九十六条第三款的规定作出解释；

（十二）"登记簿"是指依据本法第三条规定而存档的慈善组织登记簿，"已登记的"也应作相应的解释；

（十三）"特别信托财产"是指基于慈善组织的特定设立目的，由慈善组织持有或经管的，或者以慈善组织名义持有或经管的财产，并且基于仅仅与该财产相关的单独信托条款而被持有或经管，但是，特别信托财产本身不得基于本法第六章之规定，构成一个慈善组织；

（十四）与慈善组织相关的"信托条款"，是指确定相关组织慈善组织的性质、规定其设立目的及管理事项的条款，而不论相关条款是否以信托条款的形式生效，对于其他公共机构，"信托条款"具有相应的含义。

Ⅱ．在本法中，除非上下文另有规定，否则，"文件"指以任何形式记载的信息，以及其他以可读的方式记载的信息：

（一）所指向的任何关于该信息的产生，均应被视为以可读的形式存在的、关于该信息的副本；

（二）所指向的关于某一信息的副本或其摘要，应相应的被视为以清晰可读的形式存在的、关于该信息之副本或摘要。

Ⅲ．根据本法第四章或第九章所进行的财产的授予或转让，不得违反关于禁止财产让渡的契约或条件条款的规定，或者导致被处以财产没收的处罚。

第九十八条 根据本法所进行的法律的修改和废止

Ⅰ．本法附件六中涉及的法律，应按照该附件的规定，作出相应的修改。

Ⅱ．本法附件七中涉及的法律，应在该附件第三栏所规定的范围内，相应的被废止。

第九十九条 本法的生效和暂行性规定

Ⅰ．除本条第二款的相关规定外，本法于1993年8月1日起生效。

Ⅱ．本法第六章、第六十九条和附件六第二十一节第三项，应于国务大臣命令所指定之日起生效，国务大臣有权基于不同的目的，针对不同的条款，确定不同的生效日期。

Ⅲ．在本条第二款所规定的所有条款生效之前，本法附件八第一部分所提及的相关条款，即使已被废除，仍然继续有效。

Ⅳ．本法附件八第二部分所提及的相关条款，在依据本法第四十二条第二款所颁发的、基于该部分所提及的条款目的确定慈善组织财政年度的首份规章生效之前，上述条款仍然有效。

第一百条 本法的简称和适用范围

Ⅰ．本法简称为《1993年慈善法》。

Ⅱ．除本条第三款至第六款所规定的情形外，本法的相关规定仅适用于英格兰和威尔士地区。

Ⅲ．本法第十条以及本条的规定适用于整个大不列颠联合王国。

Ⅳ．本法第十五条第二款的规定亦适用于北爱尔兰自治区。

Ⅴ．本法第七十条、第七十一条，以及第八十六条中与前述两个法条相关的规定，亦适用于苏格兰。

Ⅵ．本法附件六关于法律修改的规定，以及附件七中关于法律的废止规定，其适用范围，与相应法律的适用范围相同，本法第九十八条的适用范围，亦与之相适应。

2006 年慈善法

本法旨在对英格兰和威尔士慈善委员会和慈善法庭的设立及职能做出规定；对慈善组织（包括慈善法人）的相关法律进行修改；对慈善组织和其他机构的公共慈善募捐和资金募集活动做出进一步规定；对慈善组织的资金做出其他规定；以及相关目的。

【2006 年 11 月 8 日】

女王陛下根据并遵照上下两院的建议与意见，并依其职权于本次国会会议上颁布本法，全文如下。

第一编 "慈善组织"和"慈善目的"的定义

第一条 "慈善组织"的定义

Ⅰ．为实现英格兰和威尔士法律之目的,"慈善组织"是指符合以下条件的组织:

(一)仅为慈善目的而设立,并且

(二)属于英国高等法院司法管辖范围之内。

Ⅱ．如果根据某项立法的目的,"慈善组织一词"具有不同的含义,那么本条第一款的定义不适用。

Ⅲ．任何立法或者文件在英国1601年《公益用益法》或者其序言的含义范围内使用"慈善组织"一词的,均应被解释为本条第一款规定的含义。

第二条 "慈善目的"的定义

Ⅰ．为实现英格兰和威尔士法律之目的,"慈善目的"指符合以下条件的目的:

(一)属于本条第二款所列之目的,并且

(二)为了公共利益(见本法第三条)。

Ⅱ．以下属于本款规定的目的:

(一)扶贫救困;

(二)促进教育发展;

(三)促进宗教事业发展;

(四)促进人们健康状况的改善和医疗卫生事业的发展;

（五）推进公民意识或者社区发展；

（六）促进艺术、文化、历史遗产或者科学的保护和发展；

（七）促进业余运动的发展；

（八）促进人权的进步、冲突的解决或者和解，推进宗教、种族的和谐、平等与多样性；

（九）促进环境保护与改善；

（十）扶持需要帮助的青年人、老年人、病人、残疾人、穷人或者其他弱势群体；

（十一）促进动物福利的发展；

（十二）促进皇家武装部队效率提高，或者促进巡察、消防、急救服务效率的提高；

（十三）其他属于本条第四款范围内的目的。

Ⅲ. 本条第二款中

（一）第三项中的"宗教"包括：

（1）一神或者多神宗教，以及

（2）无神宗教；

（二）第四项中的"促进健康状况的改善"包括预防或者减轻各种疾病或者痛苦；

（三）第五项包括：

（1）农村或城镇地区的更新发展，以及

（2）公民责任感和志愿服务意识的提高，志愿服务部门的发展或者慈善组织效率的提高；

（四）第七项中的"运动"是指通过参与身体技能训练或者心智潜能开发等促进健康的运动或者赛事；

（五）第十项中的"扶持"包括为第十项中提到的人群提供住所和对其进行照顾等救助；以及

（六）第十二项中的"消防、急救服务"是指英国2004年《消防和急救服务法》第二编中规定的消防和急救机构提供的服务。

Ⅳ. 本款规定的目的（见本条第二款第十三项）是指：

（一）不属于本条第二款第一项至第十二项所列的目的，但根据现行慈善法或者英国 1958 年《娱乐慈善法》第一条应被认为属于慈善目的的目的；

（二）任何可以被合理地认为与本条第二款第一项至第十二项所列目的或者本款第一项的目的相类似，或与其宗旨相符的目的；以及

（三）根据慈善法，任何可以被合理地认为与以上本款第二项或者本项的目的相类似，或与其宗旨相符的目的。

Ⅴ. 本条第二款第一项至第十二项或者第三款中使用的任何词语，依据慈善法具有特殊含义的，应将其解释为所在条款中的含义。

Ⅵ. 任何立法或者文件中（无论使用什么词语表示）的以下内容：

（一）慈善目的，或者

（二）依据慈善法具有慈善目的的组织，

均应根据本条第一款进行解释。

Ⅶ. 本条第六款：

（一）适用于本法通过前或通过后制定或生效的任何立法或文件，但是

（二）不适用于根据具体条文应做其他解释的情形。

Ⅷ. 本条中：

"慈善法"是指有关英格兰和威尔士关于慈善组织的法律；以及

"现行慈善法"是指在本条生效前仍有效的慈善法律。

第三条 "公共利益"检验标准

Ⅰ. 适用本条时应结合第二条第一款第二项的要求，即"慈善目的"应属于第二条第二款所列目的，并且为了公共利益。

Ⅱ. 判断某项目的是否满足要求时，不应假定对某项目的特别描述是为了公共利益。

Ⅲ. 本编中"公共利益"一词应理解为：为了实现英格兰和威尔士慈善组织的相关法律之目的。

Ⅳ. 第三款的适用受第二款的限制。

第四条　公共利益标准的实施指引

Ⅰ. 英格兰和威尔士慈善委员会（见本法第六条）必须发布关于达到公共利益目标的指导建议。

Ⅱ. 前款提到的目标是指，为了提高公众对第三条第一款中提到的公共利益要求的适用的认识和理解（见英国《1993年慈善法》中的第一条B第三款和第一条B第四款，即由本法第七条新增的条文）。

Ⅲ. 慈善委员会可以根据本条随时修改发布的指导建议。

Ⅳ. 慈善委员会必须在以下时间提供公共咨询或者其认为适当的咨询：

（一）在根据本条发布指导建议之前，或者

（二）（除非慈善委员会认为没有必要）在修订任何已发布的指导建议之前。

Ⅴ. 慈善委员会必须根据本条以其认为合适的方式公开已发布的和修改的指导建议。

Ⅵ. 慈善组织管理人在行使或者履行与指导建议相关的权力或者职责时，必须考虑相关的指导建议。

第五条　关于娱乐慈善组织、运动俱乐部等的特殊规定

Ⅰ. 本条第二款和第三款对英国1958年《娱乐慈善法》进行如下修改。

Ⅱ.《1958年娱乐慈善法》第一条（关于视为具有慈善性质的娱乐目的和类似目的的规定）第二款替换为：

"Ⅱ. 如果不具备基本条件，那么就不满足本条第一款中为了社会福利的要求。

ⅡA. 基本条件指：

（一）安置娱乐设施的目标是改善人们生活条件，并且主要为此目的服务；以及

（二）或者：

（1）青年人、老年人、病人或者残疾人、穷人，或者人们因为社会或者经济原因需要这些娱乐设施，或者

（2）设施提供给所有公众，或者单独提供给男性或者女性使用。"

Ⅲ．删去原第二条（关于少数人的福利信托的规定）。

Ⅳ．为慈善目的而设立且已经注册的运动俱乐部，视为并非为慈善目的而设立，因而也不能成为慈善组织。

Ⅴ．第四款中"已经注册的运动俱乐部"是指，依据英国2002年《财政法》附件十八（对社区业余运动俱乐部帮助的规定）当时已经注册的俱乐部。

第二编　关于慈善组织的规定

第一章　慈善委员会

一　慈善委员会的设立

第六条　慈善委员会

Ⅰ．在英国《1993年慈善法》第一条后插入：

"Ⅰ．第一条A　慈善委员会

（一）应当设立一个法人团体，其名为英格兰和威尔士慈善委员会（本法中简称为'慈善委员会'）；

（二）在威尔士，该慈善委员会被称为'Comisiwn Elusennau Cymrua Lloegr'；

（三）慈善委员会以女王的名义履行职能；

（四）在履行职能过程中，慈善委员会不受部长和其他政府部门的指令支配和控制；

（五）但是上述本条第四款不影响——

（1）任何成文法或者依据成文法制定的条款的效力，

（2）财政部对慈善委员会财政支出的行政控制。

（六）本法附件第一条A关于慈善委员会的规定具有法律效力。"

Ⅱ．附件一（该附件规定将新附件一A插入《1993年慈善法》中）具有法律效力。

Ⅲ．撤销英格兰和威尔士慈善事务专署。

Ⅳ. 英格兰和威尔士慈善事务专署的职能、财产、权限、法律责任，依据本款全部转移至英格兰和威尔士慈善委员会。

Ⅴ. 任何根据第四款规定，为转移的需要而制定的或者之后任何立法或者文件具有法律效力，就如同任何对英格兰和爱尔兰慈善事务专署或者专员的提及都指英格兰和爱尔兰慈善委员会一样。

Ⅵ. 英国《1993 年慈善法》的第一条和附件一废止。

Ⅶ. 本法附表二（关于英格兰和爱尔兰慈善委员会设立的补充规定）具有法律效力。

二　慈善委员会的目标和主要功能

第七条　慈善委员会的目标、主要功能和职责

在《1993 年慈善法》第一条 A（由本法第六条新增的内容）后插入以下内容：

"**第一条 B　慈善委员会的目标**

Ⅰ. 慈善委员会以本款第二项规定为目标。

Ⅱ. 慈善委员会的目标包括：

（一）公众信任目标；

（二）公共利益目标；

（三）遵守法律目标；

（四）慈善资源目标；

（五）履行职责目标。

Ⅲ. 这些目标做如下解释：

（一）公众信任目标是指增强公众对慈善组织的信任和信心；

（二）公共利益目标是指提高公众对公共利益要求操作的认识和了解；

（三）遵守法律目标是指促使慈善组织管理人在控制和管理慈善组织过程中履行法律义务；

（四）慈善资源目标是指促进慈善资源的有效利用；

（五）责任目标是指为了增强慈善组织对捐助人、受益人和一般公众的责任意识。

Ⅳ. 本条中'公共利益要求'指英国2006年《慈善法》第二条第一款第二项中提到的要求，即'慈善目的'应属于第二条第二款所列目的，并且为了公共利益。

第一条 C 慈善委员会的主要功能

Ⅰ. 慈善委员会具有本条第二款规定的功能。

Ⅱ. 慈善委员会的主要功能包括以下内容：

（一）判断某个机构是否为慈善组织；

（二）鼓励和促进慈善组织管理的优化；

（三）确认并调查明显的失职或者不当管理行为，以及针对该行为采取补救或者保护措施；

（四）决定公共慈善募捐是否颁发公共场所募捐执照，以及执照是否继续有效；

（五）获取、评估或者宣传与慈善委员会实现职能或者达到目标有关的信息；

（六）为任何政府机关部长就慈善委员会实现职能或者达到目标的相关事项提供信息、意见或建议。

Ⅲ. 慈善委员会的第五项主要职能包括（但不限于），根据下面第三条，保持慈善组织注册信息准确并不断更新。

Ⅳ. 慈善委员会的第六项主要职能包括（但不限于），在具有现实可能的情况下，按照部长的要求，为其提供与慈善委员会功能有关的任何事项的信息或者建议。

Ⅴ. 本条中'公共场所募捐'和'公共场所募捐执照'与英国2006年《慈善法》第三编第一章中该词的定义相同。

第一条 D 慈善委员会的主要职责

Ⅰ. 慈善委员会应承担第二款规定的一般职责。

Ⅱ. 主要职责是指：

（一）在切实可行的情况下，慈善委员会必须以下列方式履行职能：

（1）与慈善委员会的目标相符的方式，以及

（2）为实现目标最适当的方式。

（二）在切实可行的情况下，慈善委员会履行职能时必须兼顾：

（1）鼓励各种形式的慈善捐赠，以及

（2）鼓励自愿参加慈善工作。

（三）在切实可行的情况下，慈善委员会必须考虑要以最有效率和最经济的方式履行职能；

（四）对于相关事项，慈善委员会在履行职能时必须考虑最佳管理实践原则（包括管理活动应当合比例、可问责、前后一致、公开透明，并且只针对需要通过诉讼方式解决的案件）；

（五）在履行职责时，在合适的案件中，慈善委员会必须考虑促进慈善组织创新的可行性；

（六）在合理可行的情况下，慈善委员会在处理事务时必须考虑被普遍接受的优秀的团体治理原则。

第一条 E 慈善委员会的附属权力

Ⅰ.慈善委员会有权处理任何可能有益于或者关系慈善委员会功能或者职责实现的事务。

Ⅱ.但是，依据本法，慈善委员会无权——

（一）行使与慈善组织有关的慈善管理人的相应职能，或者

（二）直接参与慈善组织的管理。

Ⅲ.本条第二款不影响以下第十九条 A 或者第十九条 B（慈善委员会发布关于直接指令采取措施或者使用慈善财产的指令的权力）的适用。"

第二章　慈善法庭

第八条　慈善法庭

Ⅰ．在《1993年慈善法》第二条后插入以下内容：

"**第一编 A　慈善法庭**

第二条 A　慈善法庭

Ⅰ．应当设立慈善法庭（本法中简称为'法庭'）。

Ⅱ．在威尔士慈善法庭称为'Tribiwnlys Elusennau'。

Ⅲ．本法附件第一条B中关于法庭组成和相关事项的规定具有法律效力。

Ⅳ．法庭有权对以下事项行使听审和裁决的司法管辖权：

（一）根据本法附件中第一条C或者根据其他关于慈善委员会的决定、命令、指令的成文法向法庭提出的申诉和申请，以及

（二）慈善委员会或者首席检察官依据本法附件第一条D向法庭提交的事项。

Ⅴ．法庭应当根据附件或者第二条B的立法和制定的规则，审理和裁决上述申诉、申请以及相关事项。

第二条 B　惯例和程序

Ⅰ．大法官可以就以下事项制定以下规则：

（一）向法庭提出申诉或者申请再审的权利，以及提请法庭审理的相关事项；

（二）法庭诉讼中应当遵守的惯例和程序。

Ⅱ．规则可以具体规定：

（一）向法庭提出申诉、申请再审或者提请法庭审理的必经步骤（以及每一必经步骤的期限要求）；

（二）具体规定慈善委员会做出最终决定、指令、命令后可以提出申诉或者申请的期限；

（三）要求慈善委员会在做出最终决定、指令、命令后通知当事人有权向法庭提出申诉或者申请；

（四）向法庭提出申诉、申请或者提请法庭审理的具体方式。

Ⅲ．规则可以针对以下事项做出规定：

（一）关于法庭庭长或者合法组成人员（参见本法附件一B第一条第二款第二项）对初步、中间或者附加事项的决定；

（二）关于具体情形下无须口头听审即可决定的事项；

（三）关于法庭对紧急案件的及时处理问题；

（四）关于文件的披露问题；

（五）关于证据问题；

（六）关于公众成员的诉讼资格问题；

（七）关于诉讼双方代表问题；

（八）关于申诉、申请和提交审断的撤销问题；

（九）关于对决定的记录和颁布问题；

（十）关于判给诉讼费用问题。

Ⅳ．上述本条第一款第一项或者第二项可以赋予以下机构或者人员自由裁量权：

（一）慈善法庭；

（二）法庭的组成人员，或者

（三）任何其他人。

Ⅴ．法庭可以根据以下第六款和第七款判给诉讼费用。

Ⅵ．如果法庭认为诉讼一方重复、无意义、不合理地发动诉讼，对其他诉讼参与人因此支付的相关诉讼费用，法庭可以要求提起诉讼的当事人承担部分或者全部。

Ⅶ．如果法庭认为慈善委员会做出的，作为诉讼对象的决定、指令、命令不合理，本应由另一方承担的相关诉讼费用，法庭可以要求由慈善委员会承担部分或者全部。

Ⅷ. 根据本条制定的大法官规则：

（一）应当制定为成文法，并且

（二）应当根据上议院或者下议院通过的决议予以废止。

Ⅸ. 以下第八十六条第三款根据本条相关的大法官规则适用，同时它也适用于根据本法制定或者发布的有关法规和部长命令。

第二条 C　针对慈善法庭的决定提起的申诉

Ⅰ. 慈善法庭审理案件中的一方诉讼当事人不服法庭决定的，可以向高等法院提起申诉。

Ⅱ. 受以下本条第三款的限制，当事人只能就决定中存在的法律问题提起申诉。

Ⅲ. 当慈善委员会或者首席检察官不服法庭就其提交的问题做出的决定而根据本条提起申诉时，高等法院——

（一）应当重新审查提交法庭的问题，并且

（二）可以考虑未提交法庭的证据。

Ⅳ. 根据本条提起申诉必须经过以下机构的许可：

（一）法庭许可，或者

（二）如果法庭拒绝许可，经高等法院许可。

Ⅴ. 根据本条第一款的立法目的——

（一）慈善委员会和首席检察官应被视为慈善法庭审理的案件中的一方当事人，并且

（二）根据以上第二条B第一款制定的规则，可以规定何种人或者组织应被视为慈善法庭审理的案件中的一方当事人。

第二条 D　首席检察官的介入

Ⅰ. 本条适用于：

（一）慈善法庭审理程序，或者

（二）针对慈善法庭的决定提起的、首席检察官并非一方当事人的申诉程序。

Ⅱ．慈善法庭或者高等法院（在针对慈善法庭的决定申诉中），在诉讼各个阶段可以做出指令，要求将诉讼中的必要文件移送首席检察官。

Ⅲ．慈善法庭或者高等法院根据本条第二款发出的指令——

（一）可以依职权作出，或者

（二）可以根据任何一方当事人的申请作出。

Ⅳ．首席检察官可以——

（一）以其认为必要或合适的方式介入诉讼，以及

（二）在慈善法庭或者高等法院认为有必要进行充分辩论时，应该在庭审中就诉讼相关的任何问题进行辩论。

Ⅴ．无论慈善法庭或者高等法院是否根据第二款发布指令，第四款均可适用。"

Ⅱ．附件三（该附件规定将新附件一B插入《1993年慈善法》）具有法律效力。

Ⅲ．附件四（该附件规定将新附件一C和一D插入《1993年慈善法》）具有法律效力。

第三章 慈善组织的登记

一 一般规则

第九条 慈善组织的登记

1993年法案第三条替换为：

"第三条 慈善组织的登记

Ⅰ.慈善委员会应当保管慈善组织登记簿。

Ⅱ.慈善组织登记簿的保管方式由慈善委员会决定。

Ⅲ.登记簿应当包括以下内容：

（一）依照下述第三条A的规定进行登记的慈善组织的名称；

（二）慈善委员会认为上述慈善组织应当提供的详细信息和其他相关信息。

Ⅳ.慈善委员会应当将下列机构从登记簿中除名：

（一）不再被认为是慈善组织的；

（二）已经不复存在或停止运作的慈善组织。

Ⅴ.如果依上述第四款第一项规定将某慈善组织除名的原因是该慈善组织的信托财产发生变化时，则该除名自信托财产变化发生之日起生效。

Ⅵ.如果某慈善组织属于下述第三条A第六款规定的自愿登记范围，经其申请可以撤销其登记。

Ⅶ.登记簿（包括因慈善组织被除名而取消的记录）应当在任何合理时间向公众开放以供查阅。

Ⅷ.登记簿上未按照规定的文件格式记载的信息，也应遵守上述第七款规定，即应当在任何合理时间以可辨认的形式向公众开放以供查阅。

Ⅸ.慈善委员会有权决定登记簿中的某特定信息不适用上述第七款规定。

Ⅹ.登记簿上的慈善组织根据下述第三条 B 的规定在申请登记时向慈善委员会提交的信托文件副本（或详细信息）应当：

（一）由慈善委员会保存；

（二）在任何合理时间向公众开放以供查阅。

第三条 A 慈善组织的登记

Ⅰ.除非符合下述第二款规定的情形，慈善组织必须在慈善组织登记簿上完成登记。

Ⅱ.下列慈善组织不要求进行登记：

（一）属于豁免登记的慈善组织（见本法案附件二）；

（二）满足下列情形的慈善组织：

（1）依据慈善委员会发出的命令可以永久或暂时豁免登记的，而且

（2）符合豁免登记的条件，并且总收入不超过 10 万美元的。

（三）满足下列情形的慈善组织：

（1）依据国务大臣发布的规章可以永久或暂时豁免登记的，

（2）符合豁免登记的条件，并且总收入不超过 10 万美元的。

（四）总收入不超过 5000 美元的慈善组织。

Ⅲ.为实现本条第二款第二项的目的：

（一）任何依据法案第三条第五款第二项规定而作出或实施，且在指定日之前生效的命令从其依据第二款第二项规定作出之日起生效（其修改或撤销同此规则）；

（二）自指定日当日起，不可根据依第二款第二项发出的任何命令豁免在指定日前未被豁免的任何慈善组织的登记。

Ⅳ.为实现上述第二款第三项的目的：

（一）任何依据本法案第三条第五款第二项规定作出或实施，且在指定日之前生效的规章从其依据第二款第二项规定作出之日起生效

(其修改或撤销同此规则);

(二)为确保之前确定豁免的机构得以豁免登记,应当依据第二款第三项(必须符合该条款规定的豁免条件和收入限制)制定相应的规章;

(三)自指定日当日起,不得在任何情况下依据第二款第三项制定规章以豁免在指定日之前未得到豁免登记的慈善组织。

Ⅴ.上述第四款第二项中'之前确定豁免的机构'是指:

(一)任何符合本法案第三条第五 B 款第一或第二项规定的在指定日之前生效的机构(特定的教育机构);或者

(二)依据《2006年慈善法》第十一条规定或依该法案作出的命令,不再享受豁免登记的机构。

Ⅵ.下列条款规定的慈善组织:

(一)上述第二款第二项或第三项,或

(二)上述第二款第四项,

如果提出登记的要求,应当在慈善组织登记簿上对其进行登记。

Ⅶ.部长有权命令修订:

(一)上述第二款第二项或第三项,或

(二)上述第二款第四项。

修订内容限于修订上述条款目前确定的总收入。

Ⅷ.部长依据上述第七款发布的命令限于下列目的:

(一)部长认为能够通过修订第二款第二、三项从而有效地缩小其规定的豁免范围;

(二)部长认为能够通过修订第二款第四项从而改变金钱的数额或有效地缩小该条款规定的豁免范围。

除上述目的外,部长无权根据第七款第一项发布命令,除非依据《2006年慈善法》第七十三条(法案实施报告)制定的与本款相关的报告已被提交给议会。

Ⅸ.本条中的'指定日'是指依据与本法案第九条(慈善组织的

登记）相关的《2006年慈善法》第七十九条规定，上述第一至五款生效的当日。

Ⅹ. 本条涉及的某慈善组织'总收入'的确定应结合某一特定时间点，例如：

（一）某慈善组织在该时间点之前的一财政年的总收入，或者，

（二）慈善委员会可以参照其对某慈善组织在上述财政年的总收入的估算，来决定慈善组织的'总收入'。

Ⅺ. 本条下列条款

（一）第二款第二、三项，

（二）第三至五款，

（三）第六款第一项，第七款第一项，第八款第一项和第九款，

将于部长通过命令规定其条款目的的当日停止有效。

第三条 B 受托人的登记义务

Ⅰ. 如果上述第三条 A 第一款要求登记的慈善组织没有登记，那么慈善组织受托人有义务：

（一）向慈善委员会申请慈善组织的登记；

（二）向慈善委员会提供要求的文件和信息。

Ⅱ. '要求的文件和信息'是指：

（一）有关慈善组织受托财产的副本或（如果受托财产未清晰记录在现存文件中）详细信息，

（二）部长制定的规章所规定的其他的此类文件或信息，

（三）当慈善委员会要求提供申请的目的时，其他此类的文件或信息。

Ⅲ. 当某一机构已经登记，该慈善组织的受托人（或最后一个慈善受托人）有义务：

（一）在该机构停止存在，或受托财产、登记的详细信息发生变化时，通知慈善委员会；

（二）（以尽可能适当的方式）向慈善委员会提供上述变化的详细

信息和任何新受托财产或有关受托财产变化的文件副本。

Ⅳ．上述第三款并不要求受托人：

（一）向慈善委员会提供慈善组织经营管理计划的副本，除非法庭要求；

（二）向慈善委员会通知上述计划做出的影响到已登记慈善组织的决定；

（三）向慈善委员会提供慈善委员会已经拥有的文件或其副本。

Ⅴ．当涉及某已登记慈善组织的文件副本——

（一）根据上述第四款规定而未被要求提供给慈善委员会，但是

（二）慈善委员会拥有，

根据上述第三条第五款的规定，该文件副本应与依据本条向慈善委员会提供的其他文件一样向公众开放以供查阅。"

第十条　小慈善组织登记标准的临时变化

Ⅰ．在指定日之前，部长有权命令修改1993年法案第三条（慈善组织的登记），从而：

（一）将第三条第五款第三项（小慈善组织登记标准）替换为内容与总收入不超过该命令规定数额的慈善组织的另一条款，

（二）依据条款目的定义"总收入"。

Ⅱ．第一款不影响依据1993年法案第三条第七款提高第三条第五款第三项中明确的收入限制标准的现存效力。

Ⅲ．本条于指定日失效。

Ⅳ．本条中的"指定日"是指依据1993年法案第七十九条的命令，该法案第三条A第一至第五款（由2006年法案第九条替代）的生效之日。

二　豁免登记的慈善组织：登记和管理

第十一条　豁免登记的慈善组织的变化

Ⅰ．1993年法案附件二（豁免登记的慈善组织）做如下修改：

Ⅱ．在第一款（1960年《慈善法》之前存在的法律所规定的一般豁免）的"1855"后插入"（参见注释1）"。

Ⅲ．在第二款（特定的大学、学院和学校）中：

（一）在"玛丽皇后与斯特菲尔德学院"前插入"和"；

（二）省略"和温彻斯特和伊顿学院"。

Ⅳ．在第九款前插入：

"（八）某一高等教育企业"。

Ⅴ．在第九款后插入：

"（十）某一继续教育企业"。

Ⅵ．在第二十三款（由上述条款豁免的机构所管理或代表的机构的豁免）中的"最近提及的机构"后插入"（参见注释2）"。

Ⅶ．省略第二十四款（教堂慈善委员会和其管理的机构）。

Ⅷ．在第二十五款（商业工会等）中将从"和任何"开始的内容替换为"和也在1996年《住宅条例》第一部分社会业主登记簿上登记的机构"。

Ⅸ．在最后插入：

"注释

1．上述第一款并不包括：

（一）1958年《教会基金投资办法》定义的任何投资基金或存款基金；

（二）1960年《卫理公会基金法案》定义的任何投资基金或存款基金，或

（三）威尔士教会的代表机构或其管理的财产。

2．上述第二十三款不包括任何学生会。"

Ⅹ．1993年法案第二十四条（建立共同投资基金的计划）第八款（基金即为慈善组织，并且如果其计划只允许豁免登记的慈善组织，即为豁免登记的慈善组织）从"；和如果其计划"开始的内容删除。

Ⅺ. 部长认为合适的，有权发布命令修正1993年法案附件二，以确保：

（一）（只要仍是慈善组织）某类特定性质的机构成为或（视具体情况）不再是豁免登记的慈善组织，或

（二）（只要仍是慈善组织）某一特定机构成为或（视具体情况）不再是一个豁免登记的慈善组织，或从上述附件中将不再存在的机构除名。

Ⅻ. 仅在为实现上述第十一款第一项或第二项涉及的目的，且部长认为命令有利于确保适当或有效地管制慈善组织、促使慈善受托人遵守义务，或管制慈善组织对其他慈善组织行使控制和管理时的法律义务的情况下，部长才有权依据第十一款作出命令。

ⅩⅢ. 涉及下列事项时，部长认为合适的，有权做出命令对法规进行修正或修改：

（一）某类特定性质的机构成为，或不再是豁免登记的慈善组织；或

（二）某一特定慈善组织由于本条中的规定，成为，或不再是一个豁免登记的慈善组织。

ⅩⅣ. 本条中"豁免登记的慈善组织"与1993年法案中的含义相同。

第十二条　加强对《1993年慈善法》中豁免登记的慈善组织的规制

依据附件五对1993年法案进行修订（其结果是加强了对豁免登记的慈善组织的法律规制）。

第十三条　豁免登记的慈善组织的主要监管人的一般职责

Ⅰ. 本条适用于担任豁免登记的慈善组织的主要监管人的政府机构或国务大臣。

Ⅱ. 上述政府机构或大臣必须尽其最大的合理努力以达到与慈善组织相关的监管目标。

Ⅲ. 监管目标是促使慈善组织受托人在控制和管理慈善组织的运

作时遵守其法律义务。

Ⅳ. 本条中：

（一）"豁免登记的慈善组织"与1993年法案中的意义相同；

（二）某一豁免登记的慈善组织的"主要监管人"是指由部长制定的规章所规定的担任主要监管人的政府机构或国务大臣；

（三）如果部长认为有助于促进，或解除上述第二款规定的某一主要监管人的义务，部长有权修订或修改第四款第二项的规定。

第十四条 慈善委员会在行使与豁免登记的慈善组织相关的职权前应咨询主要监管人

在1993年法案第八十六条后插入：

"第八十六条A 慈善委员会在行使与豁免登记的慈善组织相关的职权前的咨询

慈善委员会在行使与豁免登记的慈善组织相关的任何特定职权时，必须先咨询慈善组织的主要监管人。"

第四章　财产近似原则的适用

一　近似原则情形

第十五条　当前情形下近似原则的适用

Ⅰ. 1993 年法案第十三条（财产近似原则的适用情形）作如下修订：

在第一款中的第三、第四项和第五项（3）中，将"赠与的实质"替换为"适当的考量"。

Ⅱ. 在一款后插入：

"ⅠA. 上述第一款中的'适当的考量'是指：

（一）（一方面）考量赠与的实质；

（二）（另一方面）建议改变原先目的时的社会和经济环境。"

第十六条　捐赠者不明或拒绝承认时近似原则的适用

Ⅰ. 1993 年法案第十四条（捐赠者不明或拒绝承认时，礼物近似原则的适用）作如下修订：

Ⅱ. 在第四款（法庭裁定将捐赠财产视为属于无法确认的捐赠者的职权）中的两处"法庭"后，插入"或慈善委员会"。

第十七条　特定募捐所得中近似原则的适用在 1993 年法案第十四条后插入：

"第十四条 A　特定募捐所得的礼物的近似原则的适用

Ⅰ. 本节适用于下列目的的捐赠财产：

（一）为了特定的慈善目的，并且

（二）响应下述第二款规定情形的募捐。

Ⅱ. 满足下列情形的募捐适用本款规定：

（一）为了特定的慈善目的而做出，并且

（二）捐赠时附有一项声明，大意是捐赠的财产是为了特定的慈善目的，如果特定目的无法实现，则可用于类似的其他慈善目的，除非捐赠人在捐赠时发表了相关的声明。

Ⅲ．一项'相关的声明'是指捐赠者的书面声明，大意为在捐赠者指定的慈善目的无法实现时，希望持有财产的受托人给予捐赠人请求返还问题财产（或返还与捐赠时财产价值相当的金钱）的机会。

Ⅳ．下述第五款和第六款适用于下述情形：

（一）某人如上述第一款所述捐赠了财产，

（二）特定的慈善目的无法实现，并且

（三）捐赠者发表了相关的声明。

Ⅴ．持有财产的受托人必须按照规定步骤以实现以下目的：

（一）通知捐赠人其慈善目的的落空，

（二）询问捐赠人是否希望返还财产（或返还价值相当的金钱），

（三）如果在规定的日期内捐赠人做出返还的请求，则将财产（或价值相当的金钱）返还于捐赠人。

Ⅵ．如果受托人按照规定并且合理采取了上述步骤，但：

（一）受托人未能找到捐赠人，或者

（二）捐赠人未能在规定的日期内请求返还财产（或价值相当的金钱），则上述第十四条第一款适用于该捐赠财产，将其视为属于该款第三项（捐赠人放弃返还权利时财产的适用）规定的捐赠人。

Ⅶ．如果：

（一）某人如上述第一款所述捐赠了财产，

（二）特定的慈善目的无法实现，并且

（三）捐赠者没有发表相关的声明

则上述第十四条第一款适用于该捐赠财产，将其视为属于该款第二项规定的捐赠人。

Ⅷ．为实现本条的目的：

（一）'募捐'是指可以任何方式做出，且不论和受赠人的约定如何的捐赠；

（二）无须考虑返还问题财产时是否需要付出对价；

（三）除非捐赠人可以证明其捐赠时未发表第二款第二项规定的声明，否则视其捐赠申请包含了上述声明。

Ⅸ．本条中'规定的'是指由慈善委员会制定的，并且慈善委员会认为合适即有权发布的规章。

Ⅹ．如同第十四条第七款和第十款服务于第十四条目的，上述两款也服务于本条目的。"

二 机制

第十八条 近似原则的机制

在1993年法案第十四条A（在上述第十七条后插入）后插入：

"第十四条B 近似原则的机制

Ⅰ．法庭和慈善委员会应当依据本条规定行使其制定财产近似原则适用机制的职权。

Ⅱ．基于慈善目的而捐赠的财产适用近似原则时，法庭或慈善委员会有权制定该财产适用于下列目的的机制：

（一）为上述慈善目的，

（二）如果机制规定将财产转移给其他慈善组织，若考虑第三款规定事项后认为合适，可通过信托为另一慈善事业/目的。

Ⅲ．第三款规定事项为：

（一）原先赠与的实质；

（二）确保财产用于与原先目的近似的其他慈善目的的可取性；

（三）该近似慈善事业的目标在当前社会和经济背景下是适当且有效的。

'相关慈善事业'是指依据近似原则的机制，财产被适用或代表的慈善事业。

Ⅳ．如果某机制规定财产被转移给另一个慈善组织，则该机制可以对另一个慈善组织的慈善受托人施加义务，使其确保财产在合理运作的情况下，被用于与原先目的在本质上类似的其他目的。

Ⅴ. 本条中涉及的捐赠财产包括被捐赠时的财产和之后的所有收益。

Ⅵ. 本条中涉及的财产转移给另一慈善事业是指转移给

（一）一家慈善组织，或

（二）慈善受托人，或

（三）任何慈善组织的受托人，或

（四）如果机制允许的话，由慈善受托人基于信任指定持有财产的自然人。"

第五章　法院和慈善委员会对慈善组织的协助和监管

一　暂停或终止慈善受托人等的成员资格

第十九条　暂停或终止慈善受托人等的成员资格的权力

于《1993年慈善法》第十八条后增加：

"**第十八条 A　暂停或终止慈善受托人等的成员资格的权力**

Ⅰ. 本条适用于以下情形：

（一）慈善委员会根据上述第十八条第一款的规定做出暂停任何慈善组织管理人、慈善组织受托人、官员、代理人或雇员的职务或雇佣的命令；

（二）慈善委员会根据上述第十八条第二款的规定做出终止任何慈善组织的官员、代理人或雇员的命令。

上述所指的慈善组织管理人、慈善组织受托人、官员、代理人或雇员均为慈善组织的成员。

Ⅱ. 当慈善委员会因故暂停上述人员的职务或雇佣时，它同时可以暂停上述人员在被暂停职务或雇佣期间的慈善组织成员资格。

Ⅲ. 当慈善委员会因故终止上述人员时，它同时可以做出以下命令：

（一）终止上述人员的慈善组织成员资格；

（二）不经慈善委员会同意，不得恢复其成员资格。

Ⅳ. 上述第三款第二项情形下，如果当事人在慈善委员会做出命令五年后提出恢复慈善组织成员资格的申请，慈善委员会应当予以准许。但当事人符合应当被拒绝条件的除外。"

二　慈善委员会的指引

第二十条　为保护慈善组织而给予具体指引的权力

于《1993年慈善法》第十九条后增加：

"**第十九条 A　为保护慈善组织而给予具体指引的权力**

Ⅰ. 本条适用于慈善委员会针对某一慈善组织在符合第八条规定而启动质询后，发现满足第十八条第一款第一、第二项的情形。

Ⅱ. 慈善委员会可通过命令指引以下主体：

（一）慈善组织管理人；

（二）慈善组织受托人；

（三）慈善组织的任何官员或雇员；

（四）慈善组织本身（如已组建成慈善法人）采取慈善委员会在命令中提出的它认为对慈善组织有利的任何行动。

Ⅲ. 本条所指的命令：

（一）可强制要求采取或不采取任何与慈善组织或其财产的管理相关的行动，而这些行动本可由上述主体在其权力范围内自行决定；

（二）不得要求采取议会法案禁止的、慈善组织基金会明确禁止的，或有悖于慈善组织宗旨的任何行动。

Ⅳ. 任何个人或集体在本条所述命令的授权下的行动被认为是在本条第三款第一项中所提到的权力范围内合理实施的。

Ⅴ. 此种命令授权下的行动而引起的合同性权利或其他权利不受本条第四款的影响。"

第二十一条　指导慈善组织使用财产的权力

于《1993年慈善法》第十九条 A（由上文第二十条新增）后增加：

"**第十九条 B　指导慈善组织使用财产的权力**

Ⅰ. 本条适用于满足以下条件的情形：

（一）慈善组织财产的占有人或控制人不愿意基于该慈善组织的

目的合理使用该财产；

（二）为了保证对慈善组织的财产进行符合其目的的合理使用，慈善委员会有必要做出本条所指的命令。

Ⅱ．慈善委员会可通过命令指引相关财产占有人或控制人以命令中指定的方式使用慈善组织的财产。

Ⅲ．本条所指的命令：

（一）可强制要求采取或不采取任何与慈善组织财产相关的行动，而这些行动本可由财产占有人或控制人在其权力范围内自行决定；

（二）不得要求采取议会法案禁止的或慈善组织基金会明确禁止的任何行动。

Ⅳ．任何财产占有人或控制人在本条所述命令的授权下所做的行动被认为是在本条第三款第一项所提到的权力范围内合理实施的。

Ⅴ．此种命令授权下的行动而引起的合同性权利或其他权利不受本条第四款的影响。"

三　相关信息披露

第二十二条　对章程等对外披露要求的放松

将《1993年慈善法》第二十条替换为：

"**第二十条　对章程的对外披露**

Ⅰ．慈善委员会不得：

（一）在本法案授权下为慈善组织的行政管理设立章程；

（二）为使其生效而向法院或内阁提交此种章程，

但慈善委员会在做出命令前已符合下文第二款所列对外披露条件的除外，

且下文第四款也适用此种除外情形。

Ⅱ．对外披露条件为：

（一）慈善委员会应当对慈善组织的章程进行公示，并在通知中规定征求意见的期间；

（二）如果该章程与教区内或威尔士的社区内的地方慈善组织（而非宗教慈善组织）有关，慈善委员会应当与该教区或社区慈善委员会（如该教区无慈善委员会则与教会主席）交流讨论章程草稿。

Ⅲ. 上述章程公示或交流的时间由慈善委员会决定。

Ⅳ. 慈善委员会可以决定当某一特定章程符合以下条件时，不适用本条第二款所列的两项条件或其中某一项条件：

（一）因章程的特定性质，或者

（二）因其他原因，

而致符合两项条件或其中某一项条件是无必要的。

Ⅴ. 当慈善委员会根据本条规定对章程进行公示时，它：

（一）应当考虑所有在公示规定期限内对章程提出的意见；

（二）可以对章程不做修改或做其认为有必要的修改（无须再另行通知）。

Ⅵ. 慈善委员会如根据本法规定做出设定慈善组织行政管理章程的命令，则必须在命令公布后至少一个月内准备章程副本，以便公众可在任何合理时间在以下地点查阅：

（一）慈善委员会的办公室；

（二）如为地方慈善组织，则在当地方便的场所内。

本款第二项不适用于慈善委员会有理由认为章程副本没必要在地方供公众查阅的情形。

Ⅶ. 本条所指的有关章程的公示：

（一）应包含慈善委员会认为充分和恰当的章程细节及相关说明，以便公众获取章程信息；

（二）应以慈善委员会认为充分和恰当的方式予以通知。

第二十条A　有关受托人等个人命令的对外披露

Ⅰ. 慈善委员会不得根据本法做出任命或终止慈善组织管理人或

受托人的命令,但可做出以下命令:

(一) 与公务管理人相关的命令;

(二) 根据上文第十八条第一款第二项所做的命令。

但慈善委员会在做出命令前已符合下文第二款所列对外披露条件的除外,且下文第四款也适用于此种除外情形。

Ⅱ. 对外披露条件为:慈善委员会应当对慈善组织的章程进行公示,并在通知中规定征求意见的期间。

Ⅲ. 上述章程通知的时间由慈善委员会决定。

Ⅳ. 慈善委员会有理由认为章程没必要符合本条第二款所列条件时,可以决定不适用本条第二款。

Ⅴ. 慈善委员会可不经以下人员同意而对其做出终止命令:

(一) 慈善组织管理人或受托人;

(二) 慈善组织的官员、代理人或雇员。

慈善委员会应当在做出命令至少一个月以前通知对方,并在通知中规定对此命令征求意见的期间。

但对方在英国范围内下落不明者除外。

Ⅵ. 当慈善委员会根据本条规定对任何章程进行公开通知时,它:

(一) 应当考虑所有在通知规定期限内对章程所提出的意见;

(二) 可以对章程不做修改或做其认为有必要的修改(无须再行通知)。

Ⅶ. 本条所指的有关章程的公示:

(一) 应包含慈善委员会认为充分和恰当的章程细节和说明,以便公众获取章程信息;

(二) 应以慈善委员会认为充分和恰当的方式予以通知。

Ⅷ. 本条第五款中所指的通知:

(一) 可邮寄送达;

(二) 如邮寄送达,则送至收件人在英国最后为人所知的地址。"

四 共同投资计划

第二十三条 苏格兰和北爱尔兰地区的慈善组织参与共同投资计划等

Ⅰ.于《1993年慈善法》第二十四条第三款("共同投资计划")后增加:

"(第三款A)共同投资计划允许除已参与慈善组织外的其他适格主体参与本计划,其参与程度可由被任命管理慈善基金的受托人决定。

(第三款B)本条中所称'适格主体'指:

(一)苏格兰认可的机构,或

(二)北爱尔兰慈善组织

在与本计划有关的、包含上文第三款A所授权内容的相关条款中,'慈善组织'均包括上文所述的'适格主体'。

这些'相关条款'包括第一款、第四款、第六款和第七款第二项。"

Ⅱ.将《1993年慈善法》第二十五条(用以说明第二十四条中共同存储基金的使用)中的第二款至第四款替换为本条第二、三、四款。

Ⅲ.在第二十五条末尾增加:

"Ⅳ.共同存储计划允许除已参与慈善组织外的其他适格主体参与本计划,其参与程度可由被任命管理慈善基金的受托人决定。

Ⅴ.本条所称'适格主体'指:

(一)苏格兰认可的机构,或

(二)北爱尔兰慈善组织

在与本计划有关的、包含上文第四款所授权内容的相关条款中,'慈善组织'均包括上文所述的'适格主体'。

Ⅵ.这些'相关条款'指:

(一)上文第一款;

(二)上文第二十四条第四款和第六款,这两款与上文第二款和第三款配套适用;

（三）第七款（适用于本条第五款第二项所指的慈善组织）。"

Ⅳ．在第二十五条后增加：

"**第二十五条A** 第二十四条和第二十五条'苏格兰认可的机构'和'北爱尔兰慈善组织'的内涵

Ⅰ．上文第二十四条和第二十五条中的'苏格兰认可的机构'指符合以下条件的机构：

（一）根据苏格兰法律合法成立，或

（二）全部或主要在苏格兰管理或控制，该机构的收入只用于慈善事业，英国税务海关总署专员根据《1988年所得税和公司税法案》第五百零五条通知不将其撤销。

Ⅱ．上文第二十四条和第二十五条中的'北爱尔兰慈善组织'指符合以下条件的机构：

（一）根据北爱尔兰法律合法成立，且

（二）该机构的收入只用于慈善事业，英国税务海关总署专员根据《1988年所得税和公司税法案》第五百零五条通知不将其撤销。"

Ⅴ．《1993年慈善法》第一百条第四款（扩张适用于北爱尔兰的规定）中的"扩张"替换为"扩张至第二十四条和第二十五条A"。

五 建议和其他协助

第二十四条 提出建议和指导的权力

将《1993年慈善法》第二十九条替换为：

"**第二十九条 提出建议和指导的权力**

Ⅰ．慈善委员会可以基于慈善组织管理人或受托人的书面申请，向他们提出对以下事项的意见和建议：

（一）与受托人在慈善组织的职务行为相关，或

（二）与慈善组织的行政管理有关。

Ⅱ．慈善组织管理人或受托人基于慈善委员会根据本条第一款提出意见和建议做出行为的，在责任承担方面，这些行为视为他们基于

其信托而做出。

Ⅲ．但当行为人符合以下任一条件时，则不适用本条第二款：

（一）行为人知道或有合理理由怀疑那些意见和建议并非基于客观事实而提出；

（二）法院或慈善法庭对相关事项已经做出决定或即将做出决定。

Ⅳ．慈善委员会认为合适时，基于上文第一条C第二款中所述的基本功能，可以对慈善组织的行政管理事项提出建议或指导。

Ⅴ．这些建议或指导可与以下机构相关：

（一）普通慈善组织；

（二）慈善组织的各部门；

（三）任何专门慈善组织。

建议和指导以慈善委员会认为合适的形式和方式提出。"

第二十五条　决定慈善组织成员资格的权力

于《1993年慈善法》第二十九条（由本法案第二十四条替换而成）后增加：

"Ⅰ．慈善委员会可以：

（一）基于慈善组织的申请，或者

（二）在对慈善组织进行第八条所述的质询后，

决定慈善组织的成员。

Ⅱ．本条第一款的权力可由慈善委员会为此目的专门任命的人员行使。

Ⅲ．在第一款第二项情形中，慈善委员会认为合适时可以委派专门任命的人员执行质询。"

六　进入慈善组织场所等的权力

第二十六条　进入慈善组织场所和获取文件的权力

Ⅰ．于《1993年慈善法》第三十一条后增加：

"**第三十一条A　进入慈善组织场所的权力**

Ⅰ．治安法官基于慈善委员会成员的宣誓信息，有理由认为本条第二款的各项条件均满足时，可签发授权书。

Ⅱ．各项条件为：

（一）已提起第八条所述的质询；

（二）应在授权书中详细指明存在于慈善组织场所的、慈善委员会根据上文第九条要求对方制作或提供的、与质询案相关的文件或信息；

（三）如果慈善委员会擅自颁发命令，要求对方以上述方式制作或提供这类文件或信息，则：

（1）该命令无执行效力，或者

（2）该文件或信息将被转移、篡改、隐藏或毁灭。

Ⅲ．授权书中列出的被授权人为慈善委员会工作人员，他们有权作出以下行为：

（一）进入并搜查授权书中指定的慈善组织场所；

（二）带走慈善委员会认为有必要协助其完成被授权行为的人；

（三）扣取本条第二款第二项所指的文件，采取保护、防止干涉此类文件的其他必要措施；

（四）扣取包含本条第二款第二项所指信息的计算机磁盘或其他电子存储设备，采取保护、防止干涉此类信息的其他必要措施；

（五）复制、摘录本款第三、四项中所指的文件、信息；

（六）要求慈善组织场所的人员对此类文件、信息提供解释或说明此类文件、信息的所在地。

（七）要求他人在本款第五项所指的复制、摘录工作中提供合理协助。

Ⅳ．应当在合理时间点进入并搜查，且在授权书签发日期后一个月内进行。

Ⅴ．授权书中列出的慈善委员会工作人员（即'被授权人'）必要时应当制作：

（一）该授权书；

（二）其为慈善委员会工作人员的书面证明文件，以备进入慈善组织场所时供检查用。

Ⅵ. 被授权人应当对以下事项进行书面记录：

（一）进入慈善组织场所的日期、时间；

（二）陪同进入慈善组织场所的人数及其名字；

（三）在慈善组织场所停留的时间；

（四）在慈善组织场所所做行为；

（五）扣取的文件或设备清单。

Ⅶ. 慈善组织场所的占有人或其代表人要求时，'被授权人'应当为其提供一份上述记录的复印件。

Ⅷ. 一般情形下，'被授权人'离开慈善组织场所前应当遵守以下要求：

（一）第六款的各项要求；

（二）第七款中所提出的要求。

Ⅸ. 当扣取文件或信息存储设备时：

（一）为辅助上文第八条所指的质询案的进行，应将文件原件（而非复印件）保存慈善委员会认为必要的一段时间；

（二）信息存储设备也应为质询目的保存慈善委员会认为必要的一段时间。

Ⅹ. 慈善委员会认为不必要再保存上述文件或设备时，应尽快将这些文件、设备返还给：

（一）其被扣取前的原所有人，或

（二）其所属或相关的慈善组织的慈善管理人。

Ⅺ. 任何人故意阻碍本条授权书所授予权利的行使的，即属犯罪并可经简易程序定罪并处以下刑罚：

（一）不超过51周的监禁，或者

（二）不超过标准五级的罚款，

或者上述第一、二两项并处。"

Ⅱ．在附件一第一编的《2001年刑事司法与警察法案》（第五十条适用的扣取权）中，于第五十六条后增加：

"《1993年慈善法》（c.10）

第五十六条 A 《1993年慈善法》第三十一条 A 第三款规定的扣取权（为实行本法第八条规定的质询而进行的材料扣取）"。

七 慈善用地的抵押

第二十七条 对抵押的限制

Ⅰ．《1993年慈善法》第三十八条（对抵押的限制）修改如下。

Ⅱ．第二款和第三款替换为：

"Ⅱ．如果慈善组织管理人在执行抵押前已经获得并考虑了合理的书面建议，即关于相关事项或者以下本条第三款或者第三款 A（具体适用哪一款视个案而定）中提到事项的建议，那么以上本条第一款不适用于任何这种慈善用地的抵押。

Ⅲ．在为担保偿还拟定贷款或者赠款而设定抵押的情形中，相关事项指：

（一）考虑到慈善组织管理人为寻求贷款或者赠款能够采取的相关特定措施，是否该项贷款或者赠款是必需的；

（二）考虑到慈善组织作为借款或者赠款所得收益的可能接受人的地位，该项贷款或者赠款的条件是否合理；以及

（三）慈善组织对这些条件下的贷款或赠款是否有偿还能力。

ⅢA．为担保其他拟定义务履行而设定抵押的情形中，相关事项指考虑到慈善组织的目的，慈善组织管理人应当承担的履行义务是否合理。

ⅢB．以上本条第三款或者（因个案也可能涉及的）第三款 A 适用于其条款中提到的抵押，无论——

（一）抵押是否仅对拟定贷款或者赠款的偿还或者约定义务的履

行具有效力,或者

(二)在抵押执行日之后,抵押对于通过贷款或者赠款偿还或者对其他义务履行的担保是否也有效。

ⅢC. 本条第三款 D 适用于以下情形——

(一)慈善组织管理人根据以上本条第二款规定,对其他机构持有的或者通过信托持有其他慈善组织的土地执行了抵押,以及

(二)在抵押执行日之后,抵押对于通过贷款或者赠款偿还或者对其他义务履行的担保是否也有效。

ⅢD. 在本款适用的情形下,慈善组织管理人在抵押执行日之后不得进行以下交易:

(一)支付上述款项,或者

(二)履行上述任何义务,除非在进行抵押前已经获得并考虑了合理的书面建议——关于相关事项或者本条第三款第一项至第三项或者第三款 A(根据个案确定适用哪条)中提到事项的建议。"

Ⅲ. 本条第四款(关于"合理的建议"的意思的规定)中——

(一)将其中"以上第二款"替换为"本条";以及

(二)将《1993 年慈善法》中"贷款的发生"替换为"关于贷款、赠款以及其他与他提供的建议有关的交易"。

第六章　非公司制慈善组织账目的审计和检查

第二十八条　非公司制慈善组织账目的年度审计和检查

Ⅰ.《1993 年慈善法》第四十三条（关于非公司制慈善组织账目的年度审计和检查的规定）修改如下：

Ⅱ. 第一款替换为：

"Ⅰ. 第二款适用于慈善组织的一个会计年度，如果——

（一）慈善组织当年的总收入超过 500000 英镑；或者

（二）慈善组织当年的总收入超过账目最低标准，并且年末资产总值（扣除负债前）超过 280 万英镑。

'账目最低标准'指 100000 英镑或者规定在以上第四十二条第三款中的其他数额。"

Ⅲ. 第二款（关于需要审计的账目的规定）第一项替换为：

"（一）如果慈善组织是一家公司，根据 1989 年《公司法》第二编将有资格作为慈善组织的审计员，或者。"

Ⅳ. 第三款（关于独立检查而非审计的规定）中——

（一）从"和它的总收入"到"以下第四款"替换为"但是当年总收入超过 10000 英镑"；和

（二）在结尾处插入——

"这受到以下本条第三款 A——收入超过 250000 英镑——的限制，根据以下本条第四款发布的命令的限制。"

Ⅴ. 在第三款后插入——

"（三）A　如果以上本条第三款适用于某一年某个慈善组织的账目，并且该慈善组织在该年度的总收入超过 250000 英镑，那么为了实现第三款第一项的目的，担任该慈善组织的独立的检验人员必须是独立的个人，而且应当——

（一）属于1985年《公司法》第二百四十九条D第三款中详细规定的机构的成员（报告会计师）；

（二）公共财政和审计注册机构的成员；或者

（三）慈善组织独立检查员协会成员。"

Ⅵ. 第八款替换为——

"Ⅷ. 部长可以通过命令——

（一）修改以上本条第一款第一项或者第二项、第三条或第三条A，更改法律规定的数额。

（二）修改第三条A，增加或者删除该条中对个人资格的规定，或者修改所列的资格准入条件。"

第二十九条　非公司制慈善组织的审计员等向慈善委员会进行报告的职责

Ⅰ. 在《1993年慈善法》第四十四条之后插入——

"**第四十四条A　审计员向慈善委员会进行报告的职责**

Ⅰ. 本条适用于：

（一）慈善组织根据本法第四十三条任命的审计员或者独立检察员；

（二）根据以上第四十三条A第二款或者第三款任命的审计员或者独立检察员的，以及

（三）根据以上第四十三条A第二款或者第三款履行职权的威尔士审计总长。

Ⅱ. 本条适用的上述人员在以第一款提到身份行为时，获知符合以下条件的事项：

（一）与慈善组织或者有关机构或团体的活动或事务相关，并且

（二）其有合理的理由相信，该事项对于慈善委员会根据以上第八条或者第十八条实现其职能具有实质性意义，

他必须立即将该事项以书面形式报告慈善委员会。

Ⅲ．本条适用的上述人员以本条第一款提到的身份行为时，知悉符合以下条件的事项：

（一）看似不属于本条第二款规定的需要报告的事项，但是

（二）他有合理的理由相信该事项对于慈善委员会实现它的任何职能具有实质性意义，

他可以将该事项以书面形式报告慈善委员会。

Ⅳ．如果本条适用的人员以本条第一款提到的身份行为时，拥有了本条第二款或者第三款赋予的职责或权力，即使其以后不再以该身份行为，该项职责或者权力不受影响。

Ⅴ．当本条适用的人员根据本条第二款或者第三款被要求或者被授权进行报告时，不应仅仅因为报告中的任何信息或者观点认为其违反职责。

Ⅵ．本条中，与慈善组织相关的'有关机构或者团体'是指——

（一）由慈善组织或者慈善组织管理人以其名义控制的机构，或者

（二）实际利益由慈善组织或者慈善组织管理人以其名义控制的机构持有的法人团体。

Ⅶ．如果本法附件五的第三项和第四项适用于该附件的目的，也适用于上述第六款的目的。"

Ⅱ．《1993年慈善法》第四十六条（关于豁免和例外的慈善组织账目和年度报告的规定）中——

（一）第一款中"第四十一条至第四十五条"替换为"第四十一条至第四十四条或者第四十五条"；以及

（二）在第二款后插入——

"ⅡA．如果以上第四十四条A第二款至第七款适用于第四十四条A第一款提到的人员，那么也适用于被任命从事审计或者报告的豁免的非公司制慈善组织的人员。"

ⅡB．但是对于第四十四条A第二款至第七款的适用修改如下：

（一）任何对"以第四十四 A 条第一款中的身份行使职权的人"的引用均应理解为以上第二款 A 提到的"被任命的人员";以及

（二）任何对"慈善委员会或者慈善委员会的任何职能"的引用均应理解为"慈善组织的主要监管人员或者主要监管人员关于慈善组织的职能"。

第三十条　集团账目

Ⅰ. 在《1993 年慈善法》第四十九条后插入：

"**第四十九条 A　集团账目**

本法附件五 A 关于以下方面的规定具有法律效力：

（一）关于由主慈善组织和附属机构（在附件五 A 含义范围内）组成的集团账目的准备和审计，以及

（二）关于集团的其他事项。"

Ⅱ. 附件六（该附件规定将附件五 A 插入《1993 年慈善法》中）具有法律效力。

第七章　慈善公司

第三十一条　对慈善公司章程修改限制的放宽

Ⅰ.《1993 年慈善法》第六十四条（关于目标条款等修改的规定）修改如下：

Ⅱ. 第二款替换为：

"慈善组织采取公司制的，其任何规则的修改——

（一）需经慈善委员会的事前书面同意，以及

（二）如果未获得书面同意无效。

ⅡA. '规则的修改'是指：

（一）对公司章程中目的条款的任何修改；

（二）对公司章程中指导公司清算时处理财产的条款的任何修改，以及

（三）对公司章程中授权董事或者公司成员或者与其相关的人员获得任何利益的条款的任何修改。

ⅡB. 为了实现以上本条第二 A 款的目的——

（一）'利益'指任何性质的直接或者间接利益，但不包括根据以下第七十三条 A 规定授权获得的利益（在第七十三条 A 含义范围内），以及

（二）根据以下第七十三条 B 第五款和第七十三条 B 第六款适用于判断某个人与公司董事或者成员是否相关的规则，同样适用于为实现第七十三条的目的，根据以下第七十三条 B 第五款和第七十三条 B 第六款判断某个人与慈善组织管理人是否相关。"

Ⅲ. 第三款中"任何此类的修改"（关于需要提交公司注册登记官员的文件的规定）替换为"任何规则的修改"。

第三十二条 慈善公司账目的年度审计或者检查

Ⅰ.1985年《公司法》第二百四十九条A第四款（关于何种情形下公司的账户需要进行会计报告而非审计的规定）：

（一）第二项（总收入在90000英镑到250000英镑之间）中"250000英镑"替换为"500000英镑"；以及

（二）第三项（资产负债表中总共不超过140万）"140万英镑"替换为"280万英镑"。

Ⅱ.1985年《公司法》第二百九十四条B第一款C（关于哪些情形下母公司或者子公司不符合审计豁免条件的规定）第二项（对于慈善组织，集团总营业额不超过净利润350000英镑或者总利润不超过420000英镑）中，"净利润350000英镑"（或者总利润420000英镑）替换为"净利润700000英镑"（或者总利润840000英镑）。

第三十三条 慈善公司审计员等向慈善委员会进行报告的职责

在《1993年慈善法》第六十八条后插入——

"第六十八条A 慈善组织审计员向慈善委员会进行报告的职责

Ⅰ.第四十四条A第二款至第七款适用于担任以下职务的人员——

（一）根据1985年《公司法》第十一编第五章（关于审计人员的规定）任命的慈善公司审计员，或者

（二）如果上述规定适用于第四十四条第一款提到的人员，那么也适用于慈善公司为实现1985年《公司法》第二百四十九条C（关于要求报告而非审计的规定）的目的而任命的报告会计师。

Ⅱ.基于此目的，第四十四条A中提到的以第四十四条A第一款身份行为，应当被理解为是指以本条第一款提到的身份行为。

Ⅲ.本条中，慈善公司指公司制的慈善组织。"

第八章　慈善法人

第三十四条　慈善法人
附件七——关于慈善法人的规定——具有法律效力。

第九章　慈善组织管理人等

一　禁止条件的豁免

第三十五条　担任管理人的禁止条件豁免

在《1993年慈善法》第七十二条第四款（关于担任慈善组织管理人的禁止条件的规定）后插入：

"**ⅣA．如果——**

（一）根据第一款第四项或者第一款第五项不具有资格的人，在慈善组织管理人的禁止条件的规定生效后五年以后，根据以上第四项提出申请，并且

（二）根据第四款第一项或者第四款第二项，慈善委员会有权批准申请，

除非确信存在特殊情形，慈善委员会必须批准申请，不得予以拒绝。"

二　慈善组织管理人等的报酬

第三十六条　向慈善组织提供服务的管理人等的报酬

在《1993年慈善法》第七十三条后插入：

"**第七十三条A　向慈善组织提供服务的管理人等的报酬**

Ⅰ．本条适用于个人向慈善组织提供的服务或者代表慈善组织处理事务的报酬，这些人——

（一）在慈善组织中担任管理人或者受托人，或者

（二）与慈善组织的管理人或者受托人有关，并且该项报酬使得慈善组织管理人或者受托人获得一定的利益。

本款规定的适用受以下本条第七款限制。

Ⅱ．如果关于第一款范围内的报酬符合本条第三款至第六款条件

A至条件D的要求，提供服务的人员（即'相关人员'）有权从慈善组织资金中获取报酬。

Ⅲ．条件A是指报酬的最高数额——

（一）应由以下双方通过书面协议约定：

（1）慈善组织或者慈善组织管理人（根据个案而定），与

（2）相关人员，

相关人员根据协议向慈善组织提供服务或者代表慈善组织处理事务。

（二）不超过提供服务人员在该种情形下的合理费用。

Ⅳ．条件B是指在达成协议前，慈善组织管理人做出决定，认为协议中约定的、对相关人员提供的服务或者代表机构进行的活动给付报酬的数额或者最大数额，确实是为了实现机构的最大利益。

Ⅴ．条件C是指在慈善组织中，如果协议一经达成，就会出现两个人以上既是慈善组织管理人，又是

（一）以上本条第三款规定的生效协议中的一方，或者

（二）并非根据协议但有权从慈善组织的资金中获取报酬的人，或者

（三）与以上本款第一项或者第二项规定的人员相关，而且担任慈善组织管理人的占全体人员的少数。

Ⅵ．条件D是指慈善组织信托条款中不得包含任何禁止相关人员接受报酬的特别条款。

Ⅶ．本条不适用于——

（一）慈善组织的管理人或者受托人以其身份或者根据雇佣合同提供服务的报酬；

（二）依据第八款中的任何规定或者命令权利人从慈善组织的资金中获取的、不属于本款第一项所列范围的报酬。

Ⅷ．本款中的规定和命令包括：

（一）任何包含在慈善组织信托条款中的规定；

（二）任何法院或者慈善委员会的命令；

（三）除本条外，包括在议会法中或者根据议会法有效的任何成文法规定。

Ⅸ. 以下第七十三条B根据本条立法目的适用。

第七十三条B 为实现第七十三条A立法目的的补充规定

Ⅰ. 根据第七十三条A第三款的规定达成协议前，慈善组织管理人必须考虑慈善委员会颁布的指导意见中关于达成协议的规定。

Ⅱ. 当做出以上第七十三条A第四款提到的决定时，2000年《受托人或管理人法》第一条第一款规定的注意义务适用于本法的慈善组织管理人。

Ⅲ. 为实现第七十三条A第五款的目的，只要协议中约定的任何义务没有被其中一方完全履行，第七十三条A第五款规定的协议即具有效力。

Ⅳ. 在第七十三条A中：

'利益'是指任何性质的直接或者间接利益；

'最大数额'，与报酬有关，具体是指最大的报酬数额，无论报酬是否详细或者明确地写入协议条款。

'报酬'包括各种、任何利益（以及'数额'相应的指货币价值）；

'服务'，在对服务支付报酬的前提下，还包括与提供服务相关的商品供给。

Ⅴ. 为实现第七十三条A的目的，以下人员或者组织视为与慈善组织管理人或者受托人'有关'——

（一）管理人的孩子、父母、孙子女、祖父母、兄弟姐妹；

（二）管理人的配偶或者民事合伙人，或者本款第一项所列人员的配偶或者民事合伙人；

（三）与管理人有商业合伙关系的人，或者与本款第一项或第二项中的任何人有商业合伙关系的人；

（四）由以下人控制的机构——

（1）管理人或者本款第一项、第二项、第三项中所列的人，或者

（2）合并计算后，有两个以上本项（1）中所列的人；

（五）符合以下条件的法人团体：

（1）在法人团体中，属于第一项至第三项中所列的管理人或者任何具有实质利益的相关人员，或者

（2）合并计算后，有两个以上具有实质利益的本项（1）中所列人员。

Ⅵ.本法附件五中第二项至第四项根据以上第五项的立法目的适用。"

第三十七条　根据第三十六条管理人或受托人获取报酬资格的丧失

在《1993年慈善法》第七十三条B（由以上第三十六条新增）后插入：

"第七十三条C　根据第七十三A条管理人或受托人获取报酬资格的丧失

Ⅰ.本条适用于任何慈善组织的受托人或者管理人，如果——

（一）该管理人或者受托人根据协议有权或者根据第七十三条第三款规定的协议将来有权获取报酬，或者

（二）该管理人或者受托人与有权或者将来有权的人有关。

Ⅱ.慈善组织的管理人或者受托人没有资格处理与决定或者协议相关的事情。

Ⅲ.但是，根据以上第二款不具有资格的人做出的任何行为，不能仅仅因为其不具有资格而被认为无效。

Ⅳ.只要慈善委员会证实——

（一）某人（'不具有资格的受托人或者管理人'）已经进行了根据以上第二款没有资格做出的行为，而且

（二）不具有资格的受托人或者管理人或者与其有关的人根据协议已经或者将从慈善组织获取任何报酬，可以根据以下第五款或第六款（如果合适的话）做出命令。

Ⅴ. 根据本款做出的命令，要求丧失资格的受托人或管理人——

（一）向慈善组织偿还以上本条第四款第二项提到的获得的全部或者部分报酬；

（二）在构成利益的范围内，向慈善组织偿还利益的全部或者部分现金价值（由慈善委员会决定返还部分还是全部）。

Ⅵ. 根据本款做出的命令，可以指令不具有资格的受托人、管理人或者（根据个案也可能是）相关人员不必偿付以上本条第四款第二项提到的全部或者部分报酬。

Ⅶ. 如果慈善委员会根据以上本条第五款或者第六款做出命令，当命令指令不具有资格的受托人或者管理人向慈善组织偿还或者（根据个案而定）指令慈善组织不向他支付报酬时，不具有资格的受托人、管理人或者（根据个案也可能是）相关人员无权根据协议获取相应的报酬（或者它的现金价值）。

Ⅷ. 根据以上第七十三条 A 的目的适用以上第七十三条 B 的第四款至第六款，即是根据本条的目的适用。"

三 管理人的法律责任

第三十八条 慈善委员会减轻管理人、审计人员等违反信托或职责的法律责任的权利

在《1993 年慈善法》第七十三 C 条（即新插入的以上第三十七条）后插入：

"**第七十三 D 条 减轻管理人、审计人员等违反信托或职责的法律责任的权力**

Ⅰ. 本条适用于正在担任以下职务的人员：

（一）慈善组织受托人或者管理人；

（二）被委托审计慈善组织账目的人（无论对其是否根据一项立法被任命），或者

（三）独立的检查员，会计报告师或者其他被任命检查慈善组织账

目或者对账目做出报告的人员（无论对其是否根据一项立法被任命）。

Ⅱ．如果慈善委员会——

（一）认为本条适用的人员以本条第一款第一项、第二项或者第三项人员的身份行为时，对违反信托或者失职负有或者可能负有个人责任，但是

（二）认为他的行为诚实、合理，应当被原谅。

慈善委员会可以做出命令全部或者部分地减轻他的责任。

Ⅲ．如果慈善委员会认为合适，可以根据以上本条第二款做出命令，准予减轻那些行为的责任。

Ⅳ．本条第二款不适用于慈善组织管理人或者慈善组织受托人负有的个人合同责任。

Ⅴ．为实现本条和以下第七十三条 E 的目的——

（一）本条第一款第二项应理解为包括依据以上第四十三条 B 由爱尔兰审计总长担任审计员的情况，而且

（二）本条第一款第三项应理解为包括依据以上第四十三条 B 由爱尔兰审计总长担任审计员的情况，

而且，在本条第一款第二项和本条第一款第三项中，任何对'慈善账目'的引用均应理解为包含慈善组织管理人的集团账目。

Ⅵ．本条规定不影响以下条款的适用：

（一）1925 年《受托人或管理人法》第六十一条（关于法院给予受托人或管理人救济的权力的规定）；

（二）1985 年《公司法》第七百二十七条（关于法院向公司官员或者审计员提供救济的权力的规定）；

（三）以下第七十三条 E（该条将第七百二十七条的适用范围扩展至非公司制慈善组织的审计人员等）。

第七十三条 E　法院向所有非公司制慈善组织的审计员等提供救济的权力

Ⅰ．1985 年《公司法》第七百二十七条（关于法院向公司官员或

者审计员提供救济的权力的规定）规定适用于本条适用的人员，因为该条适用于公司雇佣的审计员。

Ⅱ．本条适用于——

（一）以第七十三 D 条第一款第二项规定的身份行为的人（除本条情形外，第七百二十七条不适用于以该身份行为的人），和

（二）慈善法人管理人。"

第三十九条　慈善组织管理人的责任保险

在《1993 年慈善法》第七十三条 E（由以上第三十八条新增）后插入——

"**第七十三条 F　受托人的责任保险**

Ⅰ．慈善组织的受托人可以用慈善组织的资金购买保险，从而免于承担因以下行为产生的法律责任：

（一）慈善组织的管理人或者受托人执行职务过程中的违反信托或者失职的行为，或者

（二）当慈善组织的管理人或者受托人以管理人或者执行人（如果它是法人团体）的身份行为过程中的任何疏忽、违约、失职或违反信托的行为。

Ⅱ．然而，上述保险应限制在一定范围内，关于以下方面的个人责任应被排除在外：

（一）任何由受托人引起的以下给付责任——

（1）给付刑事诉讼中判处的罚款，或者

（2）由于不遵守任何规范（及由此派生）的要求，被处罚向规章执行机构给付一定数额的罚款；

（二）在刑事诉讼过程中，当受托人被指控犯有欺诈或者不诚实，或者故意或者轻率的不法行为时，受托人为自己辩护时产生的任何法律责任，或者

（三）由受托人引起的慈善组织应当承担的任何法律责任，并且受托人知道该责任的承担（或者必须能够合理地推定已经知道）并非

为实现慈善组织的利益或者受托人并不关心该责任的承担是否为实现慈善组织的最大利益。

Ⅲ. 为实现本条第二款第二项规定的目的——

（一）以上提到的任何指控均指经过最终裁判被定性的犯罪；

（二）具有以下情形之一，即属于经过最终裁判被定性——

（1）申诉期满时未提出申诉，或者

（2）提出申诉但是申诉（或者进一步申诉）已审理终结；而且

（三）具有以下情形之一的，即被视为申诉已审理终结——

（1）对申诉已经做出裁判并且继续申诉的期限已届满，或者

（2）放弃申诉或者超过时效提出申诉

Ⅳ. 根据本条慈善组织的管理人应当购买保险，除非他们决定不购买保险才能实现慈善组织的最大利益。

Ⅴ. 当做出决定时，2000年《受托人或管理人法》第一条第一款中的注意义务适用于慈善组织管理人。

Ⅵ. 部长如果认为合适，可以通过命令对以上第二款和第三款进行修改。

Ⅶ. 不允许根据以上第六款做出任何命令，除非该命令的草案提交并经议会两院决议通过。

Ⅷ. 本条——

（一）不准受托人或者管理人购买任何被慈善组织信托条款明确禁止购买的任何保险，但是

（二）仍然有效，即使存在任何条款禁止慈善组织管理人或者受托人接受任何来自慈善组织资金的个人利益。"

第十章 非法人慈善组织的权力

第四十条 转移全部财产的权力

《1993年慈善法》第七十四条替换为：

"第七十四条 转移非法人慈善组织全部财产的权力

Ⅰ. 本条适用于符合以下条件的慈善组织：

（一）上个会计年度的总收入不超过10000英镑，

（二）未持有任何特定的土地，以及

（三）不属于公司或其他法人团体。

'特定的土地'指，依据信托持有的土地，并且信托中约定了应为实现慈善组织的目的或者任何特别的目的而使用的土地。

Ⅱ. 本条适用的慈善组织管理人，可以根据本条的目的做出以下决议：

（一）慈善组织的全部财产应当被转移至决议中指定的另一慈善组织，或者

（二）根据决议中关于财产划分的具体规定，慈善组织的全部财产应当被转移至决议中指定的两个以上慈善组织。

Ⅲ. 决议中指定的慈善组织可以是已经注册的慈善组织或者不需要注册的慈善组织。

Ⅳ. 但是该慈善组织（'出让方'）的管理人无权通过根据本条第二款通过决议，除非他们确信——

（一）该项财产的转移对于进一步实现出让方的目的是得当的，以及

（二）该项财产转移的目的（或者任何目的）与出让方的目的（或者任何目的）实质上类似。

Ⅴ.依据本条第二款做出的决议必须经过不少于参与投票的慈善组织管理人总数的三分之二通过。

Ⅵ.如果慈善组织管理人已经根据本条第二款通过了决议，他们必须向慈善委员会发送一份副本并附带一份通过原因的声明。

Ⅶ.在收到决议副本后，慈善委员会——

（一）可以指令慈善组织受托人，根据指令中的具体方式对决议进行公告，以及

（二）如果慈善委员会做出了指令，必须考虑对慈善组织有兴趣的个人提出的意见，但意见应当自管理人对决议发出公告之日起28天内提出。

Ⅷ.慈善委员会也可以指令慈善组织管理人就以下事项提供补充信息或进行解释——

（一）管理人依据本条做出转移财产决定时所处的或者参照的情形，或者

（二）管理人对与决议相关的、本条规定的任何义务的遵守情况。

Ⅸ.受以下第七十四条A规定的限制，根据本条第二款做出的决议自慈善委员会收到副本之日起60天后生效。

Ⅹ.决议一经生效，慈善组织管理人必须根据决议安排出让方的全部财产的转移，并且任何被转移的财产——

（一）应当根据本条第十一款由财产转移受让方（'受让方'）持有，但

（二）这种持有受到出让方财产使用限制的约束，

而且，慈善组织管理人仍必须在决议生效后安排财产的转移，只要慈善组织管理人与受让方的相关管理人达成一致。

Ⅺ.依据本条，只要具有合理的现实可能，任何受让方的管理人必须保证，财产的使用目的与出让慈善组织的目的实质上类似。

但是，如果管理人认为，遵守该要求将导致财产不能被合理和有效地使用，则该项要求不适用。

XII. 为了依据本条使财产能够转移至受让方，慈善委员会可以根据受让方的管理人的请求，命令转移出让方的财产——

（一）至受让方、受让方的管理人或者受让方的任何受托人

（二）至受让方的管理人提名的、根据信托持有财产的其他人。

XIII. 部长可以通过命令修改本条第一款规定中的具体金钱数额和时间期限。

XIV. 本条中，财产转移至另一慈善组织是指转移至——

（一）受让慈善组织，或者

（二）受让慈善组织管理人，或者

（三）受让慈善组织任何受托人；

（四）由受让慈善组织管理人提名决定的、根据信托持有受让方财产的人。

XV. 只要慈善组织有永久性的慈善捐助，本条根据第七十四条 B 的规定发生效力。

第七十四条 A　不生效或者延期生效的决议

Ⅰ. 本条适用于以下情形，即根据第七十四条第二款产生的决议——

（一）根据第七十四条第九款不发生效力，或者

（二）发生效力的时间迟于第七十四条第九款规定的时间。

Ⅱ. 根据第七十四条第九款做出的决议不发生效力，如果——

（一）在第七十四条第九款提到的 60 天期间（'60 天期间'）届满前，或者

（二）在以下本条第三款或者第三款修改后的期间届满前，

慈善委员会基于程序上的原因或者由于对决议中的建议有异议，应书面通知慈善组织管理人，慈善委员会反对该决议。

'基于程序上的原因'指，任何根据以上第七十四条规定的慈善组织管理人的义务，在相关的决议中没有被遵守。

Ⅲ. 如果根据第七十四条第七款的规定，慈善委员会指令慈善组

织管理人发布决议公告，60天期限根据本款自以下时间起中止：

（一）慈善委员会向管理人发出指令之日，以及

（二）自管理人发出决议公告之日起直到42天的期间结束。

Ⅳ. 如果根据以上第七十四条第八款规定，慈善委员会指令慈善组织管理人提供信息或者做出解释，根据本款60天期限自以下时间起中止——

（一）向慈善组织受托人发出指令之日，以及

（二）直到信息或者解释提供给慈善委员会之日提出要求。

Ⅴ. 以下本条第六款适用于，60天期限根据本条第三款或第四款的规定或这两款规定暂停计算，使得某段时间或者全部时间超过120天的情形。

Ⅵ. 此时，决议（如果之前慈善委员会没有提出反对意见）应被视为并未通过。

第七十四条 B　负有永久性捐赠义务的慈善组织的财产的转移

Ⅰ. 本条旨在解决，当第七十四条第一款规定的慈善组织拥有永久性捐赠（无论该慈善组织的信托条款中是否包含慈善组织终止的规定）时，如何适用以上第七十四条的问题。

Ⅱ. 在此种情况下，第七十四条适用如下：

（一）如果慈善组织既有永久性捐赠又有其他财产（'不受限制的财产'）——

（1）根据第七十四条第二款做出的决议必须与出让慈善组织的永久性捐赠和不受限制的财产有关，以及

（2）第七十四条根据以下本条第三款的规定适用于不受限制的财产，以及根据以下本条第四款至第十一款适用于出让慈善组织的永久性捐赠财产；

（二）如果慈善组织的财产全部由永久性捐赠组成，那么第七十四款根据以下本条第四款至第十一款适用于慈善组织的永久性捐赠；

Ⅲ. 第七十四条适用于慈善组织中的不受限制的财产，如果第七

十四条提到的慈善组织所有或者任何部分的财产均指所有或者任何部分不受限制的财产。

Ⅳ. 第七十四条原则上适用于慈善组织的永久性捐赠财产，但该条在以下情形中不完全适用。

Ⅴ. 第七十四条提到的慈善组织所有或者任何部分的财产均指所有或者任何包括在永久性捐赠中的财产。

Ⅵ. 如果包括在永久性捐赠之内的财产将被转移至一个慈善组织，慈善组织管理人必须（并非如第七十四条第四款第二项提到的那样确信）确信提议的受让方的目的与出让方的目的实质上相似。

Ⅶ. 如果包括在永久性捐赠之内的财产将被转移至两个或者两个以上的慈善组织，慈善组织管理人必须（并非如第七十四条第四款第二项提到的那样确信）确信——

（一）提议的多个受让慈善组织，综合来看，与出让方的目的实质上相似，以及

（二）每个提议的受让慈善组织的目的，与一个或者多个出让慈善组织的目的实质上相似。

Ⅷ. 在以上本条第七款规定的财产转让情形下，根据第七十四条第二款做出的决议必须提供包括在永久性捐赠之中的财产在多个受让慈善组织之间的划分方法，同时划分方法应当考虑慈善委员会为实现本条的目的做出的指导。

Ⅸ. 第七十四条第十一款的要求适用于各种财产转移的情形，并且在遵守该要求时，受让慈善组织管理人必须保证对所接受的转移财产的运用会考虑慈善委员会做出的指导。

Ⅹ. 慈善委员会为实现本条目的可以以其认为合适的形式和方式做出指导。

Ⅺ. 为实现以上第七十四条和第七十四 A 条的目的，任何提到的根据第七十四条规定的慈善组织管理人应当承担的义务，均包括以上本条第六款至第八款规定的义务。

Ⅻ. 第七十四条第十四款根据第七十四条立法目的适用，即是实现了本条的目的。"

第四十一条　变更目的的权力

在《1993年慈善法》第七十四条B（即以上插入的第四十条）后插入：

"第七十四条C　变更非法人慈善组织目的的权力

Ⅰ. 本条适用于符合以下条件的慈善组织：

（一）上个会计年度的总收入不超过10000英镑；

（二）未持有任何特定的土地，以及

（三）不属于公司制或其他法人团体。

'特定的土地'指，依据信托持有的土地，并且信托约定了应为实现慈善组织的目的或者任何特别的目的使用的土地。

Ⅱ. 本条适用的慈善组织，可以根据本条的目的做出决议修改慈善组织的信托条款，以决议中规定的其他目的代替慈善组织的所有或者其中任何目的。

Ⅲ. 决议中规定的其他目的必须是慈善目的。

Ⅳ. 但是慈善组织管理人无权根据以上本条第二款通过决议，除非管理人确信：

（一）替换慈善组织待定的目的确实有利于实现慈善组织的利益。

（二）只要具有合理的现实可能，新的目的应由与被替换的目的性质上相似的目的组成。

Ⅴ. 根据以上第二款规定做出的决议必须经过不少于参与投票的慈善组织管理人总数的三分之二通过。

Ⅵ. 如果慈善组织管理人已经根据本条第二款通过了决议，他们必须向慈善委员会发送一份副本并附带一份通过原因的声明。

Ⅶ. 收到决议副本后，慈善委员会——

（一）可以要求慈善组织管理人，以指令中的具体方式对决议进行公告，以及

（二）如果慈善委员会做出了指令，必须考虑对慈善组织有兴趣的个人提出的意见，但意见应当自慈善管理人对决议进行公告之日起28天内提出。

Ⅷ. 慈善委员会也可以指令慈善组织管理人就以下事项提供补充信息或进行解释：

（一）管理人依据本条做出转移财产决定时所处的或者参照的情形，或者

（二）管理人对与决议相关的、本条规定的任何义务的遵守情况。

Ⅸ. 由于受到以上第七十四条A规定（当根据以下本条第十款适用时）的限制，根据以本条第二款做出的决议自慈善委员会收到副本之日起60天后生效。

Ⅹ. 当以上第七十四条A适用于根据第七十四条第二款做出的决议时（除任何对第七十四条第七款、第七十四条第八款或者第七十四条第九款的提及或者引用均应理解为以上本条第七款、第八款、第九款以外），第七十四条A适用于根据本条第二款做出的决议。

Ⅺ. 自根据以上本条第九款决议生效时起，涉及的慈善组织的相关信托条款应当根据决议的条款做出修改

Ⅻ. 政府机关部长可以通过命令修改以上本条第一款规定中具体的金钱数额和时间期限。"

第四十二条　修改权力或者程序的权力

在《1993年慈善法》第七十四C条（由以上第四十一条新增）后插入：

"**第七十四条D　修改非法人慈善组织权力或者程序的权力**

Ⅰ. 本条适用于非公司或者非其他法人团体的任何慈善组织。

Ⅱ. 本条适用的慈善组织管理人为实现本条的目的可以做出决议，按照决议中详细阐明的方式修改任何关于以下事项的慈善组织的信托条款：

（一）关于任何慈善组织管理人在管理慈善组织过程中能够行使

的权力，或者

（二）规定应当遵循的与慈善组织管理相关的任何方面的程序。

Ⅲ．如果慈善组织是由许多成员组成的非法人组织而非个人，那么适用本条第四款。

Ⅳ．慈善组织管理人根据本条第二款做出的任何决议，必须经过进一步的决议批准，必须在成员大会上通过——

（一）或者由不少于有权参与大会和对决议进行投票的成员的三分之二多数通过，或者

（二）未经表决、对于提交大会的问题没有人表达异议进而形成一个决定。

Ⅴ．如果——

（一）慈善组织管理人根据本条第二款通过决议，以及

（二）（如果本条第四款适用）根据该款通过了一项进一步的决议，

那么慈善组织的信托条款应当根据决议条款被修改。

Ⅵ．信托条款应当自以下日期起被修改——根据本条第二款为此目的做出的决议中具体规定的日期，或者（如果更晚的话）根据本条第四款做出任何进一步的决议通过时的日期。"

第十一章　使用资金和合并的权力

一　资金的使用

第四十三条　使用资金的权力

《1993年慈善法》第七十五条替换为——

"**第七十五条　非法人慈善组织使用资金的权力：一般规定**

Ⅰ. 本条适用于任何非公司或者非法人团体的慈善组织提供的任何捐赠资金。

Ⅱ. 但是，如果以下第七十五条A（关于较大的慈善组织基于特殊目的使用资金的权力的规定）适用于该资金，则本条不适用。

Ⅲ. 只要慈善组织满足以下第四款中的条件，慈善组织管理人就可以为实现本条的目的而做出决议，进而不受经费总额的限制使用资金或者部分资金。

Ⅳ. 本款规定的条件是指，慈善组织管理人确信，如果使用全部或者部分资金和该资金产生的孳息，信托条款中规定的资金使用的目的能够更有效地实现。

Ⅴ. 如果慈善组织管理人根据以上本条第三款已经通过决议，那么为实现信托条款中规定的资金使用目的，慈善组织管理人可以根据本条使用全部或者部分资金，而不用考虑该款中提到的限制。

Ⅵ. 对全部或者部分资金的使用，以决议中为实现该目的而详细规定的日期为起始日。

Ⅶ. 本条中关于慈善组织'提供的捐赠资金'的规定，指——

（一）慈善组织全部的永久性捐赠，如果信托对永久性捐赠具有约束力，或者

（二）任何部分的永久性捐赠，如果该部分的永久性捐赠与其他

部分不同，受任何特别信托的约束。

第七十五条 A　较大的非法人慈善组织为实现特别目的而使用资金的权力

Ⅰ．本条适用于非公司或者非其他法人团体的慈善组织提供的任何捐赠资金，如果——

（一）该资金的资金完全由以下人员或者机构的财产构成：

（1）某个个人，

（2）某个机构（通过授予或者其他方式），或者

（3）通过为了实现共同目的的两个以上的个人或者机构，并且

（二）满足以下第二款规定的财务条件。

Ⅱ．满足本款规定的财务条件，是指：

（一）相关慈善组织的上一会计年度总收入超过 1000 英镑，以及

（二）捐赠资金的市场价值超过 10000 英镑。

Ⅲ．如果慈善组织管理人根据以上本条第三款通过了决议，那么为实现信托条款中规定的资金使用目的，慈善组织管理人可以根据本条使用全部或部分资金，而不用考虑该款中提到的限制。

Ⅳ．本款规定的条件是指，慈善组织管理人确信，如果使用全部或部分资金和该资金产生的孳息，信托条款中规定的资金使用目的能够更有效地实现。

Ⅴ．慈善组织管理人——

（一）必须根据以上本条第三款向慈善委员会发送一份决议副本并附带一份通过的原因声明，以及

（二）除根据本条以下条款应当执行外，可以不执行该决议。

Ⅵ．在收到决议副本后，慈善委员会——

（一）可以要求慈善组织管理人，根据指令的具体方式对决议进行公告，以及

（二）如果慈善委员会做出了指令，必须考虑对慈善组织有兴趣的个人提出的意见，但意见应当自慈善组织管理人对决议发布公告之

日起28天内提出。

Ⅶ. 慈善委员会也可以指令慈善组织管理人就以下事项的提供补充信息或进行解释：

（一）管理人根据本条做出转移财产决定时所处的或者参照的情形，或者

（二）管理人对决议相关的、本条规定的任何义务的遵守情况。

Ⅷ. 慈善委员会在决定是否同意该决议时，应考虑以下因素：

（一）本条第一款第一项所指情形中捐赠人的意愿；

（二）捐赠行为后慈善组织的情势变更（尤其包括：财务状况，受益人需求和运作的社会、经济、法律条件的变化）。

Ⅸ. 只有符合以下条件时，慈善委员会才可同意该决议：

（一）决议的实施与本条第一款第一项中所指的捐赠宗旨相符（即便可能与本条第三款所列的限制相悖）；

（二）慈善组织管理人履行了本条规定的与决议有关的职责。

Ⅹ. 慈善委员会应当在相关日期起的三个月内书面告知慈善组织管理人：

（一）慈善委员会同意其决议，或者

（二）慈善委员会不同意其决议。

Ⅺ. 本条第十款中的'相关日期'指：

（一）慈善委员会根据本条第六款的规定指引慈善组织管理人对外公布决议的公布日期；

（二）其他情形下，慈善委员会根据本条第五款规定收到决议副本的日期。

Ⅻ. 如果——

（一）慈善组织管理人被告知慈善委员会同意其决议，或者

（二）慈善委员会未在本条第十款规定的三个月内告知其不同意决议，

本条所规定的基金或部分基金将用于信托成立时为该基金设定的

目的，而不受本条第三款的限制。

XIII. 部长可以通过命令修改本条第二款中的任何数字。

XIV. 在本条中：

（一）'可得的捐助基金'与第七十五条中的含义相同；

（二）与捐助基金相关的'市场价值'指：

（1）相关慈善组织上一财政年度财务账目中记载的基金市场价值，或者

（2）无此类记载时指对该基金的当前市场价值的评估，

（3）本条第一款中的个人所捐赠财产指该个人在其意志支配下所捐赠的财产。

第七十五条 B　使用特别信托资金的权力

Ⅰ. 本条适用于特别信托基金的使用，根据本法下文第九十六条第五款的规定，这种特别信托应视为独立的慈善组织（相关慈善组织）。

Ⅱ. 当符合本条第三款的条件时，为达到本条规定的目的，慈善组织管理人可决定基金或部分基金的使用不受资金开支的限制。

Ⅲ. 本款中所指的条件是指慈善组织管理人能将基金或部分基金和这些基金的增值部分（而非仅仅是基金的增值部分）一起使用且更有效地实现其信托目的。

Ⅳ. 当基金的市场价值超过10000英镑，且全部基金资产均由下列主体所捐赠：

（一）特定个人；

（二）特定组织机构（以拨款或其他方式实现）；

（三）两个或两个以上的有共同目标的个人或组织机构，

则第七十五条A的第五款至第十一款适用于相关决议及捐赠物，如同该条款适用于第七十五条A第三款下的决议和第七十五条A第一款第一项中提到的捐赠物。

Ⅴ. 当——

（一）慈善受托人已通过本条第二款规定的决议，且

（二）在根据本条第四款规定适用第七十五A条第五款至第十一款情形下，满足：

（1）慈善组织管理人被告知慈善委员会同意其决议，或者

（2）慈善委员会未在本条第七十五条A第十款规定的三个月内告知其不同意决议时，

本条所规定的基金或部分基金将用于信托成立时为该基金设定的目的，而不受本条第二款的限制。

Ⅵ. 基金或部分基金可自决议中规定的日期起按照上述方式使用。

Ⅶ. 部长可以通过命令修改本条第四款中的数字。

Ⅷ. 在本条中——

（一）'可得的捐助基金'与第七十五条中的含义相同；

（二）'市场价值'与第七十五条A中的含义相同；

（三）本条第四款中的个人所捐赠财产指该个人在其意志支配下所捐赠的财产。"

二　合并

第四十四条　慈善组织的合并

于《1993年慈善法》第七十五条B（由本法第四十三条增加）后增加：

"合并

第七十五条C　慈善组织合并的登记

Ⅰ. 慈善委员会应当建立并维护慈善组织合并的登记簿。

Ⅱ. 登记簿由慈善委员会以其认为合适的方式保存。

Ⅲ. 登记簿上应当对已经依照本条第六款至第九款规定的方式和程序通知慈善委员会的相关慈善组织合并进行登记。

Ⅳ. 本条中'相关慈善组织合并'指：

（一）两个或两个以上慈善组织的合并体，其中一个慈善组织

('受让方')吸收其他一个或多个慈善组织的全部财产,被吸收财产的一个或多个慈善组织('转让方')在转移财产时停止存在或在转移财产后将停止存在,或者

(二)两个或两个以上慈善组织的合并体,被合并的所有慈善组织在将其全部财产转移至新设慈善组织时停止存在,或转移财产后将停止存在。

Ⅴ.如合并涉及慈善组织的永久性捐赠财产或其他财产('不受限制财产')的转移,而这些财产的信托中无有关慈善组织终止的条款,则此情形下适用本条第四款第一项或第二项并拟制:

(一)合并转移涉及的这一慈善组织的全部财产均为不受限制财产;

(二)忽略慈善组织的终止。

Ⅵ.本条第三款规定的相关慈善组织合并的通知义务应在以下行为后的任意时间履行:

(一)合并中所涉及的财产转移完成,或者

(二)(涉及多项财产转移时)最后的财产转移完成。

Ⅶ.如存在与相关慈善组织合并有关的'信托财产授予声明',本条第三款规定的通知义务应在本条第六款提到的'财产'或'最后财产'转移完毕后履行。

Ⅷ.本条第三款规定的通知义务由财产转移受让方的慈善受托人作出,且应当:

(一)详细说明合并所涉及的财产转移及转移日期;

(二)包含一份说明转让方慈善组织已适当履行其义务,并已作出相应安排的声明;

(三)本条第七款情形中的'通知'应涵盖下述第九款所列各事项。

Ⅸ.各事项包括:

(一)已做出相关的'信托财产授予声明';

（二）做出该'信托财产授予声明'的日期；

（三）下文第七十五条 E 第二款所述的声明中指定的权益转移日期。

Ⅹ．在本条和第七十五条 D 条中：

（一）所有财产转移均包括'信托财产授予声明'影响下的转移；

（二）'信托财产授予声明'指下文第七十五条 E 第二款中所适用的声明。

Ⅺ．在第六十九条 K（慈善法人合并）和第六十九条 M（慈善法人转移）情形下，本条、第七十五条 E 及第七十五条 F 中的所有规定均不适用。

第七十五条 D　慈善组织合并的登记（补充）

Ⅰ．本条第二款适用于上文第七十五条 C 第三款中规定的相关慈善组织登记事项。

Ⅱ．该登记应当——

（一）详细说明合并中涉及的转移或财产转移发生的日期；

（二）如该合并中存在'信托财产授予声明'，则应对第七十五条 C 第九款中所列事项进行说明；

（三）包含慈善委员会认为需要登记的其他与合并相关的特定事项。

Ⅲ．登记应对任何在合理时间进行的公众检查开放。

Ⅳ．如登记中的某些信息不是以文件形式记载，则上文第三款的规定应理解为以清晰的形式向任何在合理时间进行的公众检查提供这些信息。

Ⅴ．本条中：

'登记'指慈善组织合并的登记；

'相关慈善组织合并'与第七十五条 C 中的含义相同。

第七十五条 E　合并前的'信托财产授予声明'

Ⅰ．本条第二款适用于符合以下条件的声明：

（一）由转让方的慈善受托人根据本条所述目的而做出；或

（二）因相关慈善组织合并而做出；

（三）以便转让方的所有财产能在声明中所指定的日期（'指定日期'）授予受让方（同时遵循本条第三款和第四款的规定）。

Ⅱ．无须任何其他文件，该声明直接产生在指定日期将转让方财产的法律权益转移至受让方的法律效果。本款受本条第三款和第四款规定的约束。

Ⅲ．本条第二款不适用于：

（一）转让方持有的作为信托资产抵押物的土地（而非用于担保公司债券或信用债券的土地）；

（二）转让方租用的土地或经协议约定非经他人同意不得处置的土地。其中，后者情形中已经于指定日期前取得他人同意的除外；或

（三）须经其他公司或主体同意才能转让或法律/法规规定以特定方式转让的股权、股份、年金或其他财产。

Ⅳ．涉及《2002年土地登记法案》规定的已登记土地的，本条第二款的实施应遵循该法案第二十七条的规定（应对转让等处置行为进行登记）。

Ⅴ．本条中，'相关慈善组织合并'与第七十五条C中的含义相同。

Ⅵ．本条中：

（一）所提到的与'相关慈善组织合并'有关的转让方，是指符合第七十五条C条中相关定义的转让方（或数个转让方中的一个）；

（二）所提到的'转让方所有财产'（转让方是第七十五条C第五款规定的慈善组织），是指转让方所有的不受限制财产（第七十五条C已定义）。

Ⅶ．本条中所提到的与'相关慈善组织合并'有关的受让方，是：

（一）如为公司或其他组织机构，则指第七十五条C所定义的受让方；

（二）如非为公司或其他组织机构，则指第七十五条 C 所定义的受让方的慈善组织管理人。

第七十五条 F　登记的慈善组织合并对转让方受赠物的影响

Ⅰ. 本条适用于相关慈善组织在慈善组织合并登记簿中进行登记的情形。

Ⅱ. 满足以下条件的捐赠物：

（一）系捐赠给转让方的，且

（二）捐赠在合并登记之日或登记后生效，

将被视为捐给受让方的捐赠物，'独占性捐赠物'除外。

Ⅲ. 满足下列条件的捐赠物视为'独占性捐赠物'：

（一）转让方是第七十五条 C 第五款所定义的慈善组织，且

（二）捐赠物计划不被该慈善组织全部或部分永久性资产的信托机构所持有。

Ⅳ. 本条中：

'相关慈善组织合并'与第七十五条 C 中的含义相同；

'转让方'和'受让方'与第七十五条 E 中的含义相同。"

第三编　慈善组织的筹款

第一章　公共慈善募捐

一　序言

第四十五条　公共慈善募捐规则

Ⅰ．本章旨在规范以下两种方式的公共慈善募捐：

（一）公共场所的募捐；

（二）挨家挨户的募捐。

Ⅱ．本章中：

（一）"公共慈善募捐"在以下场所进行的慈善募捐号召（第四十六条规定情形除外）：

（1）在任何公共场所进行，或

（2）在家庭住所或商业机构场所（或两者兼有）进行；

（二）"慈善募捐号召"指对公众人员的号召：

（1）号召公众捐赠资金或其他形式的财产，或

（2）本条第四款所指的号召（或两者兼有），且在号召的同时表明募捐的全部或部分所得将用于慈善事业；

（三）"公共场所的募捐"是指在公共场所进行的募捐，如本款第一项（1）所述；

（四）"挨家挨户的募捐"是指在家庭住所或商业机构场所（或两者兼有）进行的募捐，如本款第一项（2）所述。

Ⅲ. 在本条第二款第二项中：

（一）所指捐款可以任何方式做出；

（二）该金钱或其他形式财产的捐赠行为是否有对价，在所不论。

Ⅳ. 包括以下行为的号召应列入本款规范的范围：

（一）表明将出卖物品或提供服务，或

（二）透露出卖物品的信息。

Ⅴ. 在本条中：

"商业机构场所"指用于生意或其他商业用途的场所；

"家庭住所"包括任何构成独立住所的楼房；

"公共场所"指：

（一）任何交通道路，和

（二）当募捐号召做出时，公众人员有途径或被允许接触的其他任何场所（本条第六款所述情形除外），该场所：

（1）不是在楼房里，或

（2）如在楼房里，则为车站、机场、商场等类似公共区域。

Ⅵ. 本条第五款第二项中关于"公共场所"的定义不包括：

（一）公众只有在购买门票或支付对价的前提下才被允许进入的任何场所；或

（二）公众只有在获得批准（以进行募捐号召为目的）的前提下才能进入的任何场所。

第四十六条 非公共慈善募捐的慈善号召

Ⅰ. 符合以下条件的慈善号召属非公共慈善募捐：

（一）在公开会议中做出；或

（二）在以下场所做出：

（1）与公共礼拜场所毗邻或邻近的教堂墓地或公墓，或

（2）其他用于公共礼拜的场所及其所毗邻或邻近的封闭/大部分封闭（以墙、楼房或其他方式隔开）的场所；或

（三）在公众只有满足以下条件才能进入的场所做出：

（1）获得场地占有人明示或暗示的许可，或

（2）有规定赋予公众进入的权利，且场地占有人是该慈善募捐的承办人；或

（四）号召公众将金钱或其他财产放入无人看管的募捐容器内。

Ⅱ．本条第一款第三项中，如号召场所为空闲场所，则"场地占有人"指有权占有该场地的人。

Ⅲ．本条第一款第四项是指如"募捐容器"非募捐者所有或监管，则为无人看管状态。

第四十七条　本章中的其他定义

Ⅰ．本章中：

"慈善组织"指：

（一）慈善组织；

（二）为慈善目的而建立的其他机构（非慈善组织）；

"募捐者"指在公共慈善募捐中发出慈善号召的人（有偿或无偿地由其单独发出或和他人共同发出）；

"地方主管机构"指单一权威，如伦敦市议会、威尔士的郡议会、伦敦市的普通议会或锡利群岛议会……；

"规定的"指由本法第六十三条规定的；

"所得"指在公共慈善募捐中因慈善号召而获得的所有金钱或其他财产（有偿或无偿）；

"承办者"在公共慈善募捐中指：

（一）（单独或与他人共同）组织或控制慈善号召行为的人（有偿/无偿），或

（二）如不存在上述第一项中的组织者或控制者，则指慈善募捐中的募捐者，其他相关词汇也应据此作相应解释；

"公共募捐执照"指慈善委员会根据本法第五十二条规定所颁发的执照。

Ⅱ．本条第一款中的"单一权威"指：

（一）无"地区议会"区域的"郡议会";

（二）无"郡议会"区域的"地区议会"。

Ⅲ．本章规定的由"地方主管机构"行使的职责应由：

（一）分司库（内殿方面）执行；

（二）副司库（中殿方面）执行。

本章中涉及的地方主管机构或地方主管机构区域应作相应解释。

二 对慈善募捐行为的规制

第四十八条 对公共场所慈善募捐行为的规制

Ⅰ．只有满足以下条件时，才可在公共场所进行慈善募捐：

（一）承办人已取得第五十二条规定的"公共募捐执照"，且

（二）募捐行为已获得募捐地地方主管机构根据第五十九条颁发的许可证。

Ⅱ．本条第一款不适用于第五十条规定的豁免型公共慈善募捐（本地的短期募捐行为）。

Ⅲ．如果——

（一）公共募捐行为违反了本条第一款，且

（二）该行为并不属于第五十条第六款的情形，

则，该募捐行为的所有承办人应被视为违法，其将面临即席判决并承受标准等级五级以下（含五级）的罚款。

第四十九条 对挨家挨户的慈善募捐行为的规制

Ⅰ．只有满足以下条件时，才可进行挨家挨户的慈善募捐：

（一）承办人已取得第五十二条规定的"公共募捐执照"，且

（二）承办人已在募捐行为日（或募捐行为第一天）前的规定期限内：

（1）向募捐行为地地方主管机构告知了本条第三款所列相关事项，且

（2）向该地方主管机构提供了本款一项中提到的"公共募捐执照"复印件。

Ⅱ．本条第一款不适用于第五十条规定的豁免型公共慈善募捐

（本地的短期募捐行为）。

Ⅲ．本条第一款第二项（1）中所指事项为：

（一）慈善募捐所得的用途；

（二）将进行募捐行为的地点；和

（三）其他可能被规定的类似事项。

Ⅳ．如果——

（一）挨家挨户的募捐行为违反了本条第一款的规定，且

（二）该行为并不属于第五十条第六款的情形，

则，该募捐行为的所有承办人应被视为违法，其将面临即席判决并承受标准等级五级以下（含五级）的罚款。

下文第五款规定情形不适用本款规定。

Ⅴ．如果——

（一）挨家挨户的募捐行为违反了本条第一款的规定，且

（二）该慈善募捐号召的募捐标的仅限于物品，且

（三）该行为并不属于第五十条第六款的情形，

则，该募捐行为的所有承办人应被视为违法，其将面临即席判决并承受标准等级三级以下（含三级）的罚款。

Ⅵ．本条第五款中的"物品"包括除行为和金钱以外的所有个人动产。

第五十条　对本地的短期募捐行为的豁免

Ⅰ．符合以下条件的公共慈善募捐行为属豁免性募捐行为：

（一）是本地的短期募捐（定义见本条第二款），且

（二）承办人已在募捐行为日（或募捐行为第一天）前的规定期限内向募捐行为地地方主管机构告知了本条第三款所列相关事项。地方主管机构在自被告知日起的规定期限内向承办人正式发出了本条第四款规定通知的除外。

Ⅱ．本地的短期募捐是指符合以下条件的公共慈善募捐：

（一）慈善号召的性质是本地的，且

（二）该慈善号召的持续时间不超过规定期限。

Ⅲ．本条第一款第二项中的"相关事项"是指：

（一）慈善募捐所得的用途；

（二）募捐行为的日期；

（三）募捐行为地或所在地域；

（四）其他可能被规定的类似事项。

Ⅳ．如地方主管机构发现下列情形：

（一）某慈善募捐行为非本地的短期募捐行为，或

（二）承办人中的一人或数人有以下任何行为：

（1）违反第六十三条中的任意条款，或

（2）被判决犯了本法第五十三条第二款第一项（1）～（5）所列举之罪，

则地方主管机构应将他们做出的决定以及做出该决定的原因以书面形式通知上述承办人。

Ⅴ．上述通知应同时写明承办人根据第六十二条第一款所享有的申诉权及申诉期限。

Ⅵ．如果——

（一）某个公共慈善募捐不是按照第四十八条第一款的规定进行，或者某个挨家挨户的慈善募捐不是按照第四十九条第一款的规定进行，且

（二）该慈善募捐属本地的短期募捐行为，而承办人未按照本条第一款第二项的规定通知当地主管机构，

则，该募捐行为的所有承办人应被视为违法，其将面临即席判决并承受标准等级三级以下（含三级）的罚款。

三 公共募捐执照

第五十一条　执照的申请

Ⅰ．提议进行公共慈善募捐（非豁免性慈善募捐）的单个人或多数人可申请公共募捐执照。

Ⅱ．上述申请应在如下期限内做出：

（一）募捐开始前的规定期限内；

（二）慈善委员会允许的延期内。

Ⅲ．该申请应当：

（一）以规定的形式做出；

（二）说明该执照的期待有效期（不得超过五年），及

（三）涵盖可能被要求的其他事项。

Ⅳ．本条所规定的"申请"指申请针对单个募捐行为的公共募捐执照；本章中其他条文如出现此类公共慈善募捐执照的申请，应以类似含义解读。

Ⅴ．本条第二款和第三款中的"规定"指慈善委员会在咨询其认为合适的相关人员或人群后在其规章中做出的规定。

Ⅵ．本条第五款中的"规章"——

（一）应制定慈善委员会认为合适的惩罚措施；

（二）规定不同的案件情形下适用的不同条款；且

（三）制定慈善委员会认为合适的附带性、补充性、关联性或过渡性条款。

Ⅶ．本条中所规定的"豁免性募捐"指第五十条所定义的豁免性公共慈善募捐行为。

第五十二条　申请审批及执照颁发

Ⅰ．慈善委员会收到第五十一条规定的公共募捐执照申请后可进行其认为合适的相关质询（可能为第五十四条规定，也可能不是）。

Ⅱ．在进行上述质询后，慈善委员会应当决定：

（一）颁发相关募捐的公共募捐执照；或

（二）基于第五十三条第一款的某个或数个原因而拒绝申请。

Ⅲ．公共募捐执照——

（一）应当规定双方可能约定的事项，且

（二）根据第五十六条的规定，应当在如下期间有效：

（1）第五十三条第三款第二项所述的申请中表明的期待有效期，或

（2）慈善委员会认为合适的更短期限。

Ⅳ. 慈善委员会可在颁发公共募捐执照时附加其认为合适的条件。

Ⅴ. 本条第四款中规定的附加条件可包含符合第四款目的而规定的诸项条件。

Ⅵ. 慈善委员会应确保第四款中的附加条件与第六十三条的所有规则相一致（不论是否包含符合第四款目的而规定的诸项条件）。

Ⅶ. 如果慈善委员会——

（一）拒绝颁发执照，或

（二）在颁发执照时附加任何条件，

则慈善委员会必须书面通知申请人，告知其上述决定及该决定的理由。

Ⅷ. 上述通知应同时声明申请人根据第五十七条第一款所享有的申诉权及申诉期限。

第五十三条 拒绝颁发执照的理由

Ⅰ. 慈善委员会拒绝公共募捐执照申请的理由有：

（一）申请人曾有相关违法犯罪行为；

（二）申请人是自然人而非慈善组织，且提倡进行该慈善募捐是为了申请人之利益，慈善委员会不相信申请人已被合法授权（由任何机构或机构代表人授权）进行此次募捐；

（三）慈善委员会发现，本章或《1982年法案》第一百一十九条所授权的申请人未完成被要求的尽职责任；

（四）慈善委员会发现申请人将不能完成所提议募捐行为中被要求的尽职责任；

（五）慈善委员会发现，相对募捐款总额（预估值）来说，用于慈善目的的募捐款金额（预估值）不够充足；

（六）考虑到所有因素，慈善委员会发现申请人或其他任何人很

有可能以报酬名义获得与慈善募捐款相关的过多报酬；

（七）申请人未提供以下信息：

（1）本次执照申请或先前申请所要求提供的材料，或

（2）根据第五十四条第一款要求提供的材料；

（八）慈善委员会发现申请人提供的信息在某一特定问题上具有虚假性或误导性；

（九）慈善委员会发现申请人或申请人所授权的人：

（1）曾违反先前对其所颁发的公共募捐执照的附加条件，或

（2）持续违反根据第五十九条所颁发许可证的附加条件；

（十）慈善委员会发现申请人或申请人所授权的人曾在某些情形下违反了第六十三条第一款第二项所规定的任何条款。

Ⅱ．本条第一款中：

（一）"相关违法犯罪行为"指：

（1）《1916年法案》第五条所规定的犯罪，

（2）《1939年法案》规定的犯罪，

（3）《1982年法案》第一百一十九条规定的，及根据本条制定的规章中规定的犯罪，

（4）本章所规定的违法犯罪，

（5）涉及不诚实的违法犯罪，

（6）慈善委员会认为颁发给申请人相关公共募捐执照将促发的犯罪；

（二）"被要求的尽职责任"包括以下责任：

（1）确保申请人所授权的募捐人员是（或将是）恰当、称职的；

（2）确保上述人员遵守（或将遵守）本法案第六十三条第一款第二项下的规章或《1982年法案》第一百一十九条（视情况而定）所规定的条款内容；

（3）防止相关权威证章或执照被申请人授权人之外的其他人取得。

Ⅲ. 如执照申请人为多数人时，本条第一款和第二款中的"申请人"指多个申请人中的任何人。

Ⅳ. 除本条第五款和第六款外，本条第二款第二项（3）中所述的权威证照或执照指按照本法第六十三条第一款第二项下的规章或《1982 年法案》第一百一十九条（视情况而定）所规定形式颁发的证章或执照。

Ⅴ. 本条第二款第二项适用于与公共慈善募捐有关的申请人（或数个申请人中的个别人）的行为，这些公共慈善募捐系经以下法律、法规许可：

（一）根据《1916 年法案》（第五条所制定的规章在街道或其他公共场所进行金钱募捐或慈善义卖），或

（二）《1939 年法案》（以挨家挨户方式募捐财物），

上述条款同样适用于经本章规定许可的公共慈善募捐的申请人行为，但本条第六款所作的修订除外。

Ⅵ. 上文所指的"修订"包括：

（一）关于《1916 年法案》相关规章所许可的募捐行为：

（1）本条第二款第二项（2）中的"本法案第六十三条第一款第二项下的规章"指许可该募捐所根据的相关规章，且

（2）本条第二款第二项（2）中的"权威性证章或执照"指依照上述规章提供给募捐人的任何书面权威文件；

（二）关于《1939 年法案》所许可的募捐行为：

（1）本条第二款第二项（2）中的"本法案第六十三条第一款第二项下的规章"指《1939 年法案》第四条下的相关规章，且

（2）本条第二款第二项（2）中的"权威性证章或执照"指依照上述规章所规定形式颁发的权威性证章或执照；

Ⅶ. 本条第一款第三项和第五款中的"本章所许可的募捐"指满足下述条件之一的公共慈善募捐：

（一）根据第四十八条或第四十九条（视情况而定）的规定进行

的，或

（二）属第五十条所规定的豁免性募捐。

Ⅷ. 本条中——

"《1916年法案》"指《1916年街头收集法》

"《1939年法案》"指《1939年上门回收法》

"《1982年法案》"指《1982年政府公民法（苏格兰）》。

第五十四条　要求提供信息和文件的权力

Ⅰ. 慈善委员会有权要求：

（一）任何申请人出示公共慈善募捐执照，或

（二）任何执照持有人提供该执照以及由其拥有的信息和由其监管或控制的文件，这些信息或文件与履行本章规定的职责有关。

Ⅱ. 本条不得影响《1993年慈善法》第九条赋予慈善委员会的权力。

第五十五条　在非法人慈善组织管理人之间的执照转移

Ⅰ. 如公共募捐执照系颁发给一人或多人（"持有人"），则该持有人可向慈善委员会申请将该执照转给其他一人或多人（"接受人"）的指引。

Ⅱ. 本条第一款中的申请应当：

（一）以规定的形式做出，且

（二）包括规定的相关信息。

Ⅲ. 满足下列所有条件时，慈善委员会可对执照转移进行指引：

（一）所有持有人均为非法人慈善组织的管理人；

（二）所有接受人均为该慈善组织的受托人，且同意进行本次转移；

（三）该慈善组织的所有管理人同意本次转移。

Ⅳ. 慈善委员会如拒绝指引执照转移，则应书面通知持有人：

（一）"拒绝指引"的决定，及

（二）做出上述决定的原因。

Ⅴ. 上述通知应同时声明第五十七条第二款所赋予的申诉权及申诉期限。

Ⅵ. 本条第五款和第五十一条第六款的适用是为了实现本条第二款和第五十一条第三款的目的。

Ⅶ. 除本条规定外，任何公共募捐执照均不得转移。

第五十六条　执照的吊销、变更等

Ⅰ. 适用本条第二、三、四款时，慈善委员会可以：

（一）吊销公共慈善募捐执照；

（二）暂停公共慈善募捐执照；

（三）对公共慈善募捐执照附加条件（或远期条件），或

（四）变更公共慈善募捐执照的现有条件。

Ⅱ. 本款适用于以下情形：

（一）慈善委员会有理由相信颁发执照时的情形已经发生了变化，且

（二）慈善委员会认为，如果执照申请发生在现有新情形下，慈善委员会将不会颁发执照或将在颁发执照时附加其他不同条件。

Ⅲ. 本款适用于下列情形：

（一）执照持有人无合理理由拒绝提供第五十四条第一款规定的信息或文件，或

（二）慈善委员会有理由相信执照持有人（或多个持有人中的任何一个持有人）为申请执照（或按照要求）而提供的信息在某一具体问题上具有虚假性或误导性。

Ⅳ. 本款适用于慈善委员会有理由相信已发生或即将发生违反执照条件的行为或对执照条件的违反行为是持续性的。

Ⅴ. 慈善委员会根据本条第一款的规定对执照附加新条件或变更现有条件的，这些附加或变更的新条件应当是申请人如在现有情形下申请该执照，慈善委员会按照第五十二条第四款规定应当适当附加的条件。

Ⅵ. 慈善委员会如在特定情形下行使本条第一款第二、三、四项的权力，并不妨碍慈善委员会在该情形的后续场合行使第一款赋予的任何权力；在后续场合中，本条第二款第一项所述的慈善委员会颁发执照时间，是指慈善委员会最近一次行使上述任何权力的时间。

Ⅶ. 如果慈善委员会——

（一）吊销或暂停公共慈善募捐执照；

（二）对公共慈善募捐执照附加条件，或

（三）变更公共慈善募捐执照的现有条件，

慈善委员会应当书面通知执照持有人，告知其决定及做出该决定的原因。

Ⅷ. 上述通知应同时声明第五十七条第三款所赋予的申诉权及申诉期限。

Ⅸ. 如果慈善委员——

（一）认为因公共利益之需，其必须按照本条的规定做出决定并使其立即生效，且

（二）在本条第七款所述的书面通知中载明生效时间及决定原因的，该决定自通知送达持有人之日起生效。

Ⅹ. 其他情形下，执照应当继续有效（如同未被吊销、暂停或增加、变更附加条件），直到：

（一）第五十七条第三款规定的申诉期已届满，或

（二）在合法期限内提起的申诉被终止或撤回。

Ⅺ. 执照根据本条规定被暂停（申诉或吊销执照情形除外）的，暂停期限为：

（一）自暂停生效日起至慈善委员会通知允许该执照恢复效力之日，或

（二）自暂停生效日起六个月。

以上期限以其中较短者为准。

第五十七条 对慈善委员会的决定提起申诉

Ⅰ．合理向慈善委员会提出公共募捐执照申请的个人如对慈善委员会根据第五十二条所做出的下述决定不服的，可向慈善法庭（以下称"法庭"）提起申诉：

（一）拒绝颁发执照，或

（二）对执照附加条件。

Ⅱ．公共募捐执照持有人对慈善委员会根据第五十五条做出的拒绝指引执照转移决定不服的，可向法庭提起申诉。

Ⅲ．公共募捐执照持有人对慈善委员会根据第五十六条做出的下述决定不服的，可向法庭提起申诉：

（一）吊销或暂停公共慈善募捐执照；

（二）对公共慈善募捐执照附加条件，或

（三）变更公共慈善募捐执照的现有条件。

Ⅳ．首席检察官可对慈善委员会的下述决定向法庭提起申诉：

（一）颁发或拒绝颁发执照；

（二）对执照附加或不附加某些条件（根据第五十二条或第五十六条的规定）；

（三）同意指引或不指引进行第五十五条规定的执照转移；

（四）吊销、暂停或不吊销、不暂停执照，或

（五）变更或不变更执照的现有条件。

Ⅴ．在审查并决定本条所规定的申诉时，法庭——

（一）应当考虑申诉所针对的决定，且

（二）可以考虑慈善委员会得不到的证据。

Ⅵ．对于本条所述的申诉，法庭可以——

（一）驳回申诉；

（二）吊销原慈善委员会决定；

（三）制定慈善委员会本应制定的决定以替代原决定；

除此之外，法庭也可以根据具体情况做出其认为合适的，且符合

本章及第六十三条规定的其他处理。

Ⅶ．如法庭撤销慈善委员会的原决定，则应当将该事宜退回慈善委员会重新处理（原案退回或退回并附带法庭所作裁决或指引）。

四　许可

第五十八条　公共场所募捐许可证的申请

Ⅰ．发起公共场所募捐（非豁免性募捐）的个人或多数人应当向募捐所在地的地方主管机构申请进行该募捐的许可。

Ⅱ．除本条第四款规定情形外，上述申请应当在募捐日（募捐开始日）前的规定期限内提出。

Ⅲ．该申请应当——

（一）说明该许可（如颁发）的期待有效期（该有效期如在2天以上的，应当不超过12个月）；

（二）附上根据第五十二条颁发的关于本次募捐的有效公共募捐执照复印件。

（三）涵盖可能被要求的其他事项。

Ⅳ．已按照第五十一条规定提起关于本次募捐的公共募捐执照申请的，如果——

（一）该执照申请在本条第二款所述的期限末仍未经审批，或

（二）该执照申请已通过审批且慈善委员会决定颁发执照，但该执照颁发日距本条第二款所述的申请期限（许可申请期）截止日的时间不够完成许可申请，此种情形下，申请人应在募捐日（或募捐开始日）前尽早完成许可申请。

Ⅴ．本条中的"豁免性募捐"指第五十条所定义的在公共场所进行的豁免性募捐。

第五十九条　许可证的申请审批及颁发

Ⅰ．地方主管机构收到申请人提起的第五十八条规定的许可申请的，应当在规定期限内决定：

（一）颁发相关募捐的许可证，或

（二）基于第六十条第一款规定的原因拒绝该申请。

Ⅱ．地方主管机构如颁发许可证，该许可证在第五十八条第三款第一项所述的期待有效期内有效（第六十一条规定情形除外）。

Ⅲ．地方主管机构根据本条规定颁发许可证时，结合募捐地的当地环境，可附加其认为合适的本款第一项至第四项的任意条件：

（一）规定募捐的每周时间、日期、时间或募捐频率；

（二）规定可进行募捐的区域；

（三）规定进行募捐的方式；

（四）符合本款目的的其他条件。

Ⅳ．地方主管机构应确保第三款中的附加条件与第六十三条的所有规则相一致（不论是否包含符合第三款目的而规定的诸项条件）。

Ⅴ．如地方主管机构——

（一）拒绝颁发许可证，或

（二）在颁发许可证时附加任何条件，

则该地方主管机构必须书面通知申请人，告知其上述决定及做出该决定的理由。

Ⅵ．上述通知应同时声明申请人根据第六十二条第二款所享有的申诉权及申诉期限。

第六十条　许可证的拒绝颁发

Ⅰ．地方主管机构拒绝对公共慈善募捐颁发许可证的唯一原因是他们认为该募捐的以下因素将造成民众的过度不便：

（一）募捐日期；

（二）募捐时间；

（三）募捐频率，或

（四）提议的募捐地点。

Ⅱ．做出本条第一款决定的，地方主管机构可能考虑到以下事实：

（一）全部募捐或部分募捐所在地已根据本章规定授权给其他公

共慈善募捐在该地进行募捐,且

(二)申请进行募捐的时间与已授权的募捐在同一天,或紧挨已授权募捐日之前后。

Ⅲ.但是,当同时满足以下第一、第二项条件时,地方主管机构不得考虑上述第二款:

(一)申请之募捐只在一个地点进行,且基于以下原因,只有本地公众方可进入该地域:

(1)道路的特性或募捐地占有人的暗示性允许,或

(2)基于法律法规的规定,且

(二)募捐地占有人同意在该地进行募捐。

本条所述的"募捐地占有人"指依法占有募捐地的主体。

Ⅳ.本条中"根据本章规定所授权的公共慈善募捐"指:

(一)根据第四十八条进行的募捐,或

(二)第五十条所定义的豁免性募捐。

第六十一条 许可证的吊销、变更等

Ⅰ.适用本条第二、三、四款时,根据第五十九条颁发许可证的地方主管机构可以——

(一)吊销许可证;

(二)对许可证附加条件(或远期条件),或

(三)变更许可证的现有条件。

Ⅱ.本款适用于以下情形:

(一)地方主管机构有理由相信颁发许可证时的情形已经发生了变化,且

(二)该地方主管机构认为,如果许可申请发生在现有新情形下,主管机构将不会颁发许可证或将在颁发许可证时附加其他不同条件。

Ⅲ.本款适用于以下情形:地方主管机构有理由相信许可证持有人(或多个持有人中的任何一个持有人)为申请许可而提供的信息在某一具体问题上具有虚假性或误导性。

Ⅳ. 本款适用于地方主管机构有理由相信已发生或即将发生违反许可条件的行为或对许可条件的违反行为是持续性的。

Ⅴ. 地方主管机构根据本条第一款的规定对许可证附加新条件或变更现有条件的，这些附加或变更的新条件应当是申请人如在现有情形申请该许可，地方主管机构按照第五十九条第三款规定应当适当附加的。

Ⅵ. 地方主管机构如在特定情形行使本条第一款第二、第三项的权力，并不妨碍主管机构在该情形的后续场合行使第一款赋予的任何权力；在后续场合中，本条第二款第一项中所述的主管机构颁发许可时间指慈善委员会最近一次行使上述任何权力的时间。

Ⅶ. 如果地方主管机构——

（一）吊销许可证，

（二）对许可证附加条件，或

（三）变更许可证的现有条件，

其应当书面通知许可证持有人，告知其决定及做出该决定的原因。

Ⅷ. 上述通知应同时声明第六十二条第三款所赋予的申诉权及申诉期限。

Ⅸ. 地方主管机构根据本条规定吊销许可证的，应当向慈善委员会提交一份关于该决定及其原因通知的复印件。

Ⅹ. 地方主管机构如根据本条吊销许可、增加或变更许可附加条件的，原许可应当继续有效（如同未被吊销、增加或变更附加条件），直到——

（一）第六十二条第三款规定的申诉期已届满，或

（二）在合法期限内提起的申诉被终止或撤回。

第六十二条　对地方政府决定的上诉

Ⅰ. 与公共慈善募捐相关的个人，在已尽职通知了地方政府第五十条第三款规定的事项后，可依据第五十条第四款规定对地方政府决定向治安法院提出上诉，诉由包括：

（一）募捐不是地方性的短期的募捐，或

（二）全部或部分募捐发起人违反了上述条款，或因违反第三款第二项而被定罪。

Ⅱ. 自然人或法人依法向地方政府申请在其区域内的公共场合组织募捐的许可，可依据第五十九条规定对地方政府的下列决定向治安法院提出上诉：

（一）拒绝发放许可；

（二）对许可附加任何条件。

Ⅲ. 申请到许可的自然人可依据第六十一条对地方政府的下列决定向治安法院提出上诉：

（一）撤回许可；

（二）对许可附加条件，或

（三）改变许可现有的任何内容。

Ⅳ. 上述第一、二、三款中的上诉是对命令的控诉，且《1980年裁判法院法令》适用于上诉的整个程序。

Ⅴ. 自然人应当在得知第五十条第四款、第五十九条第五款或（在某些情况下）第六十一条第一款的相关规定后的14日的送达日期内提出上诉；根据本条目的，做出控诉时即视为提起上诉。

Ⅵ. 对治安法院对第一、二、三款中提出的上诉所做判决不服的，可以向刑事法院提出上诉。

Ⅶ. 在审理依据本条向治安法院或刑事法院提起的上诉时，法院可以确认、改变或撤销地方政府的决定，并依据本章以及第六十三条中的任何条款给予地方政府其认为适当的意见。

Ⅷ. 在依据第五十条第四款对地方政府的决定提出的上诉中，依据上述第七款给出的意见可包括募捐应当在以下时间内开展：

（一）依据第五十条第三款第二项通知的日期或期间，或

（二）意见中明确的其他日期或期间，并且这意味着根据第五十条的规定该募捐被视为豁免类募捐。

Ⅸ. 地方政府有义务遵守法院依据上述第七款规定给予的任何意见；但无须遵守治安法院给予的任何意见，除非属于下列情况：

（一）对治安法院的判决提出上诉的期限经过，或

（二）虽然当事人按期提出上诉，但上诉得到了裁决或当事人放弃上诉。

五 补充规定

第六十三条 法规

Ⅰ. 为实现下列目的，大臣有权制定法规：

（一）规定地方政府在为实现第五十条第二款第一项的目的而决定某项募捐在性质上是否属于地方性时应当考虑的因素；

（二）规范公共慈善募捐的开展；

（三）规定本章条款未能规定的任何事项。

Ⅱ. 上述第一款第一项中的"事项"可包括：

（一）可提出上诉的地区范围；

（二）上诉是否构成一系列上诉的一部分；

（三）提出上诉的募捐人的人数，以及募捐人是为了报酬或其他而进行募捐；

（四）若为了某慈善的、行善的或博爱的机构的利益而提出上诉的，该机构的经济来源；

（五）发起人的住址或营业地点。

Ⅲ. 为实现上述第一款第二项目的而指定的规章有权规定下列内容：

（一）账目的保存和公开；

（二）防止对社会成员造成困扰；

（三）管理者如何使用证章和官方证书，或合并了官方证书的，尤其包括下列证章：

（1）规定了上述证章和证书的格式，

（2）通过请求，要求某一管理者允许其持有的表明其募捐目的的证章，或任何官方证书接受警察或经授权的地方政府官员或管理者在募捐过程拜访的任何住户的检查；

（四）禁止一定岁数以下的人担任管理者，并禁止他人雇佣一定岁数以下的人担任管理者。

Ⅳ. 第二款或第三款并不损害第一款第一项或第二项的普遍性。

Ⅴ. 依据本条制定的规章有权规定任何违反规章特定条款的行为构成可进行简易定罪的违法行为，其罚款不超过标准第二级。

Ⅵ. 在依据本条制定相关规章前，大臣必须以其认为合适的方式向相关自然人或法人机构咨询。

第六十四条　违法行为

Ⅰ. 在有关慈善的上诉中，行为人出示或使用下列证件的行为构成犯罪：

（一）根据第六十三条的规章，在上诉期间暂时不由行为人保管的规定的证章或官方证书，或者

（二）与规定的证章或（视案件具体情形）官方证书非常相似的以至于可欺骗他人的任何证章或物件，或任何证书或其他文件。

Ⅱ. 行为人的下列行为构成犯罪：

（一）为了提出第五十一条或第五十八条规定的申请，或

（二）为了第四十九条或第五十条的目的，

行为人明知或有过失地提供虚假或使人误解的信息。

Ⅲ. 本节规定的违法行为适用简易定罪程序，且行为人所受罚款不超过标准第五级。

Ⅳ. 第一款中的"规定的证章"和"规定的官方证书"分别指由规章规定的证章和官方证书。

第六十五条　法人团体的犯罪行为

Ⅰ. 当本章规定的或依据本章所指定规章规定的犯罪行为：

（一）由某法人团体做出，并且

（二）被证明该违法行为得到了法人团体的理事、经理、秘书或其他类似的负责人，或者其他有能力影响团体做出该违法行为的人的同意、纵容，或被证明因上述人的职责疏忽而导致违法行为发生时，

上述人和法人团体都应当为违法行为负责，都应当被起诉和得到相应的惩罚。

Ⅱ．上述第一款中的"理事"是指管理法人团体事务的成员。

第六十六条　文件的送达

Ⅰ．本条适用于依据本章发出的任何通知。

Ⅱ．本条适用的通知可通过下列方式送达于个人（而不是法人团体）：

（一）送达给该个人；

（二）将通知留置于该个人在英国的可查知的最后住处；

（三）将通知邮寄至第二项的住处。

Ⅲ．本条适用的通知可通过交付或邮寄方式送达于法人团体的：

（一）在英国注册的或主要的办公机构，或

（二）如果法人团体没有第一项中的办公机构，法人团体在英国境内任何营业或指挥机构（视具体情况而定）。

Ⅳ．适用本条规定的通知也可通过邮寄方式送达至该个人或法人团体指定的地址。

第二章 筹集资金

第六十七条 关于慈善组织和筹款人获益的声明

Ⅰ.《1992年慈善法》第六十条（第四十一章）（筹款人被要求披露受益的机构和报酬分配）作如下修订：

Ⅱ.将第一款（职业筹款人为特定慈善组织筹集资金的声明）中的第三项替换为：

"（三）决定筹款人因筹款而获取报酬和确定其具体数额的方法。"

Ⅲ.将第二款（职业筹款人为慈善目的筹集资金的声明）中的第三项替换为：

"（三）决定筹款人因筹款而获取报酬和确定其具体数额的方法。"

Ⅳ.将第三款（为特定慈善组织筹集资金的商业参与者的声明）中的第三项替换为：

"（三）下列数额的计算标准适用于以下情形：

（1）商业参与者赠与机构或为了机构利益而提供的商品或服务的金额参照该商业参与者出售商品或提供服务的价格，

（2）由商业参与者承办的推广活动的任何其他收入金额参照其承办类似推广活动所收取或适用的价格，

（3）商业参与者捐赠物品或服务的金额参照该物品的销售价格或该服务的提供价格。"

Ⅴ.在第三款后插入：

"（第三条A）第一款至第三款中的任何报酬或其他金钱的'可确定数额'是指：

在做出声明时便知晓的报酬或金钱的确切数额，

否则，在尽可能合理的情况下通过精确计算得出的报酬或金钱的估计数额。"

第六十八条　关于慈善组织和募捐人获益的声明

在1992年法案第六十条后插入：

"**第六十条A　提出上诉的其他人员被要求声明慈善组织的获益和报酬安排**

Ⅰ. 第六十条第一款和第二款不仅适用于职业筹款人，也适用于为公共慈善募捐进行有偿服务的募捐人。

Ⅱ. 但上述两款不适用于下列条款排除的人员：

（一）下述第三款；

（二）第六十条B第一款（排除低报酬的募捐人）。

Ⅲ. 第六十条第一款和第二款在下列情况下不予适用：

（一）第六十条第一款或第二款独立于本条第一款而适用（由于第五十八条第二款第三项条中对发起人认定的例外规定）；

（二）在涉及本条第一款规定募捐中担任有偿募捐人时，第四款或第五款适用。

Ⅳ. 当第六款中的有关人员为了一个或多个特定的慈善组织的利益募集钱款或其他财物时，募集的同时必须发布一项声明以明确披露下列信息：

（一）该募集受益的一个或数个机构的名称；

（二）如果存在两个以上的受益机构，各个机构的受益分配比例；

（三）第六款中的有关人员作为机构或公司的管理人员、雇员或受托人的事实，以及

（四）该人员作为管理人员、雇员或受托人或其他身份（视具体情况而定），因其募集行为而接受报酬的事实。

Ⅴ. 当第六款中的有关人员为了慈善、行善或博爱的目标（而不是为了一个或多个慈善组织的利益）募集钱款或其他财物时，募集同时必须发布一项声明以明确披露下列信息：

（一）相关人员是为了上述的目标，而不是为了某些特定慈善组

织的利益而募集钱款或其他财物的事实；

（二）决定募集钱款在各个慈善组织之间分配的方法；

（三）第六款中的有关人员作为机构或公司的管理人员、雇员或受托人的事实，以及

（四）该人员作为管理人员、雇员或受托人，或其他身份（视具体情况而定），因其募集行为而接受报酬的事实。

Ⅵ．本款中的'有关人员'是指：

（一）某慈善组织或与其相关的公司的管理人员、雇员，或上述机构的受托人；

（二）该人员是在职权范围内募集，并且

（三）该人员以管理人员、雇员或受托人的身份接受其募集工作所得的报酬。

Ⅶ．第六款的'有关人员'不包括第六十条B第四款排除的人员。

Ⅷ．如果某募集活动未遵守本条第一款要求的第六十条第一款或第二款规定，或上述第四款或第五款的规定，相关的募集者将违反本法，并被处以不超过标准五级的罚款。

Ⅸ．第六十条第八、第九款适用于上述第八款规定的违法行为，且适用于违反第六十条第七款规定的行为。

Ⅹ．在本条中：

与募捐者举办的募捐相关的'诉求'是指募捐进行期间的募捐运动或其他筹款活动；

'募集者'与《2006年慈善法》中的募集者意义相同；

'公共慈善募捐'与《2006年慈善法》第四十五条中的公共慈善募捐意义相同。

第六十条B 排除第六十条A对低酬劳募捐者的适用

Ⅰ．第六十条第一、第二款（由于第六十条A第一款规定）并不适用于酬劳低于下述第二款标准的人员。

Ⅱ．如果募捐者因相关募捐活动而获得的报酬低于下列标准，则

该人员属于低酬劳募捐者：

（一）少于 5 美元/天，或 500 美元/年；

（二）第 60 条 A 第一款涉及的募捐酬劳低于 500 美元。

Ⅲ．第二款中的'相关募捐活动'是指为了下列利益而发起的公共的慈善募捐：

（一）慈善组织，或

（二）为慈善的、行善的或博爱的目的而发起的募捐。

Ⅳ．第六十条 A 第六款中的人员不包括酬劳低于下述第五款标准的人员。

Ⅴ．如果募捐者获得的第六十条 A 第六款规定的报酬低于下列标准，则该人员的酬劳低于本款收入标准：

（一）少于 5 美元/天，或 500 美元/年；

（二）一次性结算的酬劳低于 500 美元。

Ⅵ．部长有权发布命令修订本条第二款和第五款中的任何数额。

第六十九条　保留对慈善组织筹款的控制权

于 1992 年法案第六十四条后插入：

"**第六十四条 A　保留对慈善组织筹款的控制权**

Ⅰ．如果部长认为指定有关规章对规范慈善筹款活动是必要或有利时，其有权制定上述规章。

Ⅱ．本条中的'慈善筹款活动'是指由下列机构或人员举办的：

（一）慈善组织；

（二）管理慈善组织的人员；

（三）与慈善组织相关的人员或公司；

且内容为募捐，或为慈善组织或与其相关的公司的利益，或为了普遍的慈善的、行善的或博爱的目的而进行筹款的活动。

但是该'活动'并不包括主要目的为交易的活动。

Ⅲ．本条中的规章可在下列情况下对管理慈善组织的人员特别施加一项尽职要求：

（一）慈善组织，

（二）管理慈善组织的人员，或

（三）与慈善组织相关的人员或公司，

正在从事慈善筹款活动。

Ⅳ．'一项尽职要求'是指采取一切合理措施以确保筹款活动符合下述要求：

（一）筹款活动并未不合理地侵犯捐款者的隐私；

（二）筹款活动并未不合理地持续骚扰捐款者；

（三）筹款活动并未对捐款者造成不合理的压力；

（四）筹款活动并未针对下述第五款中的任何事项发布任何虚假或引人误解的称述。

Ⅴ．本条第四款第四项的'事项'包括：

（一）任何所涉及慈善组织或公司的筹款需求的大小和紧急程度；

（二）相关机构或公司对筹款的用途；

（三）相关机构或公司的活动、收入或财务状况。

Ⅵ．依据本条制定的规章有权规定如果相关人员没有合理原因但持续地违反规章的任何特定要求，将构成违法行为，可对其处以不超过标准二级的简易定罪。

Ⅶ．本条中：

（一）'钱款'是指金钱或其他财产；

（二）'普遍的慈善的、行善的或博爱的目的'是指与特定机构相关目的无关的慈善的、行善的或博爱的目的；

（三）管理慈善组织的人员是指慈善受托人，或对机构运作有权控制或管理的人；

（四）下列人员和机构的雇员或代理可被认定为与慈善组织有关：

（1）慈善组织；

（2）慈善组织管理人员；

（3）与慈善组织相关的公司，或自愿为慈善组织或相关公司服务的人员。

Ⅷ. 本条中与慈善组织相关的"主要目的为交易"是指下列情况下由慈善组织或与其相关的公司开展的交易:

(一)交易是在慈善组织的主要目的的实际开展过程中进行的;或

(二)与交易相关的工作主要由慈善组织的受益人来实施。"

第三章　财政资助

第七十条　相关部长对慈善的、行善的或博爱的机构施以财政资助的权力

Ⅰ．相关部长有权对慈善的、行善的或博爱的机构开展的任何直接或间接使整个或部分英国地区受益的活动施以财政资助（无论该活动是否使英国外的其他地区受益）。

Ⅱ．上述第一款中的财政资助可以任何方式做出，特别包括以下方式：

（一）拨款；

（二）贷款；

（三）担保；

（四）为受助人员拨发经费。

Ⅲ．上述第一款中的财政资助可在符合相关部长认为合适的条件和要求时给予。

Ⅳ．上述条件和要求应当包括以下的条款：

（一）资助将用于的目的；

（二）在何种情况下以何种方式回报资助，或者对相关部长给予好处；

（三）向相关部长提交的资助使用情况报告；

（四）账目和相关记录的保存和方便查阅；

（五）由主计审计长对资助使用的经济状况、效率和效果进行检查；

（六）在受资助机构或相关部长认为合适的情况下将财政资助以相同的条件和要求以任何方式给予其他人员。

Ⅴ. 接受本条财政资助的人员必须遵守给予资助的条件和要求，可由相关部长予以监督。

Ⅵ. 相关部长有权针对下列事项做出安排：

（一）第一款中的资助如何施予；

（二）本条赋予部长的其他职能如何由其他人员代位行使。

Ⅶ. 第六款中的安排可针对职能如何行使做出下列规定：

（一）在安排中具体规定是全部还是某种程度的行使职能；

（二）在安排中具体规定是在普遍情况下还是在具体情形下行使职能，但不能剥夺相关部长行使职能的权力。

Ⅷ. 每年3月31日后，相关部长应尽快制作其在该日之前的12个月内行使本条规定的职能的报告。

Ⅸ. 相关部长必须向上下两院分别提交一份上述报告的复印件。

Ⅹ. 本条中的"慈善的、行善的或博爱的机构"是指：

（一）某慈善团体；

（二）为了慈善的、行善的或博爱的目的而建立的机构（非慈善团体）。

Ⅺ. 本条中的"相关部长"是指国务大臣或内阁大臣。

第七十一条　威尔士国家议会对慈善的、行善的或博爱的机构施以财政资助的权力

Ⅰ. 威尔士国家议会有权对慈善的、行善的或博爱的机构开展的任何直接或间接使整个或部分英国地区受益的活动施以财政资助（无论该活动是否使英国外的其他地区受益）。

Ⅱ. 上述第一款中的财政资助可以任何方式做出，特别包括以下方式：

（一）拨款；

（二）贷款；

（三）担保；

（四）为受助人员拨发经费。

Ⅲ. 上述第一款中的财政资助可在符合国民大会认为合适的条件和要求时给予。

Ⅳ. 上述条件和要求可以特别包括下列条款：

（一）资助将用于的目的；

（二）在何种情况下以何种方式回报资助，或者对国民大会给予好处；

（三）向国民大会提交的资助使用情况报告；

（四）账目和相关记录的保存和方便查阅；

（五）由威尔士总审计师对资助使用的经济状况、效率和效果进行检查；

（六）在受资助机构或国民大会认为合适的情况下将财政资助以相同的条件和要求以任何方式给予其他人员。

Ⅴ. 接受本条财政资助的人员必须遵守给予资助的条件和要求，可由国民大会予以监督。

Ⅵ. 国民大会有权针对下列事项做出安排：

（一）第一款中的资助如何施予；

（二）本条赋予部长的其他职能如何由其他人员代位行使。

Ⅶ. 第六款中的安排可针对职能如何行使做出下列规定：

（一）在安排中具体规定是全部还是某种程度的行使职能；

（二）在安排中具体规定是在普遍情况下还是在具体情形下行使职能，但不能剥夺国民大会行使职能的权力。

Ⅷ. 每年3月31日后，国民大会应尽快制作其在该日之前12个月内的行使本条规定职能的报告。

Ⅸ. 本条中的"慈善的、行善的或博爱的机构"是指：

（一）某慈善团体；

（二）为了慈善的、行善的或博爱的目的而建立的机构（非慈善团体）。

第四编　其他事宜和一般规定

第一节　其他事宜

第七十二条　向北爱尔兰慈善事务专员的信息披露和爱尔兰慈善事务专员的信息披露

Ⅰ. 本条适用于在北爱尔兰设立的、行使与英格兰和威尔士慈善委员会相似职能的机构（本条称之为"北爱尔兰慈善事务专员"）。

Ⅱ. 为促使或帮助北爱尔兰慈善事务专员行使其职能，部长有权通过规章授权相关的公共主管当局向北爱尔兰慈善专员披露信息。

Ⅲ. 如果规章授权披露税收和关税的信息，则该规章必须包含与1993年慈善法第十条第二款至第四款相对应的涉及上述信息披露的规定（由本法案附件八的第104段补充）。

Ⅳ. 在依据本条制定的规章向北爱尔兰专员披露信息的情况下，北爱尔兰专员行使任何披露信息的权力都将受制于明确的限制，同时向北爱尔兰专员披露信息也同样受限。

Ⅴ. 第四款不适用于依据本条制定的规章向北爱尔兰专员披露税收和关税信息；但是，除非得到皇家税收和关税专员的许可，否则不得进一步披露该类信息。

Ⅵ. 任何特定的人员或特定类型的人员在披露信息过程中违反上述第五款规定的，其行为构成违法并将处以：

（一）不超过12个月的监禁或（或/和）不超过法定最高数额的罚款的简易定罪；

（二）不超过 2 年的监禁或（或/和）罚款的陪审团定罪。

Ⅶ. 被指控违反上述第五款的有关信息披露规定的人员可以通过证明其能够合理地相信下列事实来进行辩护：

（一）信息披露是合法的，或

（二）披露的信息事前已被合法地为公众所知晓。

Ⅷ. 本条内容适用于苏格兰或北爱尔兰地区时，上述第六款中的 12 个月修改为 6 个月。

Ⅸ. 本条中，

"相关的公共主管当局"是指：

（一）任何政府部门（并非某一特定北爱尔兰部门）；

（二）英格兰、威尔士或苏格兰地区的任何地方主管当局；

（三）英格兰、威尔士或苏格兰地区的任何警官；

（四）其他行使公共职能的人员或机构（包括行使与任何类型的活动相关的规制职能的人员或机构），但不包括仅在或主要在北爱尔兰地区行使相关职能，或仅负责或主要负责移送事项的人员或机构。

"税收和关税信息"的含义参照 2005 年税收和关税特派专员法案（c.11）第十八第一款中的规定；

"移送事项"的含义参照 1998 年北爱尔兰法案（c.47）的规定。

第七十三条 本法的实施报告

Ⅰ. 部长必须在本法案通过后的 5 年内指定人员对本法的实施情况进行总体审查。

Ⅱ. 实施情况的审查必须特别包含下列事项：

（一）法案在以下方面的影响：

（1）豁免登记的慈善组织，

（2）社会公众对慈善组织的信心，

（3）慈善捐款的水准，

（4）个人成为志愿者的意愿程度；

（二）作为政府机构的慈善事务委员的地位；

（三）部长认为合适的其他任何事项。

Ⅲ. 上述第一款中指定的人员完成审查后，必须将其结论汇编成一份报告。

Ⅳ. 部长必须向议会提交上述第三款中的报告复印件一份。

Ⅴ. 本条中的慈善组织在下列情况下视为豁免登记的慈善组织：

（一）属于1993年法案第三条A第二款第二项和第三项的范围（由本法案第9条修订），或

（二）虽不属于1993年法案第三条A第二款第二项和第三项的范围，但是在指定日之前（见本法案第十条），属于1993年法案第三条第五款第二项和第五B款第二项之间。

第二节　一般规定

第七十四条　命令和规定

Ⅰ. 相关部长依据本法案制定命令或规定的权力应当通过法定文件行使。

Ⅱ. 上述权力——

（一）可为不同的案例，或不同类型的案例，或不同目的或地区，制定不同的规定，并且

（二）包含相关部长制定其认为合适的附带、补充、后续、暂时、过渡或保留条款的权力。

Ⅲ. 受制于第四款，上议院或下议院的决议可以使相关部长依据本法案制定的命令或规定归于无效。

Ⅳ. 第三款并不适用于：

（一）第十一条下的相关命令；

（二）依据第十三条第四款第二项制定的以修正本法案任何条款的规定；

（三）依据第七十二条制定的规定；

（四）依据第七十五条第四款制定修订或废除本法案或任何苏格兰议会通过的法案；

（五）依据第七十六条或七十七条制定的命令，或

（六）依据第七十九条第二款制定的命令。

Ⅴ. 相关部长在依据第四条第一、二、三、四款或第五款制定命令或规定前，必须向上下议院各提交一份命令或规定的草稿，并经上下议院的决议同意。

Ⅵ. 如果包含第十一条下命令的某文件草稿在本条之外被视为服务于上议院或下议院的议事程序目的的一项混合工具，则其在议院运作时不被视为本条的文件。

Ⅶ. 本条中的"相关部长"是指国务大臣或内阁大臣。

第七十五条　修改、撤销、废除和过渡条款

Ⅰ. 附件八包含了次要的和重要的修订。

Ⅱ. 附件九规定了撤销和废除规章的条款（包括失去效力的规章）。

Ⅲ. 附件十包含了过渡条款和保留条款。

Ⅳ. 相关部长可以通过命令制定：

（一）相关的补充、附带或重要条款，或

（二）其认为有助于实现本法案及其条款的普遍目的，或任何特定目的的暂时、过渡或保留条款。

Ⅴ. 依据第五款下的命令有权增加、撤销、废除或修正任何规定（包括经过修正或未经修正的重申本法案增加规定的规定）。

Ⅵ. 本条中的"相关部长"是指国务大臣或内阁大臣。

第七十六条　本法确定前的修正案

Ⅰ. 在部长认为可以促进慈善组织，或有助于整合全部或部分规定的情况下，有权通过命令增加有关慈善组织的规定。

Ⅱ. 依据本条制定的命令在生效前须——

（一）单一法案，或

（二）包括两条以上的一组法案，

为整合全部或部分有关慈善组织的规定（无论是否有其他规定）而被通过。

Ⅲ. 如果上述法案或法案组被通过，则本条下的命令随法案或法案组的生效而即刻起生效。

Ⅳ. 一旦本条中的命令生效，不可进一步制定本条下的命令。

Ⅴ. 本条中：

"修正"包括废除、撤销和修订。

"与慈善组织相关的立法"是指：

（一）《1992年慈善法》、《1993年慈善法》（第十章）和本法；

（二）任何与本法第一条第一款中的机构相关的规定；

（三）英格兰和威尔士的法律中与苏格兰或北爱尔兰法律定义的慈善组织相关的规定，且本法按第七十八条第二款第二项（慈善组织的定义）并不适用于本条的目的。

第七十七条　反映公司法中审计条款的变化的修正案

Ⅰ. 在部长认为合理的下列情况下，有权发布命令以制定1993年法案或本法案的修正案：

（一）公司法中与慈善公司的账目或相关账目的审计、账目报告准备相关的条款做出变动或即将做出变动；

（二）为达到将1993年法案附件五A（集体账目）适用于公司法不要求做集体账目的慈善公司的目的，或与此目的相关。

Ⅱ. 本条中：

"账目"包括集体账目；

"修正"包括废除和修订；

"慈善公司"是指属于慈善组织的公司；

"公司法"是指与公司相关的立法。

第七十八条　解释

Ⅰ. 本法中：

1992年法案是指《1992年慈善法》；

1993年法案是指《1993年慈善法》。

Ⅱ．本法中：

（一）"慈善组织"的意义参照第一条第一款；

（二）"慈善目的"（见第二条第六款）的意义参照第二条第一款；

（三）"慈善受托人"的意义与《1993年慈善法》中的规定一致，但是（受限于下述第三款）《1993年慈善法》第九十六条第二款包含的除外条款（基督教会法人等）对《1993年慈善法》中的慈善组织和本法中的慈善组织均具有效力。

Ⅲ．这些除外条款对第一条所罗列的事项不具有效力，同时也对英格兰和威尔士地区的有关慈善组织的法律不具有效力。

Ⅳ．本法中的"立法"包括：

（一）附属立法中的任何条款（意义参照1978年《法律解释法》）；

（二）教会大会或英国国会会议的法案条款；

（三）（在第六条第五款或第七十五条第五款中）由苏格兰议会法案或北爱尔兰法律制定的或根据其制定的任何条款，以及本法案通过后通过或制定的任何立法。

Ⅴ．本法中"机构"是指法人或者非法人机构，包括信托和项目。

Ⅵ．本法中"部长"是指内阁部长。

Ⅶ．除非另有规定，本条第二款至第五款普遍适用。

第七十九条　开始实施的时间

Ⅰ．下列条款在本法通过的当日生效：

（一）第十三条第四款和第五款；

（二）第七十四条；

（三）第七十五条第四款和第五款；

（四）第七十八条；

（五）第七十七条；

（六）本条和第八十条，以及

（七）附件八的下列条款：

（1）第90（2）段，

（2）第104段中涉及制定条款的权力的内容，以及

（3）第174（d）段，

（4）第75（1）条中涉及上述条款的内容。

Ⅱ．本条第一款外的其他条款自部长命令指定日起生效。

Ⅲ．第二款下的命令：

（一）可以为不同的目的或不同的地区指定不同的日期；

（二）可以制定部长认为是有助于实现与本法案任何条款的生效相关的暂时的、过渡的或保留目的的条款，或实现上述目的所必需的条款。

第八十条　小标题和内容

Ⅰ．本法可被称为《2006年慈善法》。

Ⅱ．除了第三至第七款，本法仅适用于英格兰和威尔士地区。

Ⅲ．下列条款同样适用于苏格兰地区：

（一）第一条至第三条及第五条；

（二）第六条第五款；

（三）第七十二条和第七十四条；

（四）第七十五条的第二款和第三款，以及附件九、十中涉及《1958年娱乐慈善法》的内容，及

（五）第七十五条第四、第五款，第七十六条至第七十九条，以及本条。

Ⅳ．但是第三条第一款和第四款中涉及的条款对苏格兰法律的影响仅限于对有关慈善组织或慈善目的的立法，且其内容属于附件五第2部分的A1节至1998年苏格兰法案所涉及事项（保留事项：财政政策等）；并且尽管上述条款影响苏格兰法律，

（一）英格兰和威尔士法律第一条第一款和第二条第一款的规定

均须理解为对于苏格兰法律的适用；

（二）第一条第一款中所规定的高等法院应理解为苏格兰高等法院。

Ⅴ.下列条款同样适用于北爱尔兰地区：

（一）第一至第三条及第五条；

（二）第六条第五款；

（三）第二十三条；

（四）第七十二条和第七十四条；

（五）第七十五条第二、第三款，以及附件九、十中涉及《1958年娱乐慈善法》的内容；

（六）第七十五条第四、第五款，第七十六条至第七十九条，以及本条。

Ⅵ.但是第五条第一款和第五款中涉及的条款对北爱尔兰法律的影响仅限于对有关慈善组织或慈善目的的立法，且其内容属于附件二第9条至1998年北爱尔兰法案所涉及事项（除外事项：税收）；并且当在北爱尔兰适用上述规定时：

（一）第一条第一款和第二条第一款中所规定的英格兰和威尔士法律应该理解为北爱尔兰法律；

（二）第一条第一款中规定的最高法院应该理解为北爱尔兰最高法院。

Ⅶ.任何根据本法案对相关条款做出的修改、废除或撤销与条款具有相同的效力范围。

Ⅷ.但是第七款不适用于根据第三款或第五款在1958年慈善法中做出的任何修改或废除。

Ⅸ.第七款同样不适用于：

（一）1985年公司法第三十二条所做出的修改，或

（二）依据附件八对于1916年警察、工厂，和

（三）依据附件九在1916年警察、工厂和做出的仅适用于英格兰和威尔士地区的废除。

2011 年慈善法

《1993年慈善法》及其他与慈善有关的法令合并于本法中。
【2011年12月14日】

根据女王最高权威许可，经过上议院神职议员和世俗议员以及下议院的建议和同意，在本届国会上通过并依据其授权，颁布如下。

第一编 "慈善组织"及"慈善目的"的定义

第一章 总则

一 慈善组织

第一条 "慈善组织"定义

Ⅰ.为实现英格兰及威尔士法律之目的,"慈善组织"指具备如下特征的组织:

(一)仅为慈善目的设立,且

(二)受高等法院行使的与慈善有关的管辖权控制。

Ⅱ.若为实现某一法律之目的而适用该法或其他法律规定的不同的"慈善组织"定义,第一款中"慈善组织"的定义不适用。

二 慈善目的

第二条 "慈善目的"定义

Ⅰ.为实现英格兰及威尔士法律之目的,慈善目的是指具备如下特征的目的:

(一)符合第三条第一款,且

(二)为实现公共利益(见第四条)。

Ⅱ.任何法令或文件中(以任何用语)引用与英格兰及威尔士慈善组织有关的——

（一）慈善目的，或

（二）依据与英格兰和威尔士慈善组织有关的法律，设立目的具有慈善性质的组织，应按照第一款解释。

Ⅲ．另有规定时，第二款不适用。

Ⅳ．本条应遵循第十一条（该条规定本编后述第二章的特别条款）的规定。

第三条 目的说明

Ⅰ．若属于下列目的说明中的任何一种，则为本款项下的目的：

（一）预防或减轻贫困；

（二）促进教育进步；

（三）促进宗教发展；

（四）促进健康或拯救生命事业发展；

（五）促进公民或社区发展；

（六）促进艺术、文化、文化遗产或科学发展；

（七）促进业余运动；

（八）促进人权、冲突解决或调和，推进宗教、种族和谐或平等及多样化；

（九）促进环境保护或改善；

（十）救济因年少、年老、疾病、残疾、经济困难或其他不利致贫者；

（十一）促进动物福利；

（十二）提高皇家军队或警察、消防及救援或急救效率；

（十三）其他符合下列条件的目的：

（1）不属于第一至第十二项，但依据第五款（娱乐信托及类似信托，及其他）或原有法律认定为慈善目的，

（2）可被合理认定为与第一至第十二项或本项（1）中任一目的类似，或符合其精神的，

（3）可被合理认定为与此种目的类似，或符合其精神：依据英格

兰及威尔士有关慈善组织之法律，符合本项（2）或本目之目的。

Ⅱ．第一款中——

（一）第三项"宗教"包括：

（1）信仰不止一个神的宗教，

（2）不信神的宗教，

（二）第四项中"促进健康事业"包括预防或减轻患病、疾病或人类苦难；

（三）第五项包括：

（1）农村或城市再生，及

（2）提升公民责任及慈善组织效益或效率，促进志愿活动、志愿行业发展；

（四）第七项中"运动"指涉及身体或精神方面技能或努力促进健康的运动或游戏；

（五）第十项包含为该项提及之人提供膳宿或照料的救济，及

（六）第十二项中"消防及救援"指依据2004年消防救援法由消防及救援部门提供的服务。

Ⅲ．若依据英格兰及威尔士有关慈善组织的法律，第一款第一项至第十二项或第二款中的任何用语有特殊含义，以上条款中出现的用语具有相同含义。

Ⅳ．第一条第十三项第一目中"原有法律"指2008年4月1日前有效的与慈善组织有关的英格兰和威尔士法律。

第四条　公共利益要求

Ⅰ．本法中"公共利益要求"指第二条第一款第二项中的要求，即第三条第一款项下的目的必须是为实现公共利益方可构成慈善目的。

Ⅱ．在确定任何第三条第一款项下的目的是否满足公共利益要求时，不应假定特定类型的目的符合公共利益。

Ⅲ．本章中所规定的公共利益是指为有关英格兰和威尔士慈善法之目的理解的公共利益。

Ⅳ. 第三款应遵循第二款的规定。

三 娱乐信托及已登记的体育俱乐部

第五条 娱乐信托及类似信托，及其他

Ⅰ. 若为社会福利而提供或协助提供实现以下目的的设施，则该种行为是慈善行为（并且应一直被认定为具有慈善性质）：

（一）休闲娱乐，或

（二）其他业余消遣。

Ⅱ. 若未满足基本条件，为社会福利提供设施的要求便无法满足。

Ⅲ. 基本条件如下：

（一）提供该设施是为提升该设施主要供应人群的生活条件，且

（二）满足下列条件：

（1）因年少、年老、疾病或残疾、贫困或社会及经济状况，该人群需要此设施，或

（2）该设施向全体公众成员、全体男性成员或者全体女性成员开放。

Ⅳ. 第一款尤其适用于：

（一）向村落大厅、社区中心及女子学院提供设施，且

（二）提供及维护用于休闲娱乐或业余消遣的场地及建筑物，并且适用于在组织活动时，为上述目的提供设施。

但本款受上述要求限制，即为社会福利提供设施。

Ⅴ. 本条中任何内容不应被视作减损公共利益要求。

第六条 已登记的体育俱乐部

Ⅰ. 为慈善目的而登记的体育俱乐部不得被视作具有慈善目的的组织，因此其不能成为慈善组织。

Ⅱ. 第一款中"已登记的体育俱乐部"指符合2010年公司税法第十三编第九章（社区业余体育俱乐部）定义的登记俱乐部。

四 补充

第七条 本章在苏格兰地区的适用

Ⅰ.本章对苏格兰地区法律的影响仅限于在涉及1998年苏格兰法附件五第二部分A1条事项（保留事项：财政政策）的法律中对以下用语的解释：

（一）慈善组织，或

（二）慈善目的。

Ⅱ.当本章在苏格兰适用时：

（一）第一条第一款及第二条第一款中所规定的英格兰和威尔士法应解释为苏格兰法，且

（二）第一条第一款中所规定的高等法院应解释为苏格兰最高民事法庭。

第八条 本章在北爱尔兰地区的适用

Ⅰ.本章对北爱尔兰地区法律的影响仅限于在涉及1998年北爱尔兰法附件二第9条事项（除外事项：税收和关税）的法律中对以下用语的解释：

（一）慈善组织，或

（二）慈善目的。

Ⅱ.当本章在北爱尔兰适用时：

（一）第一条第一款及第二条第一款中所规定的英格兰和威尔士法应解释为北爱尔兰法，且

（二）第一条第一款中所规定的高等法院应解释为北爱尔兰高等法院。

第九条 释义

Ⅰ.本章中"法令"包括：

（一）（1978年《法律解释法》定义的）次级立法中的任一条款，及

(二) 教会大会法案或英国国教圣公会法案中的任一条款,
并且所规定的法令包括无论何时通过或制定的法令。

Ⅱ. 第二条第二款所规定的文件包括在任何时间制定的文件。

Ⅲ. 本法中"机构"指法人或非法人机构,并且包括信托或企业。

Ⅳ. 另有规定时,第一款至第三款不适用。

第二章　本法特别条款

第十条　某些情形中的教会法人等不属于慈善组织

Ⅰ. 除条文另有规定，本法其余部分中的"慈善组织"含义均依据第一条第一款。

Ⅱ. 但在本法其余部分（第三章第十七条除外），下列不属于"慈善组织"：

（一）就教会财产而言的任何教会法人，但就持有财产目的而言，非为教会目的设立的集体法人除外；

（二）就教区土地而言的任何财政部教区慈善委员会，或此慈善委员会的任一附属机构；

（三）任何以供奉神用之财产设立的信托。

Ⅲ. "教会法人"指隶属于英格兰圣公会的任何法人，无论其为单一法人或集体法人。

Ⅳ. "财政部教区慈善委员会"、"附属机构"及"教区土地"的含义与1976年捐赠和教会附属地法中的规定相同。

第十一条　慈善目的

除另有规定，本法其余部分中的"慈善目的"指单纯的（第二条第一款所定义的）慈善目的。

第十二条　关于何为（或何种不为）独立慈善组织的说明

Ⅰ. 为本法中的全部或任一目的，慈善委员会（见第十三条）有权指示，为某一慈善组织的或与之有关的（具备慈善目的的）特别目的而设立的组织被视为：

（一）该慈善组织的组成部分，或

（二）成为独立的慈善组织。

Ⅱ. 为本法中的全部或任一目的，慈善委员会有权指示，慈善组织内部受托人相同的两个或两个以上慈善组织被视为同一慈善组织。

第二编 慈善委员会及慈善组织官方托管人

一 慈善委员会

第十三条 慈善委员会

Ⅰ.英格兰和威尔士地区仍保留慈善委员会这一法人团体。

Ⅱ.在威尔士地区,慈善委员会被称作 Comisiwn Elusennau Cymrua Lloegr。

Ⅲ.慈善委员会代表王权行使职权。

Ⅳ.在行使职权的过程中,慈善委员会不受任何内阁阁员或其他政府部门指示或控制的约束。

Ⅴ.但第四款不影响——

(一)法令中的条款或依据法令制定的条款;

(二)财政部对慈善委员会支出进行行政管理。

Ⅵ.附件一包含与慈善委员会有关的条款。

第十四条 慈善委员会目的

慈善委员会的目的如下:

(一)公信力目的。公信力目的指增强公众对慈善组织的信任和信心;

(二)公共利益目的。公共利益目的指提高对实施公共利益要求的认识和理解;

(三)促进守法目的。促进守法目的指促进慈善组织内部受托人在行使其对慈善组织运作之控制和管理时遵守其法律义务。

（四）慈善组织的资源目的。慈善组织的资源目的是指促进慈善组织资源的有效利用。

（五）责任目的。责任目的指加强慈善组织对捐赠者、受益人及公众的责任。

第十五条　慈善委员会的一般职能

Ⅰ．慈善委员会拥有如下职权：

（一）决定某一组织是不是慈善组织；

（二）支持和促进慈善组织管理的完善；

（三）辨别并调查慈善组织管理过程中明显的失职或管理不善行为，并采取与之有关的补救或保护行动；

（四）在涉及公众慈善募捐时，决定是否颁发社会募捐证明或保留其效力；

（五）获取、评价及传播有关慈善委员会履行任何职能或实现其任何目的的信息；

（六）给予内阁阁员有关慈善委员会履行任何职能或实现其任何目的的信息、建议或提议。

Ⅱ．慈善委员会在行使第二项一般职权时，可在其认为适当时给予有关慈善组织管理的建议或指导。

Ⅲ．如此给予的任何建议或指导可与如下组织有关：

（一）所有慈善组织；

（二）任何一类慈善组织，或

（三）某一慈善组织；

并可采取慈善委员会认为适当的形式及方式。

Ⅳ．慈善委员会的第五个一般职权（除其他外还）包含依据第二十九条（登记）及第三十四条（撤销慈善组织登记）对慈善组织登记进行更新并确保其准确。

Ⅴ．慈善委员会的第六个一般职权（除其他外还）包含在合理可行的范围内，遵守内阁阁员针对与其任何职能有关事项的信息或建议的要求。

Ⅵ. 本条中"公众慈善募捐"及"公众募捐证明"之含义与《2006年慈善法》第一章第三条中相同。

第十六条　慈善委员会的一般职责

慈善委员会需承担如下职责：

（一）但凡合理可行，慈善委员会必须以如下方式行使其职权：

（1）符合其目的，且

（2）采取其认为最能实现以上目的的方式；

（二）但凡合理可行，慈善委员会在行使其职权时必须采取与鼓励如下行为不相冲突的方式：

（1）任何形式的慈善捐赠，及

（2）自愿参与慈善工作；

（三）慈善委员会必须考虑以最有效率、最有效果和最经济的方式行使职权；

（四）但凡相关，在行使职权时慈善委员会必须考虑遵守最佳监管行为原则（某些原则要求监管活动应适当、可追责、前后一致、透明并只针对需要采取行动的情形，这些原则也应包含在内）；

（五）在适当情形下，慈善委员会在行使职权时需考虑到促进慈善组织或代表机构进行创新的愿望；

（六）若其适用可被认为合理，慈善委员会在处理事务时应考虑普遍接受的良好法人治理原则。

第十七条　针对实施公共利益要求的指导

Ⅰ. 慈善委员会必须依据其公共利益目的（见第十四条第二款）发布指导。

Ⅱ. 慈善委员会可依据本条随时修改任何指导。

Ⅲ. 在从事以下活动前，慈善委员会在其认为合适的情况下应公开征求意见或以其他形式征询意见：

（一）依据本条发布任何指导，或

（二）依据本条修改任何指导（除非慈善委员会认为不必如此）。

Ⅳ. 慈善委员会必须以其认为适当的形式公开依据本条发布或修改的任何指导。

Ⅴ. 慈善组织内部受托人在行使与该指导有关的任何权力或职责时必须考虑该指导。

第十八条　慈善委员会提供文件副本

应任何人的请求，慈善委员会应向该人提供其所持有的文件副本或摘录，但该文件是依据本法在当时向公众开放或公众有权获取并审阅的文件。

第十九条　向慈善委员会支付的费用或其他应付款项

Ⅰ. 部长可依据条例要求向慈善委员会支付条例中规定的与如下事项有关的费用：

（一）慈善委员会履行有关慈善组织的法律中规定的职能；

（二）审阅慈善组织登记簿或其他慈善委员会依据以上法令所持有的材料，或提供材料副本或摘录。

Ⅱ. 依据本条，条例可——

（一）授予或规定授予免予支付法定费用的资格；

（二）规定在法定情形下，减少或退还（全部或部分）法定费用。

Ⅲ. 慈善委员会可根据其认为的合理数额，收取为提供自身编撰的出版物而支出的费用。

Ⅳ. 慈善委员会依据本条收取的任何费用或其他付款应存入统一基金中。

第二十条　附属权力

Ⅰ. 慈善委员会可从事目的在于，或有利于，或附属于其职权或职责履行的任何活动。

Ⅱ. 但本法绝非授权慈善委员会——

（一）行使慈善组织受托人关于慈善组织的职权，或

（二）直接涉足慈善组织管理。

Ⅲ．第二款不妨碍第八十四条或第八十五条（慈善委员会指导具体措施的采取或慈善财产的使用的权力）的运作。

二 官方托管人

第二十一条 慈善组织官方托管人

Ⅰ．继续保留慈善组织的官方托管人这一职位（本法中称之为"官方托管人"）。

Ⅱ．官方托管人的职能在于在本法规定的情形下作为慈善组织受托人行事。

Ⅲ．慈善委员会可随时指定官方托管人。

Ⅳ．官方托管人必须依照慈善委员会给予的一般或特别指示履行职责。

Ⅴ．附件二中包含与官方托管人有关的条款。

第三编　豁免登记的慈善组织及主管人

一　豁免登记的慈善组织

第二十二条　"豁免登记的慈善组织"的含义及附件三

Ⅰ. 本法中"豁免登记的慈善组织"指列于附件三中的任何慈善组织。

Ⅱ. 第一款应遵循设定慈善组织豁免的法令。

第二十三条　修改附件三以增加或取消豁免登记的慈善组织权力

Ⅰ. 为确保如下事项，部长有权在其认为适当时通过命令对附件三作出如下修改：

（一）某种特殊类型的组织（若这些机构是慈善组织）成为或（根据具体情况）不再是豁免登记的慈善组织，或

（二）某一特别组织（若此组织是慈善组织）成为或（根据具体情况）不再是豁免登记的慈善组织。

Ⅱ. 仅当部长确认该命令能满足以下要求时，方可依据第一款发布命令：可促使多个或单个慈善组织的慈善组织内部受托人在行使其对慈善组织运作的控制和管理时遵守其法定义务，因而有助于确保对所规定的多个或单个慈善组织进行适当或有效管理。

Ⅲ. 部长在其认为适当时可通过命令对涉及以下事项的任何法律进行修订或其他修改：

（一）某种特殊类型的机构成为，或不再是：豁免登记的慈善组织，或

（二）由于依据第一款制定的条款，某一特别机构成为，或不再

是：豁免登记的慈善组织。

Ⅳ. 第三款中的"法令"包括：

（一）（1978年《法律解释法》所定义的）次级立法中的任何条款，及

（二）教会大会法案或英国国教圣公会法案，

且所规定的法律包括无论何时通过或制定的法律。

第二十四条　从附件三中取消已不再存在的机构的权力

部长在其认为适当时可通过命令修改附件三，以取消不再存在的组织。

二　主管人

第二十五条　"主管人"的定义

本法所称与豁免登记的慈善组织有关的"主管人"，是指由部长制定的条例规定作为主管人的机构或内阁阁员。

第二十六条　主管人关于豁免登记的慈善组织的一般职责

Ⅰ. 本条适用于任何成为豁免登记的慈善组织主管人的机构或内阁阁员。

Ⅱ. 该机构或阁员必须尽其合理所能以完成有关慈善组织的守法目的。

Ⅲ. 守法目的指促进慈善组织内部受托人在行使其对慈善组织运作的控制和管理时，遵守其法定义务。

第二十七条　作出与第二十条有关的修改的权力

Ⅰ. 若部长认为，为促进主管人履行第二十六条第二款项下职责或与之有关的目的是适当的，第二十五条中的条例可对任何法律作出修订或其他修改。

Ⅱ. 第一款中"法律"包括：

（一）（1978年《法律解释法》所定义的）次级立法中的任何条款，及

（二）教会大会法案或英国国教圣公会法案，
且所规定的法律包括任何时候通过或制定的法律。

第二十八条　慈善委员会需咨询主管人的情形

在行使任何其可行使的有关豁免登记的慈善组织的具体权力时，慈善委员会应咨询慈善组织的主管人。

第四编　慈善组织的登记及名称

一　登记簿

第二十九条　登记簿

Ⅰ. 保留慈善组织登记簿，并由慈善委员会以其认为适当的方式保存。

Ⅱ. 登记簿必须包含：

（一）依据第三十条登记的所有慈善组织的名称，及

（二）慈善委员会认为需要的慈善组织的其他所需详情及其他所需信息。

Ⅲ. 除另有规定外，本法所称的"登记簿"是指依据本条保存的慈善组织登记簿，且"已登记的"也应据此解释。

二　需登记的慈善组织

第三十条　需登记的慈善组织：一般规定

Ⅰ. 除第二款适用外，任何慈善组织均须在登记簿中登记。

Ⅱ. 如下慈善组织无须登记：

（一）豁免登记的慈善组织（见第二十二条及附件三）；

（二）目前符合如下条件的慈善组织：

（1）依据慈善委员会命令永久或暂时无须登记，且

（2）符合无须登记所需的任何条件，

且其总收益不超过 10 万英镑。

（三）总收益不超过 10 万英镑，目前符合如下条件的慈善组织：

（1）依据部长制定的条例永久或暂时无须登记，或符合无须登记的性质，且

（2）符合无须登记所需的任何条件，

（四）总收益不超过5000英镑的慈善组织。

Ⅲ. 一旦被要求，以下条款中的慈善组织应登记在登记簿中：

（一）第二款第二项或第三项，或

（二）第二款第四项。

Ⅳ. 本条中所规定的某一特定时间的慈善组织总收益应解释为：

（一）该慈善组织在紧接此时间的前一会计年度中的总收益，或

（二）若慈善委员会作出决定，则应指慈善委员会对以下收入的估计数额：在决定中说明的会计年度中该慈善组织的总收益。

第三十一条 对扩大无须登记的慈善组织范围的限制及其他

Ⅰ. 对于2009年1月31日前未被免予登记的慈善组织，不可通过依据第三十条第二款第二项作出的命令予以免除。

Ⅱ. 在遵守第三款的条件下，对于2009年1月31日前未被免予登记的慈善组织，不可通过依据第三十条第二款第三项制定的条例予以免除。

Ⅲ. （在遵守第三十条第二款第三项中无须登记的所有条件及资金限制的前提下）当需要确保如下事项时，必须根据第三十条第二款第三项发布上述条例：根据第三十条第二款第三项，因第二十三条项下命令不再是豁免登记的慈善组织均无须登记。

Ⅳ. 第一款不妨碍以下命令的修改或撤销：

（一）在2009年1月31日前有效，且

（二）（依据附件八第四条）具备与依据第三十条第二款第二项制定的命令相同的效力。

Ⅴ. 第二款不妨碍以下条例的修改或撤销：

（一）在2009年1月31日前有效，且

（二）（依据附件八第四条）具备与依据第三十条第二款第二项制

定的条例相同的效力。

第三十二条　修改第三十条第二款所列数额的权力

Ⅰ. 部长可发布命令，通过以其他数额代替目前所列数额的方式修改——

（一）第三十条第二款第二项和第三项，或

（二）第三十条第二款第四项。

Ⅱ. 部长仅能在如下情形下依据第一款发布命令：

（一）当该命令修改第三十条第二款第二项和第三项时，部长认为为缩小第三十条第二款第二项和第三项所定无须登记的慈善组织的范围之目的，便于发布此项命令；

（二）当该命令修改第三十条第二款第四项时，部长认为基于下列情形之一便于发布此项命令：

（1）基于货币价值变动，或

（2）为扩大第三十条第二款第四项所定无须登记慈善组织的范围之目的。

Ⅲ. 在依据 2006 年慈善法第七十三条向议会提交报告副本之前，部长不可依据第一款第一项发布命令。

第三十三条　废止有关无须登记慈善组织的条款的权力

如下条款可因部长为本条之目的发布的命令中指定的日期起失效：

（一）第三十条第二款第二项和第三项，第三款第一项；

（二）第三十一条；

（三）第三十二条第一款第一项，第二款第一项，第三款；

（四）本条。

三　将慈善组织从登记簿中除名

第三十四条　将慈善组织从登记簿中除名

Ⅰ. 慈善委员会必须将如下机构从登记簿中除名：

（一）不再被视为慈善组织的组织；

（二）不再存在或不再运作的慈善组织。

Ⅱ. 若给予第一款第一项的除名源于慈善组织信托的变动，该除名自变动之日起生效。

Ⅲ. 一旦被要求，目前依据第三十条第三款（自愿）登记的慈善组织应予以除名。

四　登记：受托人的职责、权利要求及异议

第三十五条　与登记有关的受托人职责

Ⅰ. 若根据第三十条第一款必须登记的慈善组织未登记，该慈善组织内部受托人必须：

（一）为该机构向慈善委员会申请登记，且

（二）向慈善委员会提供所需的文件及信息。

Ⅱ. 所需文件及信息如下：

（一）慈善信托副本或（未能以现有文件形式记录的）信托详情；

（二）部长制定的条例中规定的其他文件或信息；

（三）慈善委员会为申请之目的要求的其他文件或信息。

Ⅲ. 若慈善组织目前已登记，慈善组织内部受托人（或最后一个信托人）须：

（一）将慈善组织不再存在，或信托或登记在登记簿中的信托详情的改动通知慈善委员会，并且

（二）若情况允许，向慈善委员会提交上述变化的详情及新信托或信托改动的副本。

Ⅳ. 第三款并未要求受托人——

（一）向慈善委员会提供慈善组织管理计划副本，但由法院制作的除外，

（二）将依据上述计划进行的涉及已登记慈善组织的变化通知慈善委员会，或

（三）在提请慈善委员会查阅其已持有的文件或副本时，再行提

交该文件的副本。

第三十六条　针对登记的权利要求及异议

Ⅰ．某一机构并非慈善组织但可能被登记为慈善组织时，受影响或可能受影响之人可——

（一）对慈善委员会将该机构记入登记簿中提出异议，或

（二）向慈善委员会申请将其从登记簿中除名。

Ⅱ．部长可制定条例规定涉及提出、起诉或处理该等异议或申请的条款。

Ⅲ．若当事人针对有关如下事项的慈善委员会裁决向法庭提出上诉，第四款应予以适用：

（一）将某机构登记入登记簿中，或

（二）不将某机构从登记簿中除名。

Ⅳ．直至慈善委员会确认其决定是否有效，登记簿中的登记——

（一）应予以保留，但

（二）效力待定且应标明其处于效力待定状态。

Ⅴ．针对任何影响机构登记或将其从登记簿中除名的问题——

（一）即使已依据第十七编第二章（向法院提出上诉及申请）的上诉程序作出了决定，慈善委员会应再次予以考虑，且

（二）若慈善委员会发现以下情形，上述决定并非终局决定：

（1）情况变更，或

（2）上述决定违反之后的司法裁决。

五　登记的效力及审查登记簿的权力

第三十七条　登记的效力

Ⅰ．为了除修正登记簿外的所有目的，无论何时，登记在或曾经登记在登记簿上的组织均被不可推翻地推定为或曾经为慈善组织。

Ⅱ．为实现第一款之目的，有关登记依据第三十六条第四款处于效力待定状态的慈善组织被视为未记入登记簿中。

第三十八条　查验登记簿的权力

Ⅰ.登记簿（包括将组织从登记簿中除名时取消的登记记录）应在合理的时间向公众开放以供审查。

Ⅱ.若登记簿中包含的信息并非以文件的形式记录，第一款应解释为要求在合理的时间通过书面形式向公众开放以供审查。

Ⅲ.依据慈善委员会决定，第一款不适用于决定中说明的载入登记簿中的任何特殊信息。

Ⅳ.但凡慈善组织仍登记于登记簿中，依据第三十五条（受托人与登记有关的职责）向慈善委员会提交的任何信托文件的副本均需——

（一）由慈善委员会保存，且

（二）在合理的时间向公众开放以供审查。

Ⅴ.有关已登记慈善组织的文件副本，若根据第三十五条第四款的规定无须向慈善委员会提交，但由慈善委员会持有的，慈善委员会须如同依据第三十五条提交给慈善委员会的文件一样，依据第四款将该文件副本向公众开放审查。

六　披露已登记慈善组织身份

第三十九条　须通过官方出版物等作出的声明

Ⅰ.本条适用于上一会计年度总收益超过1万英镑的已登记慈善组织。

Ⅱ.若本条适用于某一已登记的慈善组织，其为已登记慈善组织的事实需以书面形式通过下列形式声明：

（一）由该慈善组织或以其名义及为其募捐钱财的名义发布的所有通知、广告和其他文件；

（二）声称以该慈善组织名义签署的所有汇票、本票、背书、支票及付款指令和订货单，及

（三）所有由其开出的账单及发票、收据和信用证。

Ⅲ. 第二款要求的声明需以英文作出，除非某一文件全部以威尔士语书写且声明由"elusen cofrestredig"（"已登记慈善组织"的威尔士语表达）组成或包含该词语，此声明可以威尔士语作出。

Ⅳ. 第二款第一项在下列情形下均为有效：

（一）无论上述募捐是明示或默示的，且

（二）无论捐赠上述钱财是否有对价。

第四十条　修改第三十九条第一款数额的权力

部长可发布命令，通过以其他数额代替目前所列数额的方式修改第三十九条第一款。

第四十一条　违法行为

Ⅰ. 在涉及第三十九条适用的已登记慈善组织时，发布或授权发布任何属于第三十九条第二款第一项或第三项但不包含第三十九条第二款要求的声明的文件，构成违法行为。

Ⅱ. 在涉及第三十九条适用的已登记慈善组织时，签署任何属于第三十九条第二款第二项但不包含第三十九条第二款要求的声明的文件，构成违法行为。

Ⅲ. 构成第一款和第二款所列违法行为，应以即决裁定处以不超过第三标准等级的罚款。

七　要求慈善组织改名的权力

第四十二条　要求改名的权力

Ⅰ. 若本条适用于某一慈善组织，慈善委员会可发布指令要求该慈善组织在指令中所列的时限内，将其名称修改为慈善组织受托人决定并经慈善委员会批准的其他名称。

Ⅱ. 第一款适用于符合以下情形的慈善组织：

（一）其为已登记的慈善组织且在记入慈善组织登记簿时其名称（登记名称）：

（1）与其他慈善组织（无论登记与否）相同，或

（2）在慈善委员会看来与其他慈善组织（无论登记与否）十分相似；

（二）在慈善委员会看来，该慈善组织的名字易于使公众对下列事项的真实性质产生误解：

（1）在其信托文件中列明的慈善组织目的，或

（2）慈善组织为追求上述目的而依据其信托进行的活动；

（三）慈善组织的名称中包含当前部长制定的条例中列明的词语或表达，且在慈善委员会看来将该词语或表达包含于慈善组织名称中易于使公众对其地位产生误解；

（四）在慈善委员会看来，该慈善组织的名字易于使公众产生误解，认为其在某些方面与女王政府或其他当地政府，或其他不相关的团体及个人有关，或者

（五）在慈善委员会看来，此慈善组织的名字具有冒犯性。

Ⅲ．任何依据第二款第一项发布的指令必须在将该慈善组织名称载入登记簿之后的 12 个月内发布。

Ⅳ．第二款中涉及已登记慈善组织名称之处均指其登记名称。

Ⅴ．依据本条发布的任何有关慈善组织的指令必须向慈善组织内部受托人发布。

第四十三条　慈善组织内部受托人接受第四十二条下指示的职责

Ⅰ．一旦接到依据第四十二条发布的指示，无论慈善信托文件内容为何，慈善组织内部受托人必须执行指令。

Ⅱ．若依据第四十二条慈善组织的名称有所变更，慈善组织内部受托人必须立即将以下事项通知慈善委员会：

（一）该慈善组织的新名称，及

（二）变动发生的日期。

Ⅲ．第二款不妨碍第三十五条第三款（慈善组织内部受托人通知登记信息变动的职责）的效力。

第四十四条　改名不妨碍既有权利和义务等的效力

依据第四十二条进行的慈善组织名称变更不影响慈善组织的任何

权利和义务；任何可能以其之前名称，或针对其之前名称继续或提起的法律诉讼可以其新名称或针对其新名称继续或提起。

第四十五条　当慈善组织是公司时的改名

Ⅰ.当涉及慈善组织是公司类型时，第四十二条或第四十三条所提慈善组织内部受托人应解释为公司董事。

Ⅱ.第三款至第五款适用于依据第四十二条向公司类型的慈善组织发布指示。

Ⅲ.该指示应被解释为要求通过公司董事会决议变更公司的名称。

Ⅳ.若依据第三款通过了董事会决议，公司必须向公司登记机构通知名称变更。

Ⅴ.若公司名称依据指令发生了变更，公司登记机构必须：

（一）在新名称符合2006年公司法第五条要求的条件下，在公司登记簿中原名称的位置记入新名称，且

（二）颁发符合新情况的公司变更执照。

第五编 获取信息的权力

一 慈善委员会调查

第四十六条 发起调查的一般权力

Ⅰ.慈善委员会可为一般性目的或特别目的,随时针对所有慈善组织、某一慈善组织或某类慈善组织发起调查。

Ⅱ.但是,上述调查的对象不包括无须登记的慈善组织,除非该慈善组织的主管人请求如此。

Ⅲ.慈善委员会可——

(一)亲自调查,或

(二)指定一人调查并向慈善委员会报告。

Ⅳ.本条及第四十七条至第四十九条(获取证据及搜查令)的效力及于如下慈善组织:登记在苏格兰慈善组织登记簿中,但全部或主要的管理、控制位于或来源于英格兰或威尔士。

第四十七条 为调查而获取证据等

Ⅰ.本条中"调查"指依据第四十六条进行的调查。

Ⅱ.为进行调查,慈善委员会或慈善委员会指定进行询问的人可指示任何人——

(一)若此人已获得或能够合理获得有关调查涉及事项的信息,指示其提供关于该事项的书面账单及报告,或书面回复向其提出的有关该事项的任何问题或询问,且通过法定声明证实上述账单、报告及回复;

(二)提供由其保管或控制的与调查涉及事项有关的文件的副本,

及通过法定声明证实此副本；

（三）在特定时间及地点参与证据提供及上述文件的出示。

上述指示不应违背本条规定。

Ⅲ. 为调查之目的，慈善委员会——

（一）可通过宣誓取证，且调查者可为此监誓，或

（二）调查之人也可要求被调查之人制作并签署有关被调查事项真实性的声明。

Ⅳ. 对于任何为调查之目的提供证据或出示文件的人，慈善委员会可支付其为此承担的费用。

Ⅴ. 依据第二款第三项发布的指令不可要求该人行至距其住所超过10英里之地，除非向其提前支付或事后清偿了相关费用。

第四十八条　为调查之目的获取搜查令的权力

Ⅰ. 基于慈善委员会职员宣誓提供的信息，若有合理理由相信第二款中所有条件均满足，治安法官可依据本条发布搜查令。

Ⅱ. 第一款规定的条件如下：

（一）已依据第四十六条发起调查；

（二）在搜查令中列明的房屋中存有慈善委员会可依据第五十二条第一款要求出示或提供的有关调查文件或信息，且

（三）若慈善委员会发布要求据此出示或提供文件或信息的命令难以执行，或该文件或信息已被移转移、篡改、隐匿或毁灭。

Ⅲ. 依据本条签发的搜查令可授权其中指明的慈善委员会职员（"P"）：

（一）进入并搜查其中列明的房屋；

（二）若慈善委员会认为需要以此协助P进行搜查令授权P进行的活动时，与其他人员一同前往；

（三）暂扣任何疑似属于第二款第二项的文件，或采取保存文件或消除妨碍的其他必要步骤；

（四）暂扣电脑磁盘或其他电子储存设备，其中疑似存有属于第

二款第二项规定的信息或包含其中存有此类信息的文件,或采取保存信息或消除妨碍合理所需的其他步骤;

(五)复制或摘录任何符合第三项和第四项的文件或信息;

(六)要求房屋中的任何人解释上述文件或信息,或告知存放位置;

(七)在进行第五项所规定的复制或摘录时,要求P合理请求的任何人提供合理需要的协助。

第四十九条 执行搜查令

Ⅰ.凭第四十八条项下签发的搜查令进行搜查时,需在签发后1个月内的合理时间进入房屋并进行搜查。

Ⅱ.若被要求,受搜查令授权的慈善委员会职员("P")须出示下列文件以供房屋居住者或代表居住者的任何人审查:

(一)搜查令,及

(二)证明P是慈善委员会职员的书面证据。

Ⅲ.P必须以书面形式记录以下事项:

(一)P进入房屋的日期和时间;

(二)随同P前往房屋的人员数量(若有)及其姓名;

(三)P(及随同人员)在房屋中停留的期间;

(四)P(及随同人员)在房屋中进行的活动,及

(五)P在房屋中暂扣的任何文件或设备。

Ⅳ.若被要求,P必须将记录副本交予房屋居住者或代表房屋居住者的其他人。

Ⅴ.P必须在离开房屋之前遵守如下要求,除非如此并不合理可行:

(一)第三款中的要求,及

(二)在P离开房屋前,依据第四款提出的任何要求。

Ⅵ.若依据第四十八条任何文件或设备被暂扣,慈善委员会可依据具体情形——

（一）在其认为为依据第四十六条进行的相关调查之目的确有必要时，一直扣留此文件（而不是文件副本），或

（二）在其认为为上述调查之目的确有必要时，一直扣留此设备。

Ⅶ.慈善委员会一旦发现扣留任何文件或设备不再必要，必须在合理可行的范围内尽快安排将该文件或设备返还给——

（一）暂扣前拥有该物之人，或

（二）为其物主或有关的慈善组织的慈善组织内部受托人。

当本款依据第四十六条第四款发生效力时，为实现本款之目的，第二项中提及的慈善组织内部受托人应解释为在苏格兰慈善组织登记簿中记载的对组织运行进行总体控制和管理的人。

Ⅷ.蓄意阻碍依据第四十八条发布的搜查令中授予的权利的行使，构成违法。

Ⅸ.犯第八款规定之罪者，应以即决判决处以不超过51周的监禁，或不超过第五标准等级的罚款，或二者并用。

第五十条　调查结果的公开

Ⅰ.本条适用于依据第四十六条进行的调查。

Ⅱ.慈善委员会可——

（一）印刷及发布调查者的报告，或其他慈善委员会认为适当的调查结果陈述，或

（二）以其他方式发布此报告或陈述，若慈善委员会认为如此能够适当地吸引愿向慈善委员会说明后续应采取行动之人的注意。

第五十一条　当地政府对调查当地慈善组织提供的协助

Ⅰ.地方议会可分担慈善委员会依据第四十六条对其管辖区域内地方慈善组织进行调查产生的费用。

Ⅱ.第一款中"地方议会"指：

（一）地区议会；

（二）郡议会；

（三）自治市议会；

（四）伦敦自治市议会；

（五）伦敦城市议会。

二 要求提供文件及搜查记录的权力

第五十二条 要求提供文件的权力

Ⅰ．慈善委员会可通过命令——

（一）要求任何人向慈善委员会提供其所持有的有关下列事项的信息：

（1）任何慈善组织，及

（2）慈善委员会或官方管理人职责履行；

（二）要求任何保管或控制涉及慈善组织及慈善委员会或官方管理人职责履行的文件之人向慈善委员会提供该文件的副本或摘录，或将原文件发送给慈善委员会供其审阅（除非该文件是法院或公共、地方政府的记录或其他文件的组成部分）。

Ⅱ．慈善委员会有权免费保留依据第一款获得的任何副本或摘录。

Ⅲ．若依据第一款向慈善委员会发送以供其审阅的文件与一个或多个慈善组织有关，且不由受托人或有权保管的人持有，慈善委员会可保留该文件或将其交予慈善组织内部受托人或任何有权持有此文件的人。

Ⅳ．如同适用于慈善组织一样，本条款亦适用于任何登记在苏格兰慈善组织登记簿中，但全部或主要的管理、控制位于或来源于英格兰或威尔士的组织。

第五十三条 搜查记录的权力

Ⅰ．但凡经慈善委员会授权，为实现有关慈善委员会或官方托管人职责履行之目的，任何慈善委员会成员均有权免费审阅及复制或摘录任何法院，或任何公共登记机构，或登记机关的记录或其他文件。

Ⅱ．第一款中所规定的慈善委员会职员包括并非慈善委员会职员的官方托管人。

Ⅲ. 当涉及以非清晰易读的文字记录的信息时，第一款授予的权利包括为审阅或获取副本或摘录的目的，要求提供该信息的清晰易读的文字。

三　信息披露

第五十四条　向慈善委员会披露：一般规定

Ⅰ. 为促进或协助慈善委员会履行其职能，有关公共机关可向慈善委员会披露信息。

Ⅱ. 第一款不应违背第五十五条的规定。

Ⅲ. 本条中"有关公共机关"是指任何政府部门（包括北爱尔兰的政府部门）、任何地方政府、任何治安官，及任何其他履行公共性质职能的机构或个人（包括在任何活动中履行监管职能的机构或个人）。

第五十五条　向慈善委员会披露：税收及关税信息

Ⅰ. 仅当涉及下列一个或多个机构、企业或组织时，方可依据第五十四条第一款披露税收和关税信息：

（一）慈善组织；

（二）为慈善、仁慈或乐善好施的目的设立的机构；

（三）无论何时主张的税收豁免所依据或涉及的机构；

（四）慈善组织的附属企业；

（五）登记在苏格兰慈善组织登记簿中，但全部或主要的管理、控制位于或来源于英格兰或威尔士的组织。

Ⅱ. 第一款第四项中"慈善组织的附属企业"指涉及下列慈善组织的（2006年公司法第一千一百六十一条第一款定义的）企业：

（一）依据2006年公司法第一千一百六十二条及附件七，构成（或被视为）母公司的慈善组织，或

（二）构成同一慈善组织，且依据上述条款构成同一母公司的两个或两个以上慈善组织。

Ⅲ．本条第二款及为第二款目的所适用的2006年公司法第一千一百六十二条及附件七中所提及"母企业"中的"企业"包括不属于该法第一千一百六十一条第一款定义的慈善组织。

Ⅳ．本条中"税收及关税信息"指2005年税务与海关总署专员公署法第十八条第一款提及的信息。

Ⅴ．根据第一款第三项的规定，"税收豁免主张"指：

（一）依据1988年所得税及公司税法第五百零五条第一款主张的豁免；

（二）依据2007年所得税第十章主张的豁免；

（三）依据2010年公司税法第十一章主张的豁免，且并非——

（1）依据第四百七十五条、第四百七十六条或第四百四十七条（适格主体及科研组织的救济）主张的豁免，或

（2）依据第四百九十条或第四百九十一条（适格主体及科研组织适用的豁免）提出的主张。

第五十六条 慈善委员会披露：一般规定

Ⅰ．若符合下列条件，慈善委员会可向任何有关公共机关披露其获取的与其职能有关的信息：

（一）为促进或协助有关公共机关履行职责而进行披露，或

（二）据此披露的信息在其他方面与有关公共机关履行职责相关联。

Ⅱ．第一款不应违背第三款及第五十七条第一款和第二款的规定。

Ⅲ．针对依据第五十四条第一款向慈善委员会披露的信息，慈善委员会依据第一款行使披露信息的权力时应受披露给慈善委员会当时明示的条件限制。

Ⅳ．除第五十四条中的含义，本条中"有关公共机关"还包括符合第五十四条第三款第四项规定的英国境外的国家或领土中的组织或个人。

第五十七条 慈善委员会披露：税收及关税信息

Ⅰ．第五十六条第三款不适用于依据第五十四条第一款向慈善委

员会披露的税收及关税信息。

Ⅱ. 但非经英国税收与海关总署专员公署同意，不得（依据第五十六条第一款或其他条款）进一步披露任何信息。

Ⅲ. 负责人违反第二款披露信息，构成违法。

Ⅳ. 构成第三款之违法行为者，应——

（一）以即决裁决处以不超过 12 个月的监禁，或不超过法定上限的罚金，或二者并用；

（二）在以公诉程序定罪时，处以不超过 2 年的监禁或罚金，或二者并用。

Ⅴ. 若依据第三款负责人被控违法披露信息作为抗辩，其可证明自身合理认为——

（一）披露合法，或

（二）公众可合法获取该信息。

Ⅵ. 在北爱尔兰地区适用本条时，第四款中的 12 个月应替换为 6 个月。

Ⅶ. 本条中"税收及关税信息"指 2005 年税收与海关总署专员公署法第十八条第一款提及的信息。

Ⅷ. 本条中"负责人"指慈善委员会成员、慈善委员会职员、代表慈善委员会或慈善委员会职员的人，或者慈善委员会下设慈善委员会之成员。

第五十八条　向豁免登记的慈善组织主管人进行的披露或由其进行的披露

Ⅰ. 第五十四条至第五十七条适用于向豁免登记的慈善组织主管人进行的披露或由其进行的披露时，应按照第二款至第四款进行修改。

Ⅱ. 上述条款中所规定的慈善委员会或其职能应解释为豁免登记的慈善组织的主管人或作为主管人的机构或个人之有关慈善组织的职能。

Ⅲ. 第五十五条第一款和第二款替换为：

"Ⅰ. 仅当涉及如下组织时，税收和关税信息可依据第五十四条第一款披露,这些组织包括:其主管人有披露职能的豁免登记的慈善组织,或豁免登记的慈善组织的附属企业。

Ⅱ.第一款第二项'豁免登记的慈善组织的附属企业'指有关下列(2006年公司法第一千一百六十一条第一款定义的)企业:

(一)依据2006年公司法第一千一百六十二条及附件七,构成(或被视为)母公司的慈善组织,或

(二)构成同一慈善组织,且依据上述条款构成同一母公司的两个或两个以上慈善组织。"

Ⅳ.第五十七第八款中的"负责人"定义替换为依据第二十五条("主管人"定义)制定的条例中的定义。

Ⅴ.为确保人适用于豁免登记的慈善组织主管人的披露条款不适用于作为主管人的机构或个人,在部长认为适当时,依据第二十五条制定的条例亦可修订或修改任何法令。

Ⅵ.第五款中"披露条款"指效力相当于授权所规定的主管人员进行信息披露或向其进行披露,或者在其他方面与该等披露有关的条款。

Ⅶ.第五款中的"法令"包括:

(一)(1978年《法律解释法》定义的)次级立法中的任一条款,及

(二)教会大会法案或英国国教圣公会法案中的任一条款,

且包括对于上述法律无论何时通过或制定的法律。

第五十九条　披露:补充

根据第五十四条至第五十七条(或依据第五十八条第一款指第四款适用的条款)的规定所进行的披露不得违反1998年数据保护法,也不得违反为2000年调查权监管法制定的条例第一章。

四　向慈善委员会提供错误或误导信息等

第六十条　向慈善委员会提供错误或误导信息等

Ⅰ.因故意或疏忽,以如下形式向慈善委员会提供错误或误导性

的重要信息，构成违法：

（一）声称依据本法的规定，或

（二）不属于第一项情形，但提供信息之人明知，或应当知道慈善委员会为履行本法项下职能使用该信息。

Ⅱ. 故意篡改、隐藏、隐匿或毁灭任何依据本法应向慈善委员会提交的文件，构成违法。

Ⅲ. 构成本条项下违法行为者，应处不超过法定上限的罚金；或者在以公诉程序定罪时，处不超过 2 年的监禁，或二者并用。

Ⅳ. 本条所规定的慈善委员会包括依据第四十六条进行调查的任何人。

第六编　将财产用于类似目的权力，法院及慈善委员会对慈善组织的协助及监督

一　将财产用于类似目的的权力及变更宪章

第六十一条　受托人将财产用于类似目的时的义务

慈善信托的受托人承担如下义务：当情况允许并且要求将财产的全部或者部分应用于类似的用途时，受托人应采取必要措施以保证该等财产有效地用于慈善目的。

第六十二条　将财产用于类似目的的情形

Ⅰ．依据第三款，允许改变慈善捐赠的初始目的以将全部或部分捐赠财产作类似用途的情形如下：

（一）全部或部分初始目的已实现，或无法实现，或不符合有关指示及捐赠的精神；

（二）初始目的仅允许利用依捐赠使用部分财产；

（三）共同使用依捐赠可使用的财产，及为相似目的可使用的其他财产，更有效率，且经适当考虑，为此能够适当用于共同目的；

（四）初始目的涉及当时是但因其他目的不再是一个整体的地区，或经适当考虑，因任何原因不再适合或不再可能管理捐赠的某一类人或某一地区，或

（五）自订立时起，全部或部分初始目的便已通过其他途径予以充分规定，因无益于或有害于社会或其他原因，不再具有法定慈善性质，或经适当考虑，不再能以任何其他方式提供合理有效利用捐赠财

产的方式。

Ⅱ. 第一款中"适当的考虑"指所规定的捐赠的本旨，及预计改变初始目的时的社会及经济状况。

Ⅲ. 第一款不妨碍为将捐赠的慈善财产作其他用途所需满足的条件，除非该等条件致使初始目的无法实现。

Ⅳ. 若财产的用途已被改变或者已被纳入计划或其他文件中，第一至第三款中所规定的捐赠的初始目的应解释为目前使用该财产的目的。

Ⅴ. 若持有财产之目的参照了附件四第 1 栏所提地区，法院可依据有关慈善组织之管辖权，制订计划将此地区扩大至该附件第 2 栏相同条目所提之地区。

Ⅵ. 第五款不妨碍在第一款所列情形中制订计划的权力。

第六十三条　将财产作类似用途：未知的或放弃返还财产权利的捐赠者

Ⅰ. 若为特定慈善目的捐赠的财产归下列人员所有，当该特定目的无法实现时，上述财产被视为为一般性慈善目的而捐赠，因而可作其他类似用途：

（一）在发布及进行规定的公示和调查后，且自上述公示开始计算的规定期间已届满后仍无法确定或无法找到的捐赠者；

（二）已以规定形式签署放弃返还财产权利声明的捐赠者。

Ⅱ. 若受托人自身或派出的代表已针对任何上述财产发布和进行了规定的公示和调查，且在第一款一项所规定的期间届满前未收到利害关系人的权利主张，受托人无须为此财产承担责任。

Ⅲ. 若依据本条，财产被用作其他类似用途，捐赠者对财产的全部利益被视为在捐赠时全部放弃。

Ⅳ. 但是，如果被用作其他用途的财产归无法确认或无法找到的捐赠者所有，且尚未依据第六十四条（被视为无法确认的捐赠者）被使用，则

(一) 计划中需列明该财产的总额；

(二) 但凡在期限内已主张其权利，总额中任何部分的捐赠者有权从慈善组织获得相当于该部分数额的补偿，但该补偿应减去计划日期过后慈善组织内部受托人合理承担的与捐赠权利主张有关的费用，且

(三) 计划中应包括如下指示：为满足依第二项提出的权利主张所应采取的措施。

Ⅴ. 为第四款第二项的目的，仅当自计划日期起6个月内主张权利，方属于期限内，且"计划日期"指计划制作之日。

Ⅵ. 第七款适用于下列情形：

(一) 依据第四款第三项所规定的计划中包含的指示，为满足依第四款第二项主张的权利而留出资金，但

(二) 上述权利主张的总额超过了相关数额；

并且为本款之目的"相关数额"指减去慈善组织内部受托人合理承担的与捐赠权利主张有关的费用后剩余的数额。

Ⅶ. 若慈善委员会如此指示，所规定的每一捐赠人仅能依其主张的数额占第六款第二项中总额的比例，主张对相关数额的权利。

第六十四条　被视为无法确定的捐赠者

Ⅰ. 为第六十三条之目的，只要包含如下收益，(无须经过公示或调查) 此财产被终局性地推定为归无法确定的捐赠者所有：

(一) 通过募捐箱，或其他无法区分捐赠者的方式募集的现金产生的收益，或

(二) 考虑到捐赠的财产可能作为奖品，或为促销或促进活动开展而准备的物品，任何彩票、竞赛、娱乐活动、促销或类似的筹资活动产生的收益。

Ⅱ. 为第六十三条之目的，若发现如下情形之一，法院或慈善委员会可通过命令指示，(无须经公示或调查) 不属于第一款的财产归属于无法确认的捐赠者：

（一）考虑到可能返回给捐赠者的数额，为返还财产会产生不合理的费用；

（二）考虑到捐赠的性质、情况和数额以及已捐赠许久，捐赠者期待返还财产是不合理的。

第六十五条　被视为放弃返还财产权利的捐赠者

Ⅰ．本条适用于为特定慈善目的，及响应第二款中的募捐而捐赠的财产。

Ⅱ．本款所称募捐指为特定慈善目的，且发布公示表明，除非捐赠者在捐赠时作出相关声明，否则若上述目的无法实现，响应募捐而捐赠的财产将被视作为一般性慈善目的而捐赠，因而可被用作其他用途。

Ⅲ．相关声明是指捐赠者书面作出的声明，表明当特定目的无法实现时，捐赠者希望持有财产的受托人给予其要求返回所规定的财产（或相当于捐赠当时价值的金额）的机会。

Ⅳ．第五款和第六款适用于下列情形：

（一）捐赠者已捐赠了第一款中提及的财产；

（二）无法实现特定目的，且

（三）捐赠者已作出了相关声明。

Ⅴ．为实现下列目的，持有财产的受托人必须采取规定措施——

（一）通知捐赠者特定目的无法实现；

（二）询问捐赠者是否要求返还财产（或等同于其价值的数额），及

（三）若捐赠者在规定期限内提出要求，将财产（或上述数额）返回给捐赠者。

Ⅵ．若受托人已用尽合理措施但未能找到捐赠者，或捐赠者未在规定期限内要求返还财产（或等同于其价值的金额），该财产被视为归第六十三条第一款第二项（捐赠者放弃财产返还权利时财产的使用）人员所有，可适用第六十三条第一款。

Ⅶ. 如果捐赠者已捐赠了第一款中提及的财产，无法实现特定目的，且捐赠者未作出相关声明，该财产也被视为归第六十三条第一款第二项人员所有，可适用第六十三条第一款。

Ⅷ. 为本条之目的，符合下列条件，则除非有相反证据，响应本款第三项呼吁的捐赠财产者被推定为响应公示的内容：

（一）无论以何种方式或以何种表述告知募捐对象进行的募捐，均属本条所称"募捐"；

（二）是否为所规定的财产给予或将要给予任何对价，在所不问；

（三）若某种呼吁包括发布第二款第二项中公示的募捐，及未发布第二款第二项中公示的募捐。

第六十六条　未知的或放弃返还财产权利的捐赠者：补充

Ⅰ. 为第六十三条及第六十五条之目的，若在为特定慈善目的使用财产过程中产生困难，致使无法用作其他用途的财产或部分财产得以返还给捐赠者，则视为慈善目的无法实现。

Ⅱ. 第六十三条、第六十五条及本条中所规定的捐赠者包括通过或根据原始捐赠者主张权利之人，且所规定的捐赠财产包括现存的初始捐赠财产或其衍生财产。

Ⅲ. 另有规定时，第二款不适用。

Ⅳ. 第六十三条和第六十五条中"规定的"指慈善委员会制定的条例中所规定的。

Ⅴ. 慈善委员会可以其认为适当的方式发布上述条例。

Ⅵ. 当涉及依据第六十三条第一款第一项发布的公示时，上述条例可对公示的形式、内容及发布方式予以规定。

第六十七条　将财产用作类似用途的计划

Ⅰ. 法院或慈善委员会应依据本条行使制订计划、以将财产用作其他类似用途的权力。

Ⅱ. 若为特定慈善目的捐赠的财产被用作其他用途，且法院或慈善委员会考虑到第三款所列事项后认为适当，则可制订计划，规定将此财产用于类似的慈善目的,及交由其他慈善组织或为其设定的信托(若计划规定将财产转让给其他慈善组织)。

Ⅲ.上述事项指:

(一)初始捐赠的精神;

(二)确保该财产用于与初始目的类似的慈善目的之愿望,及

(三)有关慈善组织需设定在当前社会经济状况下适当且有效的目的。

"有关慈善组织"指依据该计划,对财产进行支配或以其名义进行支配的慈善组织。

Ⅳ.计划若规定财产转移至其他慈善组织,可赋予该慈善组织内部受托人如下义务:确保在合理可行的范围内,该财产用于性质上与初始目的相似的目的。

Ⅴ.本条所称捐赠财产包括现存的初始捐赠财产或其衍生财产。

Ⅵ.依据计划规定,本条所称将财产转让给其他慈善组织指转让给:

(一)慈善组织;

(二)全体慈善组织内部受托人;

(三)某一慈善组织的受托人,或

(四)全体慈善组织内部受托人指定的托管慈善组织之人。

Ⅶ.若捐赠财产的用途已改变或已被纳入计划或其他文件中,本条所称捐赠的初始目的应解释为:目前使用该财产的目的。

第六十八条 依据宪章或法规管理的慈善组织

Ⅰ.若设立或管理法人团体的皇室宪章可通过准许及采纳后续宪章的方式进行修改,第二款可适用。

Ⅱ.涉及法人团体或管理法人持有之财产(包括将财产用于其他类似目的)的计划:

(一)即使该计划在宪章修改前无法生效,亦可由法院依据其有关慈善组织的管辖权制订,但

（二）必须规定，该计划或其中未经宪章修改无法生效的部分不予生效，除非或直至女王陛下认为以致使上述计划或部分生效的方式修改宪章是适当的。

Ⅲ．若依据下列情形之一，已制订出有关法人的计划，且女王陛下认为便于为该计划修改有关该主体的皇室宪章，第四款可适用。

（一）法院有关慈善组织的管辖权，或北爱尔兰地区法院的相应管辖权；

（二）本法或任何北爱尔兰有关慈善组织立法授予的权力。

Ⅳ．依据法人的申请，女王陛下可以颁布枢密令，以准许及采纳后续宪章的任何方式对宪章进行相应修改，且该枢密令可以与修改宪章相同的方式被撤销或修改。

Ⅴ．当涉及附件五中描述的慈善组织时，实施所规定的特定类型的法令或执行该等文书不排除或限制法院有关慈善组织的管辖权。

Ⅵ．为附件五中描述的慈善组织制订的计划可如同法院所定计划一样，修改或取代与之有关的法令或文书条款，且也可依据计划中的授权制定条款。

二 慈善委员会制订计划的权力等

第六十九条 为特定目的，慈善委员会与高等法院共享的管辖权

Ⅰ．为下列目的，慈善委员会可发布命令，行使高等法院在慈善组织诉讼中的管辖权和权力：

（一）为慈善组织的管理制订计划；

（二）为慈善组织指定、解雇或开除慈善组织内部受托人或受托人，或开除高级职员或雇员；

（三）授予或转移财产，或者要求或授权任何人索取或进行财产转移或付款。

Ⅱ．第一款不应违背本法规定。

Ⅲ．若法院对即将设立的慈善组织之管理计划作出指导，那么

（一）法院在认为适当时，可通过命令将此事项移交给慈善委员会，令其依据该等指示（若有）准备或安排计划，且

（二）该等命令可规定，如同第一款项下的计划一样，该计划可通过慈善委员会命令生效，无须法院发布进一步命令。

第七十条　对慈善委员会共享管辖权的限制

Ⅰ. 慈善委员会不享有第六十九条项下的权力以对下列事项进行审判或裁决：

（一）慈善组织或慈善组织受托人，以及持有或主张该财产之人，或在该财产上主张与慈善组织相反利益之人决定法律上或衡平法上的财产所有权的归属；

（二）有关费用或信托是否存在的问题。

Ⅱ. 在遵守后续条款的前提下，除以下情形外，慈善委员会不可依据第六十九条行使其有关慈善组织的管辖权：

（一）依据慈善组织的申请；

（二）依据法院根据第六十九条第三款发布的命令；

（三）依据司法部长的申请。

Ⅲ. 当慈善组织的一年的总收益不超过 500 英镑，慈善委员会可根据如下人员的申请依据第六十九条行使其管辖权：

（一）一个或多个慈善组织内部受托人；

（二）任何与慈善组织有利害关系的人；

（三）两个或多个地方慈善组织所在地的居民。

Ⅳ. 当涉及非豁免登记的慈善组织时，若同时满足下列条件，则第五款可适用。

（一）慈善委员会认为慈善组织内部受托人应为慈善组织申请计划，但其不合理地拒绝或忽视如此，且

（二）已经给予慈善组织内部受托人向其说明的机会。

Ⅴ. 慈善委员会——

（一）可如同慈善组织已提交计划申请一样行事，但

（二）当其依据本条采取行动时，除非该慈善组织已成立40年，否则不可改变慈善组织的目的。

Ⅵ. 在下列情形下，慈善委员会可视为慈善组织已提交申请：

（一）慈善组织因任何慈善组织内部受托人的空缺，或任何受托人不在或无行为能力而无法向慈善委员会申请计划，但

（二）一定数量的慈善组织内部受托人已申请上述计划，且慈善委员会认为在该等情形下此数量是适当的。

Ⅶ. 基于慈善组织内部受托人或受托人的申请，为解除该申请人的受托职责，慈善委员会可行使其管辖权。

Ⅷ. 因下列原因，慈善委员会认为由法院审理更为适当时，慈善委员会不可依据第六十九条行使（未通过法院命令向其移交的）管辖权：

（一）其管辖权尚存争议，或该管辖权可能涉及特殊法律或事实；

（二）其他原因。

第七十一条　慈善委员会行使共享管辖权：通知

Ⅰ. 除依据法院命令行使外，在行使第六十九条项下管辖权前，慈善委员会应将其意向通知慈善组织所有受托人，除非某一受托人——

（一）下落不明，或在英国没有已知的地址，或

（二）参与或知晓行使管辖权的申请。

Ⅱ. 该等通知：

（一）可通过邮寄方式送达，且

（二）若使用邮寄，可寄往收件人在英国最后被知晓的地址。

第七十二条　修改第七十条第三款所列数额的权力

部长基于下列原因之一，可发布命令通过以其他数额替代目前所列数额的方式修改第七十条第三款：

（一）货币价值变动；

（二）为增加慈善委员会可依据第七十条第三款行使其第六十九

条项下管辖权的慈善组织数量。

第七十三条　制订条文修改计划的权力等

Ⅰ. 若慈善委员会认为,为管理慈善组织之目的需制订计划,并且符合下列条件之一的,可为获得本条项下的效力而(在遵守第七款的前提下)制订计划:

(一)该计划需要修改涉及设立或管理慈善组织法律的条款,或制定其他超出或可能超出慈善委员会在本条之外可行使权力的条款;

(二)将计划交付议会审查是合理的。

Ⅱ. 慈善委员会依据本条制订的计划可基于部长的命令生效。

Ⅲ. 在遵守第四款和第六款的前提下,根据第二款发布的命令可因国会的决议而取消。

Ⅳ. 当计划超出慈善委员会在本条之外可行使的权力,且该权力涉及修改公共一般法之中的,或据公共一般法生效的法定条款时,除非该命令的草案已提交给国会并经其决议通过,否则不得发布任何命令。

Ⅴ. 在遵守第六款的前提下,如同依据第六十九条项下的慈善委员会命令而生效的计划一样,依据本条生效的计划中的任何条款可被法院或慈善委员会修改或废止。

Ⅵ. 若第四款适用于某一计划,使其生效的命令:

(一)可指示,除依据本条生效的计划外,任何计划不得修改或取代该计划;

(二)亦可指示,第四款适用于任何据此命令生效的修改或取代该计划的其他计划。

Ⅶ. 当缺少慈善委员会依据第六十九条行事所需的申请,及所需的向慈善组织内部受托人发出的通知时,慈善委员会不得依据本条行事。

Ⅷ. 但当慈善组织提交了计划申请,或慈善委员会依据第七十条第五款或第六款行事时,慈善委员会在其认为适当时可依据本条或第六十九条行事。

第七十四条 对促进议案通过的费用的限制

Ⅰ. 未经法院或慈善委员会同意，准备国会议案或促进议案通过的费用不得从为慈善组织目的使用的资金中支出。

Ⅱ. 无论慈善组织信托文件中规定为何，第一款均适用。

第七十五条 改变慈善财产使用的进一步权力

Ⅰ. 若慈善委员会认为同时存在以下情形的，可使用本条第二款的规定：

（一）在现有情况下，慈善组织的总收益无法有效使用于慈善组织的目的；

（二）若上述情况持续存在，可能需要为将剩余财产用于其他目的而制定方案；

（三）因任何原因，制订该等计划并不合适。

Ⅱ. 慈善委员会可发布命令，授权慈善组织内部受托人为任何目的，任意（但需遵守命令施加的条件）使用依据该等计划可使用的已累积或累计中的收益。

Ⅲ. 依据第二款命令的授权使用已累积或累计的收益，应视为符合慈善组织之目的。

Ⅳ. 第二款项下的命令不适用于使用——

（一）超过命令发布日前累计的 300 英镑收益；

（二）自上述日期起，累计超过 3 年的收益，或

（三）在上述 3 年内累计的，超过 100 英镑的收益。

三 慈善委员会为保护慈善组织而行事的权力等

第七十六条 将受托人等停职及指定临时管理人

Ⅰ. 若慈善委员会在依据第四十六条针对任何慈善组织发起调查之后，认为符合下列情形之一的，则可适用第三款的规定：

（一）在管理慈善组织的过程中出现不法行为或管理不善；

（二）为保护慈善组织财产，或确保为实现慈善目的而合理使用财产或即将属于慈善组织的财产的目的，认为有必要或应当如此行事的。

Ⅱ．（无论慈善组织信托中规定为何）第一款所规定的不法行为或管理不善的行为包括为补偿或奖励处理慈善组织事务之人，或为其他管理性目的，使用了与慈善组织目的所能或可能相比较，明显过多的支出。

Ⅲ．慈善委员会可主动从事下列活动中的一项或多项：

（一）（无论是否依据第七十九条、第八十条或其他条款）在考虑免除受托人、慈善组织内部受托人、高级职员、慈善组织代理人或雇员的职务前，通过命令暂停其职务；

（二）为适当管理慈善组织，通过命令指定其认为必要的额外数量的受托人，或

（三）通过命令将慈善组织或其信托持有的财产转移至官方托管，或要求财产所属之人将其转移至官方托管，或指定任何人将该等财产转移至官方托管；

（四）命令任何代表慈善组织或为其设立的信托而持有财产之人，未经慈善委员会同意，不得与该等财产分离；

（五）命令慈善组织的债务人，未经慈善委员会同意，不得在履行义务过程中或为履行义务而向慈善组织清偿。

（六）（无论慈善信托中所列为何）通过命令限制在慈善组织管理过程中未经慈善委员会同意可能达成的交易及限制可能进行的付款的性质或金额；

（七）通过命令（依据第七十八条）指定临时经理，作为有关财产及慈善组织事务的接收人及管理人。

Ⅳ．慈善委员会依据第三款第一项发布的命令，不得致使受雇人员停职超过 12 个月。

Ⅴ．但依据第三款第一项发布的涉及某个人（"P"）的命令，可

规定 P 因该命令停职的期限，尤其是：

（一）为便于任何以 P 的名义或代表 P 行事的人签署文件，且

（二）当涉及慈善组织内部受托人时，为了调整管理受托人行动的规则，且该调整是因能够行事之人数量的减少引起的。

该款不影响第三百三十七条第一款及第二款的一般适用。

Ⅵ．慈善委员会：

（一）必须以其认为适当的频率，审查其依据上述第三款第一项、第三至第七项及第三款发布的任何命令，且

（二）若在审查中，慈善委员会认为全部或部分取消该命令是适当的，慈善委员会应如此取消（无论是否依据保留或其他过渡性条款）。

第七十七条　违反第七十六条项下特定命令，构成违法

Ⅰ．违反依据以下条款发布的命令，构成违法：

（一）第七十六条第三款第四项（禁止与财产分离的命令）；

（二）第七十六条第三款第五项（禁止慈善组织债务人履行义务）；

（三）第七十六条第三款第六项（限制交易或付款的命令）。

Ⅱ．构成第一款之违法行为者，应以即决裁决处以不超过第五标准等级的罚金。

Ⅲ．本条不应被视为排除，因第七十六条第三款第四项、第六项下命令被违反而向慈善组织受托人提起违反信托之诉（无论是否依据本条向受托人提起该等有关违反命令的诉讼）。

第七十八条　临时管理人：补充

Ⅰ．慈善委员会可依据第七十六条第三款第七项，任命其认为适当的人为慈善组织临时管理人。

Ⅱ．依据第七十六条第三款第七项发布的命令可规定该命令所任命的临时管理人应履行的职责。

本款不影响第三百三十七条第一款及第二款的一般适用。

Ⅲ. 临时管理人应在慈善委员会的监督下履行上述职责。

Ⅳ. 当涉及上述职能的履行时，第七十六条第三款第七项下的命令可规定：

（一）被任命的临时管理人拥有命令中列明的所规定的慈善组织内部受托人的权力，并承担其义务（无论该等权力及义务是否源于本法）；

（二）临时管理人行使第一项列明的权力并履行其中的义务时，上述受托人不再享有该等权力，亦不再履行该等义务。

Ⅴ. 若该等命令任命了临时管理人——

（一）如同适用于所规定的慈善组织内部受托人及慈善组织内部受托人义务一般，第一百一十条亦适用于临时管理人及其职能，且

（二）慈善委员会可向高等法院申请关于该等职能履行之具体事项的指示。

Ⅵ. 当其认为适当时，高等法院可依据第五款第二项下的申请——

（一）发布该等指令，或

（二）发布命令声明（无论是否当庭的）任何人的权利。

Ⅶ. 提起第五款第二项下申请的费用应由所规定的慈善组织承担。

Ⅷ. 部长制定的条例可规定有关下列事项的条款：

（一）任命依据本条受任命之人及将其免职；

（二）用所规定的慈善组织之收入补偿上述人员；

（三）上述人员应向慈善委员会报告。

Ⅸ. 特别地，第八款项下的条例可授权慈善委员会——

（一）要求上述受任命之人确保适当履行其职能；

（二）决定该人的报酬；

（三）在条例规定的情形下不被允许获得报酬的金额。

第七十九条　为保护等目的将受托人及高级职员等免职

Ⅰ. 若慈善委员会在依据第四十六条针对任何慈善组织发起调查

之后，认为第七十六条第一款一项（不法行为及管理不善等）及第二款（保护财产等的需要）的条件均得到满足，第二款可适用。

Ⅱ．慈善委员会可主动从事以下事项之一或全部：

（一）通过命令免去任何负责或参与不法或管理不善行为的，或从事导致或加剧上述事项之行为的受托人、慈善组织内部受托人、慈善组织高级职员、代理人及职员的职务；

（二）为管理慈善组织而通过命令制订计划。

第八十条　其他任命慈善组织内部受托人或将其免职的权力

Ⅰ．受托人若符合下列情形之一，且受托人未能或无法履职妨碍了慈善组织的适当管理，慈善委员会可主动通过命令免去符合下列条件的慈善组织受托人的职务：

（一）最近5年内，受托人因曾被认定破产而被解雇，或因曾与债务人达成和解协议、调解协议或签订信托契约，而被解雇；

（二）受托机构是正在清算中的法人；

（三）受托人符合1983年精神卫生法中定义的精神失常而无能力行事；

（四）受托人过去未能履行职责，且今后亦不会作出是否愿意履职的声明；

（五）受托人身处英格兰及威尔士境外且下落不明，或未能履行职责。

Ⅱ．慈善委员会可主动通过命令任命某人成为慈善组织内部受托人：

（一）以代替慈善委员会依据第七十九条、本条第一款及其他条款解雇的慈善组织内部受托人；

（二）若在没有托管人的情形下，或由于托管人数量不足或其成员的缺席或无行为能力，慈善组织无法申请任命；

（三）若仅存在一个非法人团体的慈善组织内部受托人，且慈善委员会认为为适当管理慈善组织的目的，有必要增加受托人数量；

（四）若慈善委员会认为为适当管理慈善组织的目的，由于现有的某个需保留的慈善组织内部受托人身处英格兰及威尔士境外且下落不明，或未能履行职责，有必要增加一个慈善组织内部受托人。

Ⅲ．第一款第一项中所提被认定破产的受托人包括财产被没收的受托人。

Ⅳ．本条不适用于豁免登记的慈善组织，除非在慈善委员会依据第四十六条对其发起调查后适用。

第八十一条　任命慈善组织内部受托人或将其免职等：补充

Ⅰ．慈善委员会依据第七十六条、第七十九条和第八十条拥有的主动解雇及任命慈善组织内部受托人的权力包括，在其依据第六十九条（为特定目的慈善委员会与高等法院共享的管辖权）项下命令解雇或任命受托人时，发布其力所能及的授予受托人或向其转让财产的命令。

Ⅱ．为了任命慈善组织内部受托人或慈善组织受托人，或者将其免职，或授予或转让财产，而依据上述条款或本条发布的命令与第六十九条项下命令效力相同。

Ⅲ．除非在慈善委员会依据第四十六条对其发起调查后，本条不适用于豁免登记的慈善组织。

第八十二条　将受托人等免职：通知

Ⅰ．在依据第七十九条或第八十条行使管辖权时，除非慈善组织内部受托人下落不明或在英国的地址不明，慈善委员会应向其发出意欲行使权力的通知。

Ⅱ．任何通知——

（一）均可通过邮寄送达，且

（二）若通过邮寄送达，可寄往收件人在英国最后被知晓的地址。

第八十三条　暂停或解除托管人等慈善组织成员资格的权力

Ⅰ．第二款适用于如下情形：

（一）慈善委员会发布第七十六条第三款项下命令，将慈善受托

人、慈善组织内部受托人、高级职员、慈善组织的代理人或雇员等人停职，且

（二）上述人员是慈善组织的成员。

Ⅱ．慈善委员会可发布命令，在上述人员停职期间，暂停其慈善组织成员的资格。

Ⅲ．第四款适用于如下情形：

（一）慈善委员会发布第七十九条第二款项下命令，解雇高级职员、慈善组织的代理人或雇员等人员，且

（二）上述人员是慈善组织的成员。

Ⅳ．慈善委员会可发布命令：

（一）解除上述人员慈善组织成员的资格，且

（二）禁止未经慈善委员会同意恢复其在慈善组织的资格。

Ⅴ．若自命令发布日期起算，为获取慈善委员会同意而提交的第四款第二项下的申请已提交5年或超过5年，慈善委员会必须同意此申请，除非特殊情况表明应拒绝。

第八十四条　指示采取具体行动的权力

Ⅰ．若慈善委员会在针对任何慈善组织发起第四十六条项下调查之后，认为第七十六条第一款第一项（不法及管理不善等行为）及第二项（保护财产的需要及其他）的条件均得到满足，本条第二款可适用。

Ⅱ．慈善委员会发布命令指定以下事项时，可采取命令中列明的慈善委员会认为便于实现慈善组织利益的行动：

（一）慈善组织内部受托人；

（二）慈善组织的受托人；

（三）慈善组织高级职员或雇员，或

（四）（法人团体情形下）慈善组织本身。

Ⅲ．本条项下的命令：

（一）可要求采取有关慈善组织财产管理的行动，无论是否属于

所规定的人员职权范围内，但

（二）不可要求采取法律所禁止、慈善信托明示禁止及违背慈善组织目的的行动。

Ⅳ．任何依据本条项下命令授权而为的行为被视为合理行使第三款第一项下的权力。

Ⅴ．第四款不妨碍任何因该等命令授权之行为产生的合同性质或其他性质的权利。

第八十五条　指示慈善组织使用财产的权力

Ⅰ．若慈善委员会认为：

（一）持有或控制慈善组织或其信托所有财产的人不愿将该等财产用于慈善目的，且

（二）为确保实现慈善组织目的而适当使用财产，有必要或适于发布本条项下的命令。

Ⅱ．慈善委员会可发布命令，指示所规定的人员以命令中列明的方式使用财产。

Ⅲ．本条项下的命令：

（一）可要求采取有关慈善组织财产管理的行动，无论是否属于所规定的人员职权范围内，但

（二）不可要求采取法律所禁止、慈善信托明示禁止及违背慈善组织目的的行动。

Ⅳ．任何依据本条项下命令授权而为的行为被视为合理行使第三款第一项下的权力。

Ⅴ．第四款不妨碍任何因该等命令授权之行为产生的合同性质或其他性质的权利。

第八十六条　将特定命令的副本及其理由送达慈善组织

Ⅰ．若慈善委员会依据第二款提及的条款发布命令，其应将第三款提及的文件送达：

（一）（如该机构是法人团体）所规定的慈善组织，或

（二）（如不是法人团体）所有慈善组织内部受托人。

Ⅱ．第一款所规定的条款如下：

（一）第七十六条（将受托人等停职及任命临时管理人）；

（二）第七十九条（为保护等目的将受托人及高级职员等免职）；

（三）第八十条（其他任命慈善组织内部受托人或将其免职的权力）；

（四）第八十一条（任命慈善组织受托人或将其免职等：补充）；

（五）第八十三条（暂停或解除受托人等慈善组织资格的权力）；

（六）第八十四条（指示采取具体行动的权力）；

（七）第八十五条（指示慈善组织财产使用的权力）。

Ⅲ．第一款所规定的文件如下：

（一）命令副本，及

（二）慈善委员会所作的理由说明。

Ⅳ．应在命令发布后，尽快将文件送达慈善组织或受托人。

Ⅴ．若慈善委员会考虑到如此行事将产生以下后果，则其无须遵守第四款关于文件的规定，但是，如果其认为上述事项不复存在，则必须在可行的范围内尽快将文件或（依据具体情况）说明送达慈善组织或其受托人：

（一）妨碍任何调查，或

（二）不符合慈善组织目的。

Ⅵ．本条绝非要求将文件送达下落不明，或在英国地址不明的人员。

Ⅶ．任何依据本条需寄送的文件应按照，依据第三百三十九条送达慈善委员会发布的本法项下命令的方式寄送或送达。

第八十七条　特定苏格兰慈善委员会的监督

Ⅰ．如同适用于慈善组织一样，第七十六条至第八十二条（第七十九条第二款第二项除外）及第八十四条至第八十六条适用于以下任何组织：

（一）登记于苏格兰慈善组织登记簿的组织；

（二）全部或主要的管理、控制位于或来源于英格兰或威尔士的组织。

Ⅱ. 第三款适用于符合如下情形的组织：

（一）登记于苏格兰慈善组织登记簿，全部或主要的管理、控制位于或来源于苏格兰，但

（二）以该组织或其管理或控制人员的名义持有该组织任何财产的人员位于英格兰及威尔士。

Ⅲ. 若依据向苏格兰慈善组织管理机构提交的信息，慈善委员会认为符合第四款中的条件，慈善委员会可发布命令要求持有财产之人未经慈善委员会同意不得与财产分离。

Ⅳ. 条件如下：

（一）管理该组织的过程中存在不法行为或管理不善，且

（二）为保护该组织财产或为确保对财产的使用能够合理实现该组织的目的，有必要或适于发布第三款项下的命令。

Ⅴ. 第六款适用于如下情形：

（一）以该组织或其管理或控制人员的名义，持有登记于苏格兰的组织之任何财产的人员位于英格兰及威尔士，且

（二）（无论是否依据向苏格兰慈善组织管理机构提交的信息）慈善委员会认为符合以下条件：

（1）管理该组织的过程中存在不法行为或管理不善，且

（2）为保护该组织财产或确保对财产的使用能够合理实现该组织的目的，有必要或适于发布第六款项下的命令。

Ⅵ. 慈善委员会可发布命令：

（一）将财产授予第七款和第八款项下命令列明的组织或慈善组织；

（二）要求所有人将财产转让给该等组织或慈善组织，或

（三）指定人员将财产转让给该等组织或慈善组织。

Ⅶ. 若慈善委员会认为，下述组织或慈善组织的目的与第五款第一项提及的组织的目的一样合理可行，慈善委员会可在第六款项下的命令中列明其认为适当的——

（一）在苏格兰慈善组织登记簿中登记的组织，或

（二）慈善组织。

Ⅷ. 除非收到发自以下人员的表明愿意接受财产的书面确认，慈善委员会不得依据第七款列明任何组织或慈善组织：

（一）该组织的管理或控制人员，或

（二）（根据具体情况）慈善组织内部受托人。

四　公开计划及命令

第八十八条　公开计划

Ⅰ. 慈善委员会不得发布本法项下的命令，以为管理慈善组织之目的制订计划，或向法院或部长提交上述计划，以取得可使计划生效的命令，除非在为上述行为之前，慈善委员会已遵循第二款中的公开要求。上述内容应遵守第四款中不适用公开要求的规定。

Ⅱ. 公开要求如下：

（一）慈善委员会必须向公众通知其意向，促使公众在通知规定的时间内向其表达意见，且

（二）当计划涉及教区或威尔士社区中的（除教会慈善组织外的）地方慈善组织时，慈善委员会必须将计划草案传达给：

（1）教区慈善委员会，或在教区没慈善委员会时，给教区会议主席，或

（2）社区慈善委员会，或在社区没慈善委员会时，给郡议会或自治市议会。

Ⅲ. 慈善委员会可决定公布该等通知或传达该等草案的时间。

Ⅳ. 若慈善委员会认为由于计划的形式，或其他原因，没有必要遵守公开要求的，其可决定某一特定计划无须遵循某一或全部公开

要求。

Ⅴ. 若慈善委员会依据本条向公众通知其意向——

（一）其必须考虑在通知所列时期内向其表达的意见，且

（二）在不改动或合理改动意向的前提下，可实施其意向（无须再行通知）。

Ⅵ. 若慈善委员会为管理慈善组织之目的，发布命令以制订计划，其应在命令发布后的至少一个月内，在合理的时间在下述地点向公众提供命令副本以供审阅：

（一）在慈善委员会办公室，且

（二）若涉及地方慈善组织，在机构所在地的合适地点。

Ⅶ. 若慈善委员会基于任何原因认为无须向地方居民公开计划副本，第六款第二项不适用。

Ⅷ. 任何依据本条发出的意向通知：

（一）若慈善委员会认为充分且适当，应包括意向的详情，或获取详情的说明，及

（二）应以慈善委员会认为充分且适当的方式发出。

第八十九条　公开关于受托人或其他人员的命令

Ⅰ. 除依据下列命令外，慈善委员会不得发布本法项下的命令以任命、解雇慈善组织内部受托人或受托人，或将其免职：

（一）有关官方托管人的命令，或

（二）第七十六条第三款第二项下（指定额外的慈善组织受托人）的命令，

且在为上述行为之前，慈善委员会必须遵循第二款项下的公开要求。

上述内容应遵守第四款中有关不适用公开要求的规定。

Ⅱ. 公开要求是指，慈善委员会必须向公众通知其意向，并促使公众在通知规定的时间内向其表达意见。

Ⅲ. 慈善委员会可决定公布该等通知的时间。

Ⅳ.若慈善委员会基于任何原因认为无遵循之必要，其可决定某一特定命令无须遵循公开要求。

Ⅴ.当慈善委员会发布本法项下命令以免去某个慈善组织内部受托人或受托人，或慈善组织的高级职员、代理人或雇员的职务时，无须上述人员同意，慈善委员会应提前不少于一个月向其发出慈善委员会意向的通知，并促使其在通知列明的时间内表达意见。但是若上述人员下落不明或在英国地址不明的除外。

Ⅵ.若慈善委员会依据本条向公众通知其意向——

（一）其必须考虑在通知所列时期内向其表达的意见，且

（二）在不改动或合理改动意向的前提下，可实施其意向（无须再行通知）。

Ⅶ.任何依据本条发出的意向通知——

（一）若慈善委员会认为充分且适当，应包括意向的详情，或获取详情的说明，及

（二）（在发布公开通知时）应以慈善委员会认为充分且适当的方式发出。

Ⅷ.任何依据第五款发出的通知——

（一）均可通过邮寄送达，且

（二）若通过邮寄送达，可寄往收件人在英国最后被知晓的地址。

五　授予官方托管人的财产

第九十条　将慈善组织财产交付官方托管人，及信托终止

Ⅰ.法院可发布命令：

（一）将慈善组织或其信托持有的土地授予官方托管人，

（二）授权或要求该等土地的所有人将土地交付官方托管人，或

（三）指定人员将该等土地交付官方托管人。

Ⅱ.但第一款不适用于通过抵押或其他担保权获得的土地上的利益。

Ⅲ. 若财产被授予慈善组织信托中的官方托管人，法院可发布命令解除官方托管人针对全部或部分财产的信托义务。

Ⅳ. 若财产的官方托管人被解雇，或官方托管人持有财产所依据的信托终止，法院可发布其认为必须或适宜的财产转移命令或指示。

Ⅴ. 由于遵照本条项下命令行事，或赋予依据本条所为之行为以效力而产生的损失，任何人无须承担责任。

Ⅵ. 若取得该等命令的方式不适当，如下事项不可成为免责理由：

（一）遵照本条项下命令行事，或

（二）赋予依据本条所为之行为以效力。

第九十一条　关于将财产授予官方托管人的补充条款

Ⅰ. 在遵守本法条文的前提下，若将财产授予慈善组织信托中的官方托管人，该等官方托管人：

（一）不得行使管理权，但

（二）作为财产的受托人，其下列事项与1906年公共信托法第四条中公司指定的受托人一样：

（1）拥有的权力及承担的职责和义务，

（2）有权享有的权利及豁免，以及

（3）需遵循的法院的控制和命令。

Ⅱ. 第一款并不授权官方托管人收取费用。

Ⅲ. 在遵守第四款的前提下，若土地被授予慈善信托中的官方托管人，慈善组织内部受托人可以官方托管人的名义或代表官方托管人签署或完成其自身获得土地交付情形下可签署或完成的担保或其他事务。

Ⅳ. 若依据第七十六条第三款第三项下的命令，任何土地被授予官方托管人，第三款赋予慈善组织内部受托人的权力不包括进行影响土地的交易，除非该交易已经法院或慈善委员会命令授权。

Ⅴ. 若任何土地被授予慈善信托中的官方托管人：

（一）慈善组织内部受托人拥有如同自身受托付时相同的，将其签署同意的义务适用于该土地上的权力，且

（二）如同该土地交付于慈善组织内部受托人一般，任何因该土地交付官方托管人而可由或可向官方托管人主张的契约、合同或条件，均可由或可向慈善组织受托人主张。

Ⅵ. 当涉及慈善法人时，第三款至第五款中的慈善组织应替换为慈善组织内部受托人。

Ⅶ. 第三款至第五款绝非授权慈善组织内部受托人或慈善组织将任何个人责任强加于官方托管人。

Ⅷ. 若作为慈善组织受托人的官方托管人保管有关信托财产权利的抵押物或文件，官方托管人可允许该等抵押物或文件由慈善组织内部受托人持有或控制，且无须承担任何责任。

六　官方托管人与1987年归复土地法

第九十二条　应1987年法案适用时，撤销官方托管人

Ⅰ. 第二款适用于下列情形：

（一）任何土地被授予慈善组织信托中的官方托管人，且

（二）在慈善委员会看来，1987年法案第一条（信托取代的归复权）将，或可能在特定时间或特定情形下适用于该土地。

Ⅱ. 在1987年法案适用于该等土地前的任何时间，为下列目的，慈善委员会为解雇慈善组织受托人所能行使的第六十九条项下的管辖权可由慈善委员会主动行使：

（一）发布命令，解除官方托管人对该等土地的托管，及

（二）发布慈善委员会认为必要或便宜的财产转移命令或指示。

Ⅲ. 本条及第九十三条至第九十五条——

（一）所称"1987法案"指1987年归复土地法，且

（二）所称适用于任何土地的1987年法案第一款指依据该条为土地设立的信托。

第九十三条　1987年法案适用时，撤销官方托管人

Ⅰ. 第二款适用于如下情形：

（一）在 1987 年法案第一款适用之前，其所适用的土地被授予慈善信托中的官方托管人，且

（二）该土地仍属于官方托管人，但其依据为基于该条款设立的信托。

Ⅱ．法院或慈善委员会可（主动）：

（一）发布命令解除官方托管人对土地的托管，且

（二）（在遵循第九十四条和第九十五条的前提下）发布慈善委员会认为必要或便宜的财产交托命令或指示。

第九十四条　在撤销官方托管人后将财产交付相关慈善组织内部受托人

Ⅰ．根据以下情形解除官方托管人对土地托管的命令时，本条第二款可以适用：

（一）是基于 1987 年法案第一款将要或可能适用于该土地的原因，由

法院依据第九十条第三款，或慈善委员会依据第六十九条发布；

（二）由法院或慈善委员会依据第九十三条发布。

Ⅱ．在撤销官方托管人后，财产应授予相关慈善组织内部受托人，除非法院或（根据具体情况）慈善委员会认为授予其他人员是适当的。

Ⅲ．第二款中"相关慈善组织内部受托人"是指：

（一）当涉及依据第一款第一项发布的命令时，在该命令生效前，授予官方受托人财产所依据的慈善组织信托中的慈善组织内部受托人，或

（二）当涉及依据第九十三条发布的命令时，在 1987 年第一款适用于该土地前，授予官方受托人财产所依据的慈善组织信托中的慈善组织内部受托人。

第九十五条　有关 1987 年法案的补充条款

Ⅰ．第二款适用于如下情形：

（一）1987年法案第一款已适用于第九十三条第一款第二项下的土地，且

（二）如第九十三条第一款、第二款所述，仍属官方托管人所有。

Ⅱ．在遵循第三款的前提下：

（一）所有除本条外，官方托管人作为土地托管人将获得或承担的权力、义务和责任，应由所规定的慈善组织内部受托人获得或承担，且

（二）上述受托人可以官方托管人的名义，签署或完成其自身获得土地交付情形下可签署或完成的担保或其他事务。

Ⅲ．第二款不应被视为要求或授权上述受托人在土地属官方托管人所有时出售土地。

Ⅳ．根据以下情形，下述受托人或（根据具体情况）下述其他人员应依据1987年法案第一条设立的信托条款持有该土地。

（一）依据第九十三条项下命令，官方托管人被解除对土地的托管，且

（二）依据第九十四条，该土地被授予慈善组织内部受托人或（根据具体情况）授予该等受托人之外的其他人。

Ⅴ．就依据第1987年法案第一条授予官方托管人的财产的任何损失或误用，官方托管人不向任何人承担责任，除非该损失或误用是由官方托管人，或官方托管人的代表的疏忽或违约引起的。

Ⅵ．但就因上述疏忽或违约造成的官方托管人应承担的责任，统一基金应向受害人作出补偿。

七　设立共同投资或存款基金

第九十六条　制订共同投资计划的权力

Ⅰ．法院或慈善委员会可依据规定内容如下的信托，发布命令制订设立共同投资基金的计划并使之生效：

（一）参与计划的慈善组织或以慈善组织名义将财产转让给基金，

并使之处于基金所指定进行管理的受托人控制之下,且

(二)(在遵循计划条文的前提下)参与的慈善组织有权按份取得基金的资产及收益,该份额依据其自身或以其名义转让给基金的金额或财产价值以及转移时基金的价值确定。

Ⅱ.本条及第九十七条至第九十九条中"共同投资计划"指第一款项下的计划。

Ⅲ.法院或慈善委员会可依据任意两个或两个以上慈善组织的申请制订共同投资计划。

第九十七条　可以参与共同投资计划的组织

Ⅰ.共同投资计划可——

(一)规定允许任何慈善组织参与,或

(二)以任何形式限制参与的权利。

Ⅱ.根据指定管理基金的受托人的决定,共同投资计划可规定允许加入计划的(除已参与的慈善组织外的)适当组织。

Ⅲ.本条中"适当组织"指苏格兰承认的组织,或北爱尔兰慈善组织,以及当适用的有关条款涉及包含第二款授权条款的计划时,"慈善组织"包括适当组织。

Ⅳ.有关条款指:

(一)第九十六条第一款(制订共同投资计划的权力);

(二)第九十八条(共同投资计划可包含的条款);

(三)第九十九条第一款(有关参与投资的慈善组织权利的条款);

(四)(仅当涉及北爱尔兰慈善组织时)第九十九条第二款(参与共同投资计划的权力)。

第九十八条　共同投资计划可包含的条款

Ⅰ.共同投资计划可规定共同投资基金的设立、投资、管理和解散及其有关事项,亦可特别规定以下内容:

(一)即便被指定为受托人而持有或管理全部或部分资金的人员

亦是慈善组织内部受托人或某参与投资的慈善组织的托管人，仍给予其酬劳，且无论是否有规定授权特定人员接受该报酬；

（二）限制基金规模，约束从基金中转移财产或撤回财产的时间、数额乃至权利，及为实现以向慈善组织提供借贷的方式从基金中预付一定资金的目的，暂停慈善组织对基金中财产的撤回；

（三）为避免分红数额的波动及为管理收益分配的一般性目的，从分红中提取收益；

（四）为完成付款可从基金中暂借资金；

（五）因计划而产生的下列问题可由管理基金的受托人或通过其他方式作出终局性决定：慈善组织的加入权、已参与慈善组织的权利或其他事项；

（六）管理应向慈善组织提供的账户和信息。

Ⅱ．除了规定在慈善组织有权获得基金资本及收益份额的前提下，慈善组织可向基金转移财产外，共同投资计划亦可规定，在慈善组织获得存款金额的偿还，及依据计划中规定或依其确定的比例获取上述金额的利息，并以慈善组织的名义存入资金。

Ⅲ．计划若包含上述条款，则还应规定，在基金负债合理需要时，从通过存款之外的途径加入的慈善组织分享的资本及收益金额中排除下列（不超过合理归结于存款的负债数额的）资金：

（一）存款返还，及

（二）存款利息，

（三）公积金所需资金。

第九十九条　关于共同投资计划和基金的进一步规定

Ⅰ．除非共同投资计划有相反规定，

（一）已加入慈善组织的在其项下的权利不可被转让或追索；

（二）管理共同投资计划的受托人或其他人员无须或无权考虑影响已加入慈善组织或其财产或权利的任何信托或其他权益。

Ⅱ．每一慈善组织的投资权均包括加入共同投资计划的权力，除非该加入权被慈善组织信托中有关共同投资计划的特别条款排除。

Ⅲ．为任何目的，共同投资基金均应被视为慈善组织。

Ⅳ．第三款不仅适用于依据第九十六条设立的共同投资基金，且适用于依据有关特殊慈善组织或特殊类别慈善组织的法律而专为慈善组织设立的类似基金。

第一百条　制订共同存款计划的权力

Ⅰ．法院及慈善委员会可通过命令，为依据内容如下的信托而设立的共同存款基金制订计划并使之生效：

（一）加入计划的慈善组织应存入或应以其名义存入的资金金额，且该资金交由被指定进行基金管理的受托人控制，以及

（二）（在遵守计划条文的前提下）上述慈善组织有权依据计划规定的比例取回如此存入的资金及其利息。

Ⅱ．本条及第一百〇一条至第一百〇三条中"共同存款计划"指第一款项下的计划。

Ⅲ．法院或慈善委员会可基于两个或多个慈善组织的申请制订共同存款计划。

第一百〇一条　可加入共同存款计划的组织

Ⅰ．共同存款计划可——

（一）规定允许任何慈善组织参与，或

（二）以任何形式限制参与的权利。

Ⅱ．在被指定管理基金的受托人决定的范围内，共同存款计划可规定允许加入计划的（除已参与的慈善组织外的）适当组织。

Ⅲ．本条中"适当组织"指苏格兰承认的组织，或北爱尔兰慈善组织，以及适用的有关条款涉及包含第二款授权条款的计划时，"慈善组织"包括适当组织。

Ⅳ．有关条款指——

（一）第一百条第一款（制订共同存款计划的权力）；

（二）第一百〇二条（共同存款计划可包含的条款）；

（三）第一百零三条第一款（有关已加入慈善组织权利的条款）；

（四）（仅当涉及北爱尔兰慈善组织时）第一百零三条第二款（参与共同存款计划的权力）。

第一百〇二条　共同存款计划可包含的条款

共同存款计划可规定共同存款基金的设立、投资、管理和解散及其有关事项，亦可特别规定——

（一）即便被指定为受托人而持有或管理全部或部分资金的人员亦是慈善组织内部受托人或某参与投资的慈善组织的托管人，仍给予其酬劳，且无论是否有规定授权特定人员接受该报酬；

（二）约束从基金中偿还所存入资金的时间、数额乃至权利；

（三）为抵销基金的任何损失，授权将部分收益纳入任一年的公积金账户，以及对不时确定存款利息率的方式作出一般性规定；

（四）为完成付款可从基金中暂借资金；

（五）因计划而产生的下列问题可由管理基金的受托人或通过其他方式作出终局性决定：慈善组织的加入权、已参与慈善组织的权利或其他事项；

（六）管理应向慈善组织提供的账户和信息。

第一百〇三条　有关共同存款计划和基金的进一步规定

Ⅰ．除非共同存款计划有相反规定——

（一）已加入慈善组织的在其项下的权利不可被转让或追索；

（二）管理共同投资存款中所规定的受托人或其他人员无须或无权考虑影响已加入慈善组织或其财产或权利的任何信托或其他权益。

Ⅱ．每一慈善组织的投资权均包括加入共同存款计划的权力，除非该加入权被慈善组织信托中有关共同存款计划的特别条款排除。

Ⅲ．为任何目的，共同存款基金均应被视为慈善组织。

Ⅳ．第三款不仅适用于依据第九十六条设立的共同存款基金，且适用于依据有关特殊慈善组织或特殊类别慈善组织的法律而专为慈善组织设立的类似基金。

第一百〇四条 "苏格兰承认的组织"及"北爱尔兰慈善组织"含义

Ⅰ. 第九十七条及第一百〇一条中"苏格兰承认的组织"指符合如下条件的组织：

（一）依据苏格兰法设立的，或

（二）对其的全部或部分管理或控制位于或来源于苏格兰，

且已收到英国海关税务总署发出的如下通知——针对该组织仅作慈善用途的收入的征税减免已到期，且该通知之后未被撤销。

Ⅱ. 第九十七条及第一百〇一条中的"北爱尔兰慈善组织"指符合下列条件的机构：

（一）依据北爱尔兰法成立的慈善组织，且

（二）已收到英国海关税务总署发出的如下通知——针对该组织仅作慈善用途的收入的征税减免已到期，且该通知之后未被撤销。

Ⅲ. 在本条中，"HRMC"指英国海关税务总署。"征税减免"指依据下列条款的减免：

（一）2007年所得税法第十编，或

（二）2010年公司税法第十一编中除第四百八十条（小额交易收益豁免）及第四百八十一条（对作为第一千一百七十三条适用对象的条款项下费用的豁免）外的任何条款。

八 授权处理慈善财产、特惠付款的权力等

第一百〇五条 授权处理慈善财产的权力及其他

Ⅰ. 在遵循本条规定的前提下，若慈善委员会认为在慈善组织管理中提议或计划的行为便于实现慈善组织利益，无论该行为是否属于慈善组织内部受托人在管理过程中可行使的权力，慈善委员会可发布命令批准该行为。

Ⅱ. 任何依据本条项下授权或命令所进行的活动应被视为对上述权力的行使。

Ⅲ. 本条项下的命令——

（一）可为授权特定交易、和解或类似活动，或者财产的特定使用而发布，或为给予更完整的授权而发布，及

（二）可授权慈善组织使用公用房屋，或雇佣普通职员，或为管理目的与其他慈善组织合并。

Ⅳ. 本条项下的命令可发布关于下列事项的指示：

（一）支出费用的方式，及

（二）有关命令授权之行动或由其引起的其他事项。

Ⅴ. 若本条项下命令给予的授权被行使，任何有关该授权的指示——

（一）届时如同被规定于慈善信托中一样，约束慈善组织内部受托人，但

（二）可依据慈善组织的申请，被修改或由后续命令取代。

Ⅵ. 可依据本条项下命令发布的指示尤其包括下列指示：

（一）用特定基金支付任何费用；

（二）从资本或收益中扣除任何费用；

（三）要求在特定期限内从收益中补偿从资本中扣除的任何费用；

（四）限制由慈善组织负担的花费，或

（五）用交易中所获资金进行投资。

Ⅶ. 本条项下的命令可授权从事任何行为，即便——

（一）该行为被1836年教会租赁法所禁止，或

（二）慈善信托中规定该等行为必须依据法院授权方可进行。

Ⅷ. 但本条项下的命令不可——

（一）授权从事1836年教会租赁法之外的法律及慈善信托所明示禁止的行为，或

（二）扩大或改变慈善组织目的。

Ⅸ. 当涉及慈善公司时，本条项下的命令可授权进行违反2006年公司法第十编第二章（董事的一般义务）董事义务的行为。

Ⅹ. 本条项下的命令绝非授权从事有关下列建筑的行为：被没收

的建筑，以及用途或处置受限，且依据2011年传教和牧师办法生效或被视为有效的计划可对其进行进一步限制的建筑。

Ⅺ. 第十款中所规定的建筑应被视为包括：

（一）建筑的一部分，及

（二）跟随计划所适用的建筑被利用或处置的土地。

第一百〇六条　授权宽限给付的权力等

Ⅰ. 在遵循第五款的前提下，若慈善组织内部受托人：

（一）（除本条外）无权采取第二款第一项或第二项下的行动，但

（二）在所有情况下均认为自身有采取该行动的道德义务，

慈善委员会可发布命令，行使与司法部长相同的权力以授权慈善组织内部受托人采取该行动。

Ⅱ. 上述行动指：

（一）使用慈善组织财产，或

（二）代表慈善组织，在任何程度上放弃接受财产的权利。

Ⅲ. 慈善委员会在行使第一款所授予的权力时，应依据司法部长发布的指示，或受该指示的监督。

Ⅳ. 在上述指示列明的情形下，该等指示可特别要求慈善委员会：

（一）避免行使第一款授予的权力，或

（二）在行使上述权力前与司法部长商议。

Ⅴ. 在下列情形下，慈善委员会必须将该申请移送至司法部长：

（一）慈善委员会被申请行使第一款授予的权力，且该权力未被上述指示排除，但

（二）慈善委员会认为该申请由司法部长，而不是慈善委员会受理更为合适。

Ⅵ. 兹声明，如果慈善委员会收到第五款第一项提及的申请，且慈善委员会拒绝该申请，不授权慈善组织受托人采取第二款第一项或第二项下行动，那么该拒绝并不排除司法部长基于受托人后续向其提交的申请而授权受托人采取上述行动。

九 发布有关慈善组织休眠账户的指示的权力

第一百〇七条 对休眠账户中的借贷进行指示的权力

Ⅰ.慈善委员会可在如下情形下发布第二款项下的指示：

（一）相关机构告知慈善委员会该机构以特定慈善组织（"有关慈善组织"）的名义持有一个或多个账户，且上述账户或（在其持有两个或两个以上账户时）上述多个账户处于休眠状态，且

（二）在进行合理调查后，无法确定该慈善组织或其受托人。

Ⅱ.本款项下的命令应符合以下条件：

（一）要求所规定的机构从所规定的账户中，向第三款项下指示中列明的其他慈善组织划入一定款项或（依据具体数量）总款项，并记入有关慈善组织的账户，或

（二）要求所规定的机构向上述指示中列明的其他两个或更多慈善组织划入与该慈善组织有关的列明款项或总款项。

Ⅲ.慈善委员会得采取以下行动：

（一）在知晓有关慈善组织目的，且在考虑此等目的及其他慈善组织目的后，仍认为适当，可在第二款项下的指示中列明该等其他慈善组织。

（二）不得列明任何慈善组织，除非慈善组织内部受托人向其发送书面确认，表明该等受托人愿意接受将要划入慈善组织账户的款项。

Ⅳ.慈善组织依据本条取得的款项应符合下列条件：

（一）应为慈善组织目的持有或使用该等款项，但

（二）该等资金作为慈善财产，也应遵守有关慈善组织的费用所受的限制。

Ⅴ.因收到依据本条从有关慈善组织取得的款项而签发的收据可作为划款机构已履行划款义务的充分凭证。

第一百〇八条 划转前不再处于休眠状态的账户

Ⅰ.本条适用于下列情形：

（一）有关机构按照第一百〇七条第一款第一项向慈善委员会发出通知，且

（二）在有关机构依照第一百〇七条第二款项下指令划转金额前，该机构基于任何原因认为，以有关慈善组织名义持有的该等账户或（依据具体情形）多个账户中的一个不再处于休眠状态。

Ⅱ．该机构必须毫不迟延地书面通知慈善委员会上述情况。

Ⅲ．若慈善委员会认为所规定的账户不再处于休眠状态，其必须在撤销之前依据第一百〇七条第二款向有关机构发布涉及有关慈善组织的指示。

第一百零九条　银行休眠账户：补充

Ⅰ．（无论如何施加的）针对披露规定的保密义务及其他限制性义务不得妨碍有关机构向慈善委员会披露信息，以使其依据第一百〇七条及第一百〇八条履职。

Ⅱ．为第一百〇七条、第一百〇八条及本条之目的，在慈善委员会依据第一百〇七条第一款第一项收到通知的5年前，没有发生涉及账户的交易，则可认定该账户处于休眠状态，除非存在以下情形：

（一）涉及向该账户付款的交易，或

（二）持有该等账户的机构自身发起的交易。

Ⅲ．为第一百〇七条和第一百〇八条之目的，"有关机构"指：

（一）英格兰银行；

（二）2000年金融服务及市场法第四编允许吸纳存款的主体；

（三）上述法案第十五条允许吸纳存款的，且属于该法附件三第五条第二项种类的欧洲经济区企业，或

（四）部长规定可在英国合法吸纳存款的组织。

Ⅳ．第三款中的第二项至第四项应参考下列条款进行解释：

（一）2000年金融服务及市场法第二十二条；

（二）任何上述条款项下的有关命令，及

（三）该法附件二。

Ⅴ．为第一百〇七条和第一百〇八条之目的，向慈善组织划款指向慈善组织受托人确定的慈善组织内部受托人，或慈善组织的受托人划款，慈善组织接受款项也应如此解释。

Ⅵ．为决定涉及第四十六条至第五十三条（调查及搜查）行使的事项，应推定慈善委员会在第一百〇七条和第一百〇八条项下不存在涉及本款所规定的账户的职能。

（本款导致例如以下情形的结果：有关机构与慈善委员会第一百〇七条和第一百〇八条项下的职能无关，但被第四十七条第二款第一项要求提供有关该机构所持账户的陈述或回答与此有关的问题或问询。）

Ⅶ．第六款适用于符合下列条件的账户：

（一）依据第二款处于休眠状态，但

（二）若删除第二款，则不属于休眠状态。

十　慈善委员会的附加权力

第一百一十条　提供建议的权力

Ⅰ．基于慈善组织内部受托人的书面申请，慈善委员会可向申请者提供涉及下列事项的意见或建议：

（一）申请人（如受托人）履行关于所规定的慈善组织的职责，或

（二）其他涉及慈善组织适当管理的事项。

Ⅱ．符合下列条件之人（P）：

（一）是慈善组织的慈善组织内部受托人或受托人，且

（二）遵照慈善委员会（无论是向P还是向其他受托人）提供的第一款项下意见或建议行事，

基于其如此行事的职责，应被视为已遵照P的信托行事。

Ⅲ．但是，若依据上款行事时存在以下情形的，则第二款不适用：

（一）P知道或应合理怀疑此意见或建议忽视了重要事实，或

（二）法院或法庭已作出关于该事项的决定，或将要作出决定。

第一百一十一条　决定慈善组织成员资格的权力

Ⅰ．慈善委员会可依据慈善组织的申请，或在发起针对慈善组织的第四十六条项下调查后，决定慈善组织的成员。

Ⅱ．第一款之目的，该款项下的权力可由慈善委员会指定的人员行使。

Ⅲ．当涉及第一款第二项时，慈善委员会可在其认为适当时指定人员进行调查。

第一百一十二条　命令对律师账单进行评估的权力

Ⅰ．慈善委员会可发布命令，由以下人员评估律师为慈善组织、慈善组织的慈善组织内部受托人或受托人所提供的服务的账单以及评估的成本：

（一）命令中可能列明的高等法院分支机构中的诉讼费用官员，或

（二）其他有权命令进行账单评估的法院中的诉讼费用官员。

Ⅱ．基于为评估律师账单而发布的本条项下的命令中的下列事项与该命令是由评估法院依据支付账单人员的申请而发布时相同。

（一）评估的程序，

（二）诉讼费用官员拥有的权力，及

（三）支付的评估费用。

Ⅲ．除非慈善委员会认为要价过高，否则不应在支付后发布本条项下评估律师账单的命令。

Ⅳ．若有以下情形的，高等法院发布命令无须对律师费用进行评估，则不得发布本条项下的命令：

（一）关于律师报酬的协议已经履行很久，或

（二）账单已支付许久。

十一　有关慈善组织的诉讼

第一百一十三条　依据破产法提请解散慈善组织

Ⅰ．若慈善组织可能依据1986年破产法被高等法院解散，则本条适用。

Ⅱ．司法部长及其他1986年法案授权的人可提请英格兰及威尔士有管辖权的法院依据该法解散慈善组织。

Ⅲ．若在依据第四十六条发起针对慈善组织的调查后，慈善委员会认为符合第七十六条第一款第一项（不法行为及管理不善等）及第二项（保护财产等需要）中的条件，其亦可提起上述请求。

Ⅳ．慈善委员会依据本条可行使的权力可——

（一）由慈善委员会主动行使，但

（二）每次行使时都应取得司法部长的同意。

第一百一十四条　慈善委员会提起的诉讼

Ⅰ．在遵循第二款的前提下，慈善委员会可行使司法部长依其职权可行使的有关如下事项的权力：

（一）提起有关慈善组织或其财产或事务的法律诉讼，或

（二）为避免或终止上述诉讼而同意和解。

Ⅱ．第一款不适用于司法部长根据第一百一十三条第二款提请解散慈善组织的权力。

Ⅲ．慈善委员会依据第一款提起的诉讼所应遵循的常规和程序，在各方面（尤其在费用方面）均与司法部长依其职权提起的诉讼相同。

Ⅳ．任何法律或常规均不得要求司法部长成为上述诉讼的当事人。

Ⅴ．慈善委员会依据本条可行使的权力可——

（一）由慈善委员会主动行使，但

（二）每次行使时都应取得司法部长的同意。

第一百一十五条　其他人提起的诉讼

Ⅰ．除下列人之外的任何人不得提起有关慈善组织的诉讼：

（一）慈善组织；

（二）任何慈善组织内部受托人；

（三）与慈善组织有利害关系的人，或

（四）当涉及地方慈善组织时，慈善组织所在地两个或两个以上的居民。

Ⅱ. 在遵循本条中后续条款的前提下，除非经慈善委员会命令同意，不得向法院提起或在法院进行有关慈善组织的诉讼。

Ⅲ. 若慈善委员会认为其依据其在本法项下，而不是第一百一十四条授予的权力可处理某一案件，如无特殊原因，慈善委员会不得授权提起慈善组织诉讼。

Ⅳ. 本条绝非要求在以下情形下发布提起诉讼的命令：

（一）在有关事项尚未确定时，或

（二）为提起上诉。

Ⅴ. 虽然第一款至第四款要求得到慈善委员会命令授权后方可提起诉讼，但是若在申请命令并被拒绝后，大法官法庭附属高等法院的法官允许提起诉讼，则该等诉讼仍可被提起或继续进行。

Ⅵ. 第一款至第五款适用于如下情形：

（一）司法部长提起诉讼，无论是否有原告，或

（二）慈善委员会依据第一百一十四条提起诉讼。

Ⅶ. 若基于对本条或其他条款项下的命令的申请，慈善委员会存在以下情形的，则慈善委员会必须通知司法部长，并将慈善委员会认为解释有关事项时必需的说明及详情发送给司法部长：

（一）便于提起有关慈善组织或其财产或事务的诉讼，且

（二）由司法部长提起该等诉讼。

Ⅷ. 本条中"慈善组织诉讼"指在英格兰或威尔士法院依据以下管辖权提起的诉讼。

（一）法院有关慈善组织的管辖权，或

（二）在慈善信托管理方面对信托的管辖权

十二 补充

第一百一十六条 授予或转让财产条款的效力

任何根据本编规定所进行的财产转让或转移都不属于违反禁止让与的契约或条件,也不导致没收。

第七编　慈善组织土地

一　处置英格兰及威尔士土地的限制

第一百一十七条　对处置土地的限制：一般规定

Ⅰ. 未经以下机构发布的命令，任何人和组织不得让与、转移、出租或以其他方式处置由慈善组织持有或信托受益人为慈善组织的土地：

（一）法院，或

（二）慈善委员会。

但是，上述规定应遵循本条、第一百一十九条至第一百二十一条（关于处置土地的进一步规定）及第一百二十七条（让与慈善组织租金）的规定。

Ⅱ. 若符合下列情形，第一款不适用于对上述土地的处置：

（一）该等处置是向（第一百一十八条定义的）关联方，或关联方的受托人或代理人作出，且

（二）下列条款中有关上述土地的要求已得到满足：

（1）第一百一十九条第一款（进行除特定租赁外的处置），或

（2）第一百二十条第二款（为期7年或更短的租赁及其他）。

Ⅲ. 无论慈善信托中的规定为何，本条及第一百一十九条至第一百二十一条规定的处置限制均适用；但本条或第一百一十九条至第一百二十一条不适用于：

（一）依据由本法中的任何条款或本法承认有效的条款，或依法制订的任何计划明确授予的一般性或特殊权力而进行的处置；

（二）依据1925年大学和学院不动产法，需要国务卿的授权或同意方可进行的处置；

（三）处置有慈善组织或以其信托形式持有的土地，且该土地并非以可能获得的最佳价格出卖给其他慈善组织，且该出售经前一慈善组织信托同意，或

（四）以慈善组织的名义依据其信托，准许将土地租赁给信托中的受益人，且该等租赁并非以合理可获得的最佳租金出租，且是为了让遗赠房屋用作慈善组织目的或慈善组织的其他特别目的。

Ⅳ．本条或第一百一十九条至第一百二十一条不适用于以下情形：

（一）对豁免登记的慈善组织或以其信托形式持有的土地进行处置；

（二）对以抵押或其他担保权利形式获得的土地进行处置；

（三）处置圣职授予权。

第一百一十八条　第一百一十七条第二款中"关联方"的定义

Ⅰ．第一百一十七条第二款中的"关联方"涉及慈善组织，且指任何在下列时间符合第二款规定的人员：

（一）进行所规定的处置时，或

（二）为进行所规定的处置签订合同时。

Ⅱ．人员指：

（一）慈善组织的慈善组织内部受托人或受托人；

（二）向慈善组织捐赠土地的人（无论在慈善组织设立时或设立后进行该捐赠）；

（三）上述受托人或捐赠者的子女、父母、孙子女、祖父母或兄弟姐妹；

（四）慈善组织的高级职员、代理人或雇员；

（五）属于第一项至第四项人员的配偶或合法伴侣；

（六）第一项至第五项人员的商业合作伙伴；

（七）由下列人员控制的机构：

（1）属于第一项至第六项的人员，或

（2）两个或两个以上上述人员的联合；

（八）符合下列条件的法人团体：

（1）任何属于第一项至第七项的关联方与其有重大利害关系，或

（2）两个或两个以上上述人员的联合与其有重大利害关系。

Ⅲ．为第二款之目的，适用第三百五十条至第三百五十二条（子女、配偶及合法配偶、受控制机构以及重大利害关系的定义）。

第一百一十九条 进行除特定租赁外的处置之要求

Ⅰ．第一百一十七条第二款第二项中所提的要求指，在签订出售或（依据具体情况）租赁或其他处置土地的合同前，慈善组织内部受托人必须：

（一）取得并考虑测量员关于将要进行的处置作出的书面报告，该测量员应接受受托人的指导并只为该慈善组织行事；

（二）以测量员报告中建议的时间及方式对即将进行的处置作出广告（除非测量员建议进行广告不符合慈善组织的最佳利益），且

（三）在考虑测量员的报告后，决定他们认为即将进行的土地处置所依据的条款是慈善组织所能获得的最佳条款。

Ⅱ．若即将进行的处置是进行第一百二十条第一款提及的租赁，第一款不适用。

Ⅲ．为第一款之目的，合格的测量员是符合下列条件的人员：

（一）是皇家特许测量师研究院的研究员或专业人员，或满足部长发布的条例中的其他要求，且

（二）慈善组织内部受托人合理认为在测量所规定的特定种类、特定地区的土地方面有能力和经验。

Ⅳ．为第一款目的所准备的报告应包含部长所定条例中规定的信息，并处理其中规定的事项。

第一百二十条 对租期 7 年或 7 年以下租赁的要求等

Ⅰ．若即将进行的处置是批准自准许起算租期不超过 7 年的租赁

（整体或部分作为罚金对价的租赁除外），第二款适用。

Ⅱ．第一百一十七条第二款第二项提及的要求是，在签订租赁合同前，慈善组织内部受托人必须：

（一）取得并考虑特定人员关于将要进行的处置作出的书面报告，该人员在受托人看来合理具备向其提供充分建议所需的能力和实践经验，且

（二）在考虑上述人员的报告后，决定他们认为即将进行的土地处置所依据的条款是慈善组织所能获得的最佳条款。

第一百二十一条　因规定目的持有土地时的额外限制

Ⅰ．第二款适用于以下情形：

（一）由慈善组织持有或信托受益人为慈善组织的土地，且

（二）作为持有依据的信托规定，该土地需用于慈善组织目的或慈善组织的任何特别目的。

Ⅱ．该土地不得被让与、转让、出租或以其他方式处置，除非慈善组织内部受托人在相关时间前——

（一）向公众发布了有关即将进行的处置的通知，允许在通知列明的期限内向其表达意见，且该期限不得短于自通知之日起一个月，且

（二）考虑了在上述期限内向其表达的有关处置的意见。

Ⅲ．第二款——

（一）应遵守第五款和第六款的规定，且

（二）不妨碍第一百一十七条至第一百二十条的适用。

Ⅳ．第二款中的"相关时间"指：

（一）若慈善组织内部受托人订立了出售、（依据具体情况）出租或以其他方式处置土地的合同，订立上述合同的时间，及

（二）在其他情形下，进行处置的时间。

Ⅴ．在下述情形下，第二款不适用于对土地进行上述方式的处置：

（一）进行该处置的目的是取得其他以第一款第二项信托形式持

有的财产,以代替现有土地,或

(二)即将进行的处置是准许租期自准许起算不超过 2 年的租赁(全部或部分作为罚金对价的租赁除外)。

Ⅵ.若满足第七款项下的条件,慈善委员会可指示:

(一)第二款不适用于处置由特定慈善组织或某类慈善组织持有或信托受益人为慈善组织的土地(无论在一般情况下、仅针对某一类特定的处置方式或土地,或在指示中规定的其他情形下),或

(二)第二款不适用于以特定方式处置慈善组织或以其信托形式持有的土地。

Ⅶ.上述规定的条件是,基于以所规定的慈善组织名义提出的书面申请,慈善委员会认为其发出指示符合慈善组织的利益。

第一百二十二条　有关土地处置的文书:所需的说明等

Ⅰ.第二款适用于下列文书:

(一)为出售、出租由慈善组织持有或以其信托形式持有的土地,或进行其他处置而签订的合同,及

(二)赋予处置上述土地以效力的让与文书、转让文书、租约或其他文件。

Ⅱ.本款适用的文书需说明:

(一)该土地由慈善组织或以其信托形式持有;

(二)该慈善组织是不是豁免登记的慈善组织,以及该处置是否属于第一百一十七条第三款第一项、第二项、第三项或第四项所列情形,及

(三)若该慈善组织并非获豁免,且该处置不属于第一百一十七条第三款第一项、第二项、第三项或第四项所列情形,则该土地适用第一百一十七条至第一百二十一条规定的对处置的限制。

Ⅲ.若慈善组织持有或信托受益人为慈善组织的土地被让与、转让、出租或进行其他处置,且第一百一十七条第一款或第二款适用于上述处置,慈善组织必须在上述处置生效所依据的文书中证明:

（一）（若第一百一十七条第一款适用）法院或慈善委员会（依据具体情况）已发布命令准予进行处置，或

（二）（若第一百一十七条第二款适用）慈善组织受托人依据慈善信托，有权使上述处置生效，且只要第一百一十七条至第一百二十一条适用于上述处置，其均已遵守。

Ⅳ. 若对土地的处置符合第三款的规定，为有利于（无论依据此次或之后的处置）以货币或货币价值获得土地上利益之人，终局性地推定证明中所列事项为真。

Ⅴ. 第六款适用于下列情形：

（一）慈善组织持有或以其信托形式持有的土地被让与、转让、出租或进行其他处置，且第一百一十七条第一款或第二款适用于上述处置，但

（二）上述处置不符合第三款。

Ⅵ. 为有利于（无论依据此次或之后的处置）以货币或货币价值善意获得土地上利益之人，以下处置均有效：

（一）法院或慈善委员会（依据具体情况）已发布命令准予进行处置，或

（二）慈善组织受托人依据慈善信托，有权使上述处置生效，且只要第一百一十七条至第一百二十一条适用于该等处置，其均已遵守。

Ⅶ. 第八款适用于下列文书：

（一）为出售、出租由慈善组织持有或以其信托形式持有的土地，或进行其他处置而签订的合同，及

（二）赋予处置上述土地以效力的让与文书、转让文书、租约或其他文件。

Ⅷ. 本款适用的文书必须说明：

（一）根据此次处置，所规定的土地将由慈善组织或以其信托形式持有；

（二）该慈善组织是否获豁免，及

（三）若非慈善组织，则（在遵循第一百一十七条第三款的前提下）第一百一十七条至第一百二十一条规定的对处置的限制适用于该土地。

Ⅸ. 本条及第一百二十三条所规定的对土地的处置不包括：

（一）依据抵押权或其他担保权对土地进行处置；

（二）对圣职授予权的处置，或

（三）第一百二十七条第一款所规定的租金让与。

第一百二十三条　慈善组织土地及土地登记

Ⅰ. 若土地处置依据第一百二十二条第一款第二项或第七款第二项中的文书生效——

（一）将要对该处置进行登记，或

（二）该处置将被要求进行登记，

第一百二十二条第二款或第八款所要求的必须包含于文书中的说明必须以土地登记规则规定的方式作出。

Ⅱ. 若登记机关同意对以下事项进行登记：

（一）对已登记土地进行处置，或

（二）依据对未登记土地处置所享有的权利，

且处置所依据的文书包含遵循第一百二十二条第八款和本条第一款的说明，登记机关必须在登记簿中记入第一百一十七条至第一百二十一条对后续处置的限制。

Ⅲ. 若有以下情形，则慈善组织内部受托人必须向登记机构申请删除关于限制的记录：

（一）上述限制被记入登记簿中，且

（二）持有土地的或作为土地信托受益人的慈善组织成为豁免登记的慈善组织。

Ⅳ. 在接到依据第三款提出的申请后，登记机构必须删除关于限制的记录。

Ⅴ. 若有以下情形，则慈善组织内部受托人必须向登记机构申请，将第二款中所提的限制记入有关该土地的登记簿中：

（一）若持有已登记土地或作为该土地信托受益人的慈善组织不再是豁免登记的慈善组织，或

（二）由于登记所有人的信托声明，已登记的土地成为受益人为（非获豁免的）慈善组织的信托土地。

Ⅵ．在接到依据第五款提出的申请后，登记机关必须将上述限制记入有关该土地的登记簿中。

二　对抵押英格兰和威尔士土地的限制

第一百二十四条　对抵押的限制

Ⅰ．在遵循第二款的前提下，未经下列主体发出的命令准许，不得对慈善组织持有或以其信托形式持有的土地进行抵押：

（一）法院，或

（二）慈善委员会。

Ⅱ．若在执行抵押前，慈善组织内部受托人已收到并考虑了关于相关事项或第三款或第四款（依据具体情况）中所列事项的适当建议，且该等建议是以书面形式作出的，第一款不适用于该等土地的抵押。

Ⅲ．当涉及为偿还拟定贷款或拨款而进行的抵押时，相关事项如下：

（一）为使得慈善组织内部受托人能完成有关上述贷款或拨款的特定行为，该等贷款或拨款是否为必需；

（二）考虑到慈善组织可能作为接收人，该等贷款或拨款的条款是否合理，及

（三）慈善组织偿还上述条款规定的贷款或拨款金额的能力。

Ⅳ．当涉及为履行其他拟定义务而进行的抵押时，相关事项是指，考虑到慈善组织的目的，慈善组织内部受托人同意履行该义务是否合理。

Ⅴ. 无论该抵押是否存在下列情形，第三款或（依据具体情况）第四款适用于该等条款中提及的抵押：

（一）是否仅具有确保偿还拟定贷款、拨款或履行拟定义务的效力，或

（二）是否亦产生下列效力：偿还在签署上述贷款等文件后负担的贷款、拨款或清偿其他义务。

Ⅵ. 第七款适用于下列情形：

（一）慈善组织内部受托人依据第二款签署了抵押合同，该抵押涉及慈善组织持有或以其信托形式持有的土地，且

（二）该抵押的效力包括偿还在签署上述贷款等文件后负担的贷款、拨款或清偿其他义务。

Ⅶ. 在上述情形下，慈善组织内部受托人不得在上述签署日期后再达成任何涉及以下内容的交易，除非在达成该等交易前，受托人已收到并考虑了关于第三款或第四款（依据具体情况）中所列事项的适当建议，且该等建议是以书面形式作出的：

（一）偿还上述贷款、拨款或清偿上述义务，或

（二）承担该等偿还或清偿义务。

Ⅷ. 为本条之目的，适当建议是指符合下列条件之人提出的建议，且即使该等建议是在上述人员任慈善组织或慈善组织内部受托人的高级职员或雇员时提出的，该等建议亦可构成为上述目的提出的合理建议：

（一）慈善组织内部受托人认为就解决资金问题的能力和实践经验而言，具备合理资格，且

（二）对于建议所规定的贷款、拨款或其他交易不存在资金方面的利害关系。

Ⅸ. 无论慈善信托所列为何，本条均适用；但本条不能适用于任何需要依据以下情形做出的抵押：

（一）依据第一百一十七条第三款第一项授予的一般性或特别授

权，或

（二）依据第一百一十七条第三款第二项获得国务卿的授权或同意。

Ⅹ. 本条不适用于豁免登记的慈善组织。

第一百二十五条　抵押：需要的说明等

Ⅰ. 对慈善组织持有或以其信托形式持有的土地进行的抵押中均应说明：

（一）该等土地由慈善组织持有或以其信托形式持有；

（二）该慈善组织是否获豁免，及该抵押是否符合第一百二十四条第九款，及

（三）如并非豁免登记的慈善组织，且并非属于第一百二十四条第九款的抵押，则第一百二十四条规定的限制适用于该抵押。

Ⅱ. 若第一百二十四条第一款或第二款适用于由慈善组织持有的或信托受益人为慈善组织的土地，则慈善组织内部受托人必须在抵押合同中证明：

（一）（若第一百二十四条第一款适用）法院或慈善委员会（依据具体情况）已发布命令批准抵押，或

（二）（若第一百二十四条第二款适用）慈善组织受托人依据慈善信托有权批准抵押，且受托人已取得并考虑了第一百二十四条第二款中的建议。

Ⅲ. 若抵押符合第二款中的规定，为有利于（无论依据此次或之后的抵押）以货币或货币价值获得土地上利益之人，终局性地推定证明中所列事项为真。

Ⅳ. 第五款适用于如下情形：

（一）对由慈善组织持有的或信托受益人为慈善组织的土地进行的抵押适用第一百二十四条第一款或第二款，但

（二）该抵押不符合第二款的规定。

Ⅴ. 为有利于（无论依据此次或之后的抵押）以资金或资金价值

善意获得土地上利益之人，下列抵押有效：

（一）法院或慈善委员会（依据具体情况）已发布命令批准抵押，或

（二）慈善组织内部受托人依据慈善信托有权批准该等抵押，且已取得并考虑了第一百二十四条第二款提及的建议。

Ⅵ. 若第一百二十四条适用于由慈善组织持有或信托受益人为慈善组织的土地抵押，则在任何属于第一百二十四条第七款的交易中，慈善组织内部受托人需证实其已取得并考虑了第一百二十四条第七款项下的建议。

Ⅶ. 若交易符合第六款的要求，为有利于（无论依据此次或之后的抵押）以货币或货币价值获得土地上利益之人，终局性地推定证明中所列事项为真。

第一百二十六条　抵押慈善组织土地及土地登记

Ⅰ. 若第一百二十五条第一款提及的抵押将进行登记，第一百二十五条第一款要求的说明必须以土地登记规则规定的形式作出。

Ⅱ. 若上述抵押适用2002年土地登记法第四条第一款的规定，则：

（一）第一百二十五条第一款所需的说明必须以土地登记规则规定的形式作出，且

（二）若慈善组织并未获豁免，抵押合同中亦必须包含以土地登记规则规定的形式作出的如下声明——（在遵循第一百一十七条第三款的前提下）第一百一十七条至第一百二十一条中规定的对土地处置的限制适用于该土地。

Ⅲ. 若符合以下条件，则登记机构必须将第一百一十七条至第一百二十一条对后续处置的限制记入登记簿中：

（一）登记机构依据申请同意登记土地上的权利，且该土地与第二款所规定的抵押有关；

（二）抵押包含了遵循第一百二十五条第一款和本条第二款的说

明，且

（三）该慈善组织并未获豁免。

Ⅳ. 如同适用于依据第一百二十三条第二款记入的限制一样，第一百二十三条第三款和第四款（删除记录）适用于依据第三款记入的限制。

三　转让慈善组织租金

第一百二十七条　转让慈善组织租金

Ⅰ. 若让与慈善组织有权获得的租金的对价超过年租金的 10 倍，第一百一十七条第一款不适用于该等租金。

Ⅱ. 若让与慈善组织有权获得的租金的对价不超过 1000 英镑，则对于在慈善组织因证明其对租金享有所有权时发生的费用，慈善组织有权向租金受让人要求补偿。

Ⅲ. 若慈善组织有权获得的租金依据 1977 年租金法第八条至第十条已获得补偿，第一百一十七条第一款或本条第二款均不适用。

第一百二十八条　变更第一百二十七条第二款中数额的权力

部长可发布命令，以用其他数额代替目前列于第一百二十七条第二款中数额的方式，对该条款进行修改。

四　释义

第一百二十九条　释义

Ⅰ. 第一百一十七条至第一百二十六条中"土地"指英格兰和威尔士地区的土地。

Ⅱ. 第一百二十四条至第一百二十六条中"抵押"包括不进行产权转移的抵押。

Ⅲ. 第一百二十三条至第一百二十六条应依据 2002 年土地登记法进行统一解释。

第八编 慈善组织账户、报告及年报

第一章 个人账目

第一百三十条 会计记录

Ⅰ. 慈善组织内部受托人必须确保有关慈善组织的会计记录均得以保存，且该等记录足以表明并解释慈善组织进行的交易，且足以——

（一）随时披露慈善组织当时的财务状况并保证合理的准确性，且

（二）让受托人保证，若账户说明是由其依据第一百三十二条第一款准备的，该等说明均符合第一百三十二条第一款项下条例的要求。

Ⅱ. 会计说明尤其应包括：

（一）慈善组织每日收到或支出费用的记录，及关于收支发生时间的记录，及

（二）慈善组织的资产和负债记录。

第一百三十一条 保存账户记录

Ⅰ. 慈善组织内部受托人必须在自记录制作时所处会计年度结束时起至少6年内，保存为第一百三十条制作的慈善组织会计记录。

Ⅱ. 若在第一款所提及的6年内，慈善组织不复存在，第三款仍如同适用于其他会计记录一样适用于该情形。

Ⅲ. 除非慈善委员会书面同意销毁或以其他形式处理记录，慈善组织的最后内部受托人应继续履行第一款项下保存会计记录的义务。

第一百三十二条　制作账目表

Ⅰ．慈善组织内部受托人必须（在遵循第一百三十三条的前提下）依据部长制作的条例中规定的形式和内容，每年制作慈善组织的账目表。

Ⅱ．第一款项下的条例尤其可规定：

（一）上述账目表应依据条例中列明或提及的方式和原则制作；

（二）账目附注中应列明的信息。

Ⅲ．第一款项下的条例亦可为本法和依据本法制定的条例之目的，规定慈善组织的会计年度。

Ⅳ．但是，若披露时财产授予者或其配偶或合法伴侣仍在世，则第一款项下的条例便不可要求任何人（财产授予者）设立的慈善信托性质的慈善组织内部受托人在其制作的账目表中披露以下信息：

（一）慈善组织基金拨款接受人的身份，或

（二）上述每笔拨款的数额。

第一百三十三条　低收入慈善组织选择报表和说明的权力

若慈善组织在任何一年的总收益不超过25万英镑，受托人可在当年选择制作收支报表和资产及负债说明，以代替第一百三十二条第一款项下的账目表。

第一百三十四条　保存账户账目表或报表与说明

Ⅰ．自与下述文件有关的会计年度年末起算至少6年内，慈善组织受托人必须保存以下资料：

（一）其依据第一百三十二条第一款制作的任何账目表，或

（二）其依据第一百三十三条制作的任何报表与说明。

Ⅱ．若慈善组织在第一款所规定的6年内不复存在，如同适用于任何账目表或报表和说明一样，第三款适用于该情形。

Ⅲ．除非慈善委员会书面同意销毁或以其他形式处理记录，慈善组织的最后内部受托人应继续履行第一款项下保存账目表或报表和说明的义务。

第一百三十五条 慈善公司

第一百三十条至第一百三十四条(制作并保存所有账目表)不适用于慈善公司。

第一百三十六条 豁免登记的慈善组织

Ⅰ. 第一百三十条至第一百三十四条(制作并保存所有账目表)不适用于豁免登记的慈善组织。

Ⅱ. 但豁免登记的慈善组织内部受托人须保存以下资料:

(一)必须妥善保管涉及慈善组织事务的账簿,并且

(二)若其他法律或依据其授权并未要求制作定期账目表,必须制作连续的账目表,且该账目表包括以下内容:

(1)涉及不超过15个月的收支报表,及

(2)上述期间结束时的资产负债表。

Ⅲ. 有关豁免登记的慈善组织的账簿应被保存至少6年,除非发生以下情形:

(一)慈善组织不复存在,且

(二)慈善委员会以书面同意销毁或以其他形式处理该账簿。

第二章　集团账目

第一百三十七条　账目记录

Ⅰ．母慈善组织或子慈善组织内部受托人必须保证依据第一百三十条第一款（个人账目：账目记录），或（依据具体情况）2006 年公司法第三百八十六条（记录账目记录的义务），记录的有关慈善组织的会计记录能够使得母慈善组织的内部受托人确保，若集团账目是由其依据第一百三十八条第二款制作的，则该等账户符合第一百四十二条项下条例的要求。

Ⅱ．第一款中的义务是确保会计记录符合下列条款中要求的补充：

（一）第一百三十条第一款，或

（二）2006 年公司法第三百八十六条。

Ⅲ．若下列条款中的要求不适用于其子慈善组织，则第四款适用于母慈善组织：

（一）第一百三十条第一款，或

（二）2006 年公司法第三百八十六条。

Ⅳ．母慈善组织内部受托人必须采取合理措施以确保该机构保存了会计记录，且该等记录使得受托人保证，若任何集团账目是其依据第一百三十八条第二款制作的，该等账户便符合第一百四十二条项下条例的要求。

第一百三十八条　制作集团账目

Ⅰ．若符合下列情形，在下列会计年度，本条不适用以下情形：

（一）在该年度年末时，该慈善组织是母慈善组织，且

（二）（若该慈善组织是公司）依据 2006 年公司法第三百九十九条，其在该年度无须制作综合账目，无论是否已实际制作了该等账目。

Ⅱ. 母慈善组织内部受托人必须制作该会计年度集团账目。

Ⅲ. 若在某一会计年度，第二款中的要求适用于（除公司外的）母慈善组织内部受托人，则

（一）所适用的要求不包括第一百三十二条第一款（账目表）中的要求，且

（二）在该年度不得选择制作第一百三十三条（报表和说明）中的文件。

Ⅳ. 若发生以下情形，则所适用的要求是对2006年公司法第三百九十四条（制作个人账目的义务）的补充。

（一）在某一会计年度，第二款中的要求适用于母慈善组织内部受托人，且

（二）该慈善组织是公司。

Ⅴ. 在遵循第一百三十九条的前提下，方可适用第二款规定。

第一百三十九条　要求制作集体账目的例外

Ⅰ. 若在某一会计年度年末时，母慈善组织自身是另一慈善组织的子机构，则第一百三十八条第二款项下的要求不适用于该母慈善组织内部受托人。

Ⅱ. 若在某一会计年度，集团总收益不超过部长制定的条例中列明的数额，则第一百三十八条第二款项下的要求在该年度不适用于该母慈善组织内部受托人。

Ⅲ. 部长可制定条例规定，在特定情形下，可以或（依据具体情况）必须将某一子机构从第一百三十八条第二款要求的某一年度集团账目中排除。

Ⅳ. 若依据上述条例，集团成员的所有子机构发生以下情形，则第一百三十八条第二款项下的要求在该年度不适用于母慈善组织内部受托人。

（一）被允许从某一年度集团账目中排除，或

（二）被要求从其中排除。

第一百四十条　保存集团账目

Ⅰ.自账目所规定的会计年度结束至少6年内，慈善组织内部受托人必须保存其依据第一百三十八条第二款制作的集团账目。

Ⅱ.若在第一款所规定的6年内，慈善组织不复存在，则如同适用于其他集团账目一样，第三款适用于该情形。

Ⅲ.除非慈善委员会书面同意销毁或以其他形式处理账目，慈善组织最后内部受托人必须继续履行第一款项下保存集团账目的义务。

第一百四十一条　"母慈善组织"、"子机构"及"集团"

Ⅰ.本条仅为本编之目的而适用。

Ⅱ.若依据2006年公司法附件七第一千一百六十二条，相对其他一个或多个机构而言，某慈善组织是（或被认为是）母机构，则该慈善组织是母慈善组织。

Ⅲ.如果相对于一个机构，一个母慈善组织根据该等条款成为（或者被当作）母机构，则该机构是母慈善组织的子机构。

Ⅳ.但第三款并不致使下列机构成为子机构：

（一）慈善组织设立的特别信托；

（二）依据第十二条第一款项下指示，为本编之目的被视为慈善组织一部分的机构，或

（三）为本编之目的，第十二条第二款项下的指示所适用的慈善组织。

Ⅴ.涉及母慈善组织的"集团"指慈善组织及其子机构，且集团成员也应依照上述方式解释。

Ⅵ.为本条及2006年公司法附件七第一千一百六十二条之目的，"机构"指以下内容：

（一）2006年公司法第一千一百六十一条第一款定义的机构，或

（二）并非符合上述定义的慈善组织。

第一百四十二条　"集团账目"

Ⅰ.为本编之目的，"集团账目"指符合下列条件的合并报表：

（一）与集团有关，且

（二）符合部长制定的条例中对其形式和内容的要求。

Ⅱ．第一款项下的条例可特别规定：

（一）上述账目应依照条例中列明或提及的方式和原则制作；

（二）处理集团成员会计年度不统一的问题；

（三）账目附注中应列明的信息。

Ⅲ．第一款项下的条例亦可规定以下内容：

（一）为本编之目的决定子机构的会计年度；

（二）规定要求母慈善组织内部受托人确保上述会计年度与慈善组织相一致。

第一百四十三条　豁免登记的慈善组织

第一百三十七条至第一百四十二条（制作及保存集团账目）不适用于豁免登记的慈善组织。

第三章　账目审计与账目审查

一　个人账目的审计与审查

第一百四十四条　大型慈善组织账目的审计

Ⅰ. 若在某一年度发生以下情形，则适用第二款。

（一）慈善组织总收益超过 50 万英镑，或

（二）慈善组织总收益超过账目最低限额，且该年度年末时其（扣除负债前的）资产超过 326 万英镑。

Ⅱ. 若本条在某一会计年度适用于某一慈善组织，则该慈善组织该年度的账目应由符合以下条件的人进行审计：

（一）依据 2006 年公司法第四十二条，有资格成为法定审计师，或

（二）是第一百五十四条项下条例目前规定的组织之成员，且依据该组织规则有资格被指定为该慈善组织的审计员。

第一百四十五条　低收入慈善组织可选择的账目审查

Ⅰ. 若第一百四十四条第二款在某一年度不适用于某一慈善组织，但其该年度的总收益超过 25000 英镑，则其该年度的账目必须由慈善组织内部受托人选择的下列人员之一进行审查：

（一）独立审查员进行审查，该独立审查员指受托人认为合理具备进行完整账目审查所需的能力及实践经验的独立人员，或

（二）第一百四十四条第二款第一项或第二项所规定的人员。

Ⅱ. 第一款的适用需遵循第三款和第一百四十六条第一款项下的任何命令。

Ⅲ. 若第一款在某一年度适用于某一慈善组织，但其该年度的总收益超过 25000 英镑，则为第一款第一项的目的，（只有）具备独立

性且符合下列条件的人员方有资格成为独立审查员：

（一）第四款中所列组织的成员，或

（二）慈善组织独立审查员协会的成员之一。

Ⅳ. 第三款第一项所规定的组织指：

（一）英格兰和威尔士特许会计师协会；

（二）苏格兰特许会计师协会；

（三）爱尔兰特许会计师协会；

（四）特许公认会计师公会；

（五）授权公共会计师协会；

（六）专业会计员协会；

（七）国际会计师公会；

（八）管理会计师特许协会；

（九）公共财务与会计师特许协会。

Ⅴ. 慈善委员会可提供以下指示，且上述指示或指导可一般适用于所有慈善组织或仅适用于特定慈善组织：

（一）向慈善组织受托人提供有关选择或指定独立审查员的指示；

（二）依据第一款第一项提供其认为适当的进行审查的指示。

Ⅵ. 部长可发布命令：

（一）通过在第三款列表中增加或删除关于独立审查员的描述事项或者变更目前该款中的项目而对第三款进行修改；

（二）通过在第四款列表中增加或删除某一机构或者变更目前该列表中的项目。

第一百四十六条　慈善委员会命令审计的权力

Ⅰ. 若慈善委员会认为存在以下情形的，则可发布命令，要求慈善组织某一年度的账目应由第一百四十四条第二款第一项或第二项下的人员进行审计：

（一）自该年度结束起 10 个月内，第一百四十四条第二款或第一百四十五条第一款的要求仍未被满足，或

（二）尽管第一百四十四条第二款不适用于该年度，但由第一百四十四条第二款第一项或第二项下的人员对慈善组织账目进行审计是合适的。

Ⅱ．如慈善委员会依据第一款发布了有关慈善组织的命令，则审计员需由慈善委员会指定，除非

（一）该命令是依据第一款第二项作出的，且

（二）慈善组织内部受托人依据该命令已指定了审计员。

Ⅲ．对于慈善委员会依据第二款指定的审计员进行的审计所产生的费用，包括审计员的报酬，慈善委员会可从下列人员或基金中获得补偿：

（一）所规定的慈善组织内部受托人，该等受托人对上述费用承担个人的连带责任，或

（二）若慈善委员会认为依据第一项获得上述费用的补偿是不切实际，则可从慈善组织基金中获得补偿。

第一百四十七条 依据公司法必须进行审计的账目

Ⅰ．若依据2006年公司法第十六编，某一会计年度的慈善公司账目不适用于第一百四十四条至第一百四十六条的规定。

Ⅱ．当涉及慈善公司时，慈善委员会可发布命令，要求该公司在其认为适当的时间段内的状况及第十六编中的账目应由符合如下条件的审计员进行调查和审计：

（一）有资格被指定为2006年公司法第四十二编项下的法定审计员，且

（二）是由慈善委员会指定的。

Ⅲ．依据第二款行事的审计员具有以下权限：

（一）有权查阅由慈善组织所有人持有或控制的，或慈善组织内部受托人有权查阅的，与该公司有关的所有账簿、账目及文件；

（二）有权向慈善组织过去或现在的内部受托人，或该公司过去或现在的高级职员或雇员要求提供审计员认为为履行其职责所必需的

信息或说明；

（三）须在审计进行中或结束时，向慈善委员会作出关于审计或关于其认为需要报告的账目或公司事务的报告，且必须将该等报告副本交予慈善组织内部受托人。

Ⅳ．包括审计员报酬在内的有关第二款项下审计的费用，应由慈善委员会支付。

Ⅴ．若任何人未能向审计员提供其依据第三款有权获得的设施，慈善委员会可发布命令，向上述人员或目前的受托人发布其认为为消除该等不履行是适当的指示。

第一百四十八条　NHS 慈善组织：一般规定

若某一慈善组织在一年中的任何时间段符合下列情形，则第一百四十四条至第一百四十六条在该年度不适用于该机构：

（一）该机构是（第一百四十九条定义的）英格兰 NHS 慈善组织，或

（二）该机构是（第一百五十条定义的）威尔士 NHS 慈善组织。

第一百四十九条　对英格兰 NHS 慈善组织账目进行审计或审查

Ⅰ．若某一慈善组织在一年中的任何时间段内是英格兰 NHS 慈善组织，本条在该会计年度适用于此慈善组织。

Ⅱ．若慈善组织在某一年度符合第一百四十四条第一款第一项或第二项的要求，则该年度该慈善组织的账目应由审计署指定的人员进行审计。

Ⅲ．在其他情形下，审计署可选择必须由下列人员审计该年度的慈善组织账目：

（一）由审计署指定的人员审计，或

（二）由上一项人员所指定的人员审查。

Ⅳ．1998 年审计慈善委员会法第三条适用于第二款或第三款第一项下的任何指定。

Ⅴ．慈善委员会可针对进行第三款第二项下的审查发布其认为适

当的指示；且该等指示可一般适用于所有慈善组织，亦可仅适用于特定慈善组织。

Ⅵ. 审计官和审计长可在任何时候审查和检查：

（一）某一会计年度的慈善组织账目；

（二）任何与上述账目有关的记录，及

（三）依据第二款或第三款被指定的审计或审查人员所做出的任何报告。

Ⅶ. 本条中"英格兰NHS慈善组织"指受托人符合下列情形的慈善信托：

（一）战略卫生局；

（二）初级卫生保健信托机构；

（三）全部或大部分医院、设施和设备位于英格兰的国民保健信托；

（四）依据2006年国民医疗保健制度法附件四第十条，为第三项下国民保健信托指定的受托人；

（五）依据1973年国民医疗保健制度重组法第二十九条第一款、1977年国民保健制度法第九十五条第一款及2006年国民保健制度法第二百一十二条第一款，为上述信托指定的特别受托人，或

（六）依据2006年国民保健制度法附件三第十二条，为初级卫生保健信托指定的受托人。

Ⅷ. 本章中"审计署"指英格兰当局和国民保健审计署。

第一百五十条　对威尔士NHS慈善组织账目的审计和审查

Ⅰ. 若某一慈善组织在一年中的任何时间段内是威尔士NHS慈善组织，本条在该会计年度适用于此慈善组织。

Ⅱ. 若慈善组织在某一年度符合第一百四十四条第一款第一项或第二项的要求，则该年度该慈善组织的账目应由威尔士审计长进行审计。

Ⅲ. 在其他情形下，依据威尔士审计长的选择，该年度的慈善组

织账目必须由威尔士审计长进行审计或审查。

Ⅳ. 本条中"威尔士 NHS 慈善组织"指受托人符合下列情形的慈善信托：

（一）地方卫生慈善委员会；

（二）全部或大部分医院、设施和设备位于威尔士的国民保健信托；

（三）依据 2006 年（威尔士）国民保健制度法附件三第十条，为第二项下国民保健信托指定的受托人，或

（四）依据 1973 年国民保健制度重组法第二十九条第一款、1977 年国民保健制度法第九十五条第一款及 2006 年（威尔士）国民保健制度法第一百六十条第一款，为上述信托指定的特别受托人。

Ⅴ. 本法所规定的与本条有关的审计员或审查员指在本条项下作为审计员或审查员的威尔士审计长。

二 对集团账目的审计或审查

第一百五十一条 对大型集团账目的审计

Ⅰ. 本条适用于依据第一百三十八条第二款为母慈善组织制作某一会计年度的集团账目，且符合下列条件：

（一）该年度该集团累计总收益超过有关最低收入标准（见第一百七十六条第一款），或

（二）该年度该集团累计总收益超过有关最低收入标准，且在该年末该集团（在扣除负债前）的资产累计价值超过有关最低资产标准（见第一百七十六条第二款）。

Ⅱ. 本条亦适用于下列情形：

（一）依据第一百三十八条第二款为母慈善组织制作某一会计年度的集团账目，且

（二）母慈善组织该年度自身的账目审计中适用了适当的审计条款。

Ⅲ. 本条中涉及母慈善组织会计年度的"适当的审计条款",指:

(一)(在遵循第二、三或四项的前提下适用的)第一百四十四条第二款(对大型慈善组织账目进行的审计);

(二)若第一百四十九条(对英格兰 NHS 慈善组织账目进行的审计或审查)适用于该年度,则指第一百四十九条第二款;

(三)若第一百五十条(对威尔士 NHS 慈善组织账目进行的审计或审查)适用于该年度,则指第一百五十条第二款;

(四)如母慈善组织是公司,则指第一百四十四条第二款,或(依据具体条款)2006 年公司法第十六编。

Ⅳ. 若本条依据第一款或二款适用于母慈善组织的某一会计年度,则该年度的集团账目需由下列人员进行审计:

(一)(在遵循第二项或三项的前提下)属于第一百四十四条第二款第一项或第二项的人员;

(二)若第一百四十九条适用于该年度,则由审计署指定的人员进行;

(三)若第一百五十条适用于该年度,则由威尔士审计长进行。

Ⅴ. 若依据第一款,本条适用于母慈善组织的某一会计年度,则

(一)(在遵循第二项的前提下)该年度母慈善组织自身账目的审计应适用适当的审计条款(无论是否会因其他原因适用该条款);

(二)若母慈善组织是公司,且其该年度的自身账目审计无须依据 2006 年公司法第十六编进行,则第一百四十四条第二款适用于该等账目(无论是否会因其他原因如此适用)。

Ⅵ. 如同适用于第一百四十九条第二款项下的指定一样,第一百四十九条第四至第六款适用于任何第四款第二项下的指定。

Ⅶ. 本法中所规定的审计员或审查员在本款中指,依据本款作为审计员或审查员行事的威尔士审计长。

第一百五十二条 小型集团可选择的账目审查

Ⅰ. 本条适用于下列情形:

（一）依据第一百三十八条第二款为母慈善组织会计年度制作集团账目，且

（二）第一百五十一条（大型集团账目的审计）不适用于该年度。

Ⅱ．若发生以下情形，则该年度集团账目需由（第一百四十五条第一款第一项定义的）独立审查员进行审查，或由第一百四十四条第二款第一项或第二项下的人员进行审计，具体选择权交予母慈善组织内部受托人：

（一）本条适用于某一母慈善组织的某一会计年度；

（二）该集团该年度累计的总收益超过第一百四十五条第一条列明的数额，且

（三）第六款或第七款（NHS慈善组织：集团账目）不适用。

Ⅲ．第二款的适用需遵循以下规定：

（一）第四款，及

（二）第一百五十三条第一款项下的命令。

Ⅳ．若第二款适用于某一会计年度的集团账目，且该集团该年度累计的总收益超过第一百四十五条第三款列明的数额，且符合独立性及第一百四十五条第三款第一项或第二项下要求，则为第二款之目的，该人员有资格成为独立审查员。

Ⅴ．慈善委员会可发出以下指示或者指导，且上述指示或指导可一般适用于所有慈善组织或仅适用于特定慈善组织。、

（一）向慈善组织内部受托人提供有关选择或指定独立审查员的指导；

（二）依据第二款提供其认为适当的进行审查的指示。

Ⅵ．若发生以下情形，则该年度集团账目必须由审计署指定的人员进行审计或审查，具体选择权交予审计署，如同为第一百四十九条第三款之目的适用一样，为本款之目的适用第一百四十九条第四款至第六款。

（一）本条适用于母慈善组织某一会计年度，且

（二）第一百四十九条（对英格兰 NHS 慈善组织账目进行的审计或审查）亦适用于该年度。

Ⅶ．若发生以下情形，则该年度集团账目必须由威尔士审计长进行审计或审查，具体选择权交予威尔士审计长：

（一）本条适用于母慈善组织某一会计年度，且

（二）第一百五十条（对威尔士 NHS 慈善组织账目进行的审计或审查）亦适用于该年度。

本法中所规定的审计员或审查员在本款中指，依据本款作为审计员或审查员行事的威尔士审计长。

Ⅷ．若母慈善组织会计年度的集团账目应按照第二款进行审查或审计，则第一百四十五条第一款适用于该年度母慈善组织自身的账目（无论是否会因其他原因适用该条款）。

Ⅸ．第六款或第七款不妨碍第一百四十九条第三款至第六款或（依据具体情况）第一百五十条第三款适用于所规定的会计年度母慈善组织自身账目。

第一百五十三条　慈善委员会命令审计集团账目的权力

Ⅰ．若慈善委员会认为具有以下情形的，则慈善委员会可发布命令，要求该年度母企业的集团账目应由上述人员进行审计。但若第一百四十九条或第一百五十条（对 NHS 慈善组织账目进行审计或审查）在该年度适用于母慈善组织，则本条不适用。

（一）自会计年度结束起算的 10 个月之内，第一百五十一条第四款第一项，或（依据具体情况）第一百五十二条第二款仍未被满足，或

（二）尽管第一百五十一条第四款第一项不适用于该年度，但由第一百四十四条第二款第一项或第二项下的人员对该年度的集团账目进行审计是适宜的。

Ⅱ．若慈善委员会依据第一款发布了针对集团账目的命令，则审计员必须由慈善委员会指定，除非

（一）命令是依据第一款第二项发布的，且

（二）母慈善组织内部受托人自身已依据该命令指定了审计员。

Ⅲ. 对于慈善委员会依据第二款指定的审计员进行的审计所产生的费用，包括审计员的报酬，慈善委员会可从下列人员或基金中获得补偿：

（一）所规定的慈善组织内部受托人，该等受托人对上述费用承担个人的连带责任；

（二）若慈善委员会认为依据第一项获得上述费用的补偿是不切实际的，则可从慈善组织基金中获得补偿。

三 关于审计和审查的条例

第一百五十四条 有关审计和审查的条例

Ⅰ. 慈善委员会可制定条例以明确以下事项：

（一）为第一百四十四条第二款第二项之目的列明一个或多个主体；

（二）规定有关进行个人或集体账目审计的审计员职责，包括规定有关审计员制作下列报告的条款（具体适用何条依据具体情况确定）：

（1）为所规定的会计年度制作第一百三十二条第一款项下的账目表，

（2）为上述目的制作第一百三十三条项下的报表和说明，

（3）为上述目的制作 2006 年公司法第 394 条（制作个人账目）项下的账目表，或

（4）为上述目的制作的第一百三十八条第二款项下的集团账目；

（三）规定由独立审查员或进行审查之审查员制作个人或集体账目审查报告的相关事项；

（四）规定授予审计员、独立审查员或审查员查阅有关下列事项的账簿、文件及（无论以何种形式制作的）记录——

（1）（若审计或审查的对象是个人账目）慈善组织，或

（2）（若审计或审查的对象是集团账目）集团成员；

（五）规定审计员、独立审查与案或审查员有权要求从下列人员处获得信息或说明——

（1）（若审计或审查的对象是个人账目）过去或现任慈善组织内部受托人，慈善组织的受托人或过去或现任高级职员、雇员，或

（2）（若审计或审查的对象是个人账目）过去或现任慈善组织内部受托人，集团成员的受托人或该成员过去或现任高级职员、雇员；

（六）规定在条例规定的情形下，慈善委员会针对以下组织或者特定年度可免去第一百四十四条第二款、第一百四十五条第一款、第151条第四款第一项或第一百五十二条第二款项下的要求。

（1）特定慈善组织，或

（2）慈善组织特定会计年度。

Ⅱ. 第一款第五项下的条例尤其可规定下列有关集团账目审计或审查的条款：其与2006年公司法第四百九十九条或第五百条项下条文相一致或相似，且涉及公司审计员可行使的与子企业有关的权利。

Ⅲ. 本条中，"对个人或集团账目进行的审计"指依据下列条款进行的审计：

（一）第一百四十四条、第一百四十五条、第一百四十六条、第一百四十九条或第一百五十条（个人账目），或

（二）第一百五十一条、第一百五十二条或第一百五十三条（集体账目）；

"对个人或集体账目进行审查"指依据下列条款进行的审查：

（一）第一百四十五条、第一百四十九条或第一百五十条（个人账目），或

（二）第一百五十二条（集体账目）。

第一百五十五条　慈善委员会指示遵循特定条例的权力

若任何人员未能向审计员、独立审查员或审查员提供其依据第一

百五十四条第一款第四项或第五项有权获得的设施,为确保消除此种不作为,慈善委员会可向下列人员发布命令,给予其认为适当的指示:

(一)向该不作为之人;

(二)若审计或审查对象是个人账目,则向所规定的慈善组织目前的内部受托人,或

(三)若审计或审查对象是集团账目,则向慈善委员会认为适当的集团成员的现任慈善组织内部受托人。

四 审计员等向慈善委员会报告事项的义务

第一百五十六条 审计员等向慈善委员会报告事项的义务

Ⅰ.本条适用于下列人员("P"):

(一)依据第一百四十四条或第一百四十六条由慈善组织指定或涉及慈善组织,作为审计员或独立审计员行事的人员;

(二)依据第一百四十九条第二款或第三款(对英格兰 NHS 慈善组织账目进行的审计或审查)指定,作为审计员或独立审计员行事的人员,或

(三)依据第一百五十条第二款或第三款作为威尔士审计长行事的人员。

Ⅱ.在以第一款资格行事的过程中,若 P 知晓了符合下列条件的事项,则 P 应立即向慈善委员会书面报告该事项:

(一)有关慈善组织活动或事项或者任何关联机构或组织的事项,及

(二)P 有合理理由认为,该事项可能对慈善委员会行使其在第三款项下的职能有重大影响。

Ⅲ.条款如下:

(一)第四十六条、第四十七条及第五十条(慈善委员会调查);

(二)第七十六条及第七十九条至第八十二条(慈善委员会为保护慈善组织而行事的权力)。

Ⅳ. 在依据第一款行事的过程中，若 P 知晓了符合下列条件的事项，则 P 应向慈善委员会书面报告该事项：

（一）P 认为依据第二款无须进行报告，但

（二）P 有合理理由认为，该事项可能与慈善委员会行使其职责有关。

Ⅴ. 若第二款或第四款项下的义务或权力产生于 P 在以第一款资格行事的过程中，即使 P 不再以第二款的资格行事，该义务或权力亦不受影响。

Ⅵ. 若 P 依据第二款或第四款要求或授权作出报告，则不能仅因报告中包含的信息或意见断定 P 违反了其应遵循的任何义务。

第一百五十七条　第一百五十六条第二款中"关联机构或组织"的定义

Ⅰ. 第一百五十六条第二款中"关联机构或组织"是指涉及慈善组织的如下机构或者组织：

（一）由慈善组织、一个或多个类似慈善组织内部受托人控制的机构，或

（二）上述人员持有重大利益的法人团体。

Ⅱ. 为实现第一款的目的，第三百五十一条与第三百五十二条应当适用（受控制的机构以及重大利益的含义）。

第一百五十八条　集团账目审计员等义务的适用

Ⅰ. 如同适用于第一百五十六条所规定的"P"一样，第一百五十六条第二款至第六款（个人账目的审计员等向慈善委员会报告事项的义务）适用于依据第一百五十一条至第一百五十三条被指定对集团账目进行审计或报告的人员。

Ⅱ. 当依据第一款适用第一百五十六条第二款时，其中所规定的慈善组织或关联机构或组织应解释为母慈善组织或该机构的任何子企业。

第一百五十九条　公司法审计员义务的适用

Ⅰ. 如同适用于第一百五十六条所规定的"P"一样，第一百五十

六条第二款至第六款及第一百五十七条（个人账目的审计员等向慈善委员会报告事项的义务）适用于以慈善公司的公司法审计员身份行事的人员，但所规定的 P 以第一百五十六条第一款中的资格行事应解释为以公司法审计员资格行事的人员。

Ⅱ. 第一款中"公司法审计员"指依据第 2006 年公司法第十六编第二章（指定审计员）指定的审计员。

五 豁免登记及无须登记的慈善组织

第一百六十条 豁免登记的慈善组织

Ⅰ. 第一百四十四条至第一百五十五条（账目审计或审查）不适用于豁免登记的慈善组织。

Ⅱ. 如同适用于第一百五十六条所规定的"P"一样，第一百五十六条第二款至第六款及第一百五十七条（个人账目的审计员等向慈善委员会报告事项的义务）适用于被指定对非公司的豁免登记的慈善组织账目进行审计或报告的人员，但不包括：

（一）所规定的 P 以第一百五十六条第一款中的资格行事应解释为以上述受指定资格行事的人员，且

（二）所规定的慈善委员会或其职责应解释为慈善组织主管人或其作为主管人有关慈善组织的职能。

Ⅲ. 第一百五十八条（审计员等有关集团账目的义务）不适用于豁免登记的慈善组织。

第一百六十一条 无须登记的慈善组织

Ⅰ. 第一百四十四条至第一百四十六条（个人账目的审计或审查）不适用于下列慈善组织：

（一）属于第三十条第二款第四项（无论其是否符合第三十条第二款第二项或第三项），且

（二）尚未登记。

Ⅱ. 除依据第三款及第四款，下列条款不适用于第一款所规定的

慈善组织：

（一）第一百五十四条或第一百五十五条（有关审计和审查的条例），或

（二）第一百五十六条或第一百五十七条（审计员等向慈善委员会报告事项的义务）。

Ⅲ. 第一百五十四条至第一百五十七条适用于符合下列条件的第一款所规定的慈善组织：

（一）（第一百四十九条定义的）英格兰 NHS 慈善组织，或

（二）（第一百五十条定义的）威尔士 NHS 慈善组织。

Ⅳ. 若第一款所规定的慈善组织是豁免登记的慈善组织，则依据第一百六十条第二款，第一百五十六条及第一百五十七条适用。

第四章 年度报告、年报及公众查阅账目的权力等

一 年度报告等

第一百六十二条 慈善组织受托人制作年度报告

Ⅰ．慈善组织内部受托人必须在每一会计年度制作年度报告，且该报告中应包含部长发布的条例中可能规定的以下内容：

（一）受托人制作的关于该年度慈善组织活动的报告，及

（二）有关慈善组织及其受托人或高级职员的其他信息。

Ⅱ．第一款项下的条例可特别规定以下内容：

（一）第一款第一项中所规定的，应依据条例中列明或提及的原则制定的报告；

（二）慈善委员会可针对下列组织免除第一款第二项中的任何要求：

（1）特定慈善组织或特定类别的慈善组织，或

（2）某一或某类慈善组织的特定会计年度。

第一百六十三条 在特定情形下，向慈善委员会发送报告

Ⅰ．若慈善组织任一会计年度的总收益超过25000英镑，慈善组织内部受托人必须将依据第一百六十二条必须制作的该年度报告在下列期限内发送给慈善委员会：

（一）自该年度年末起算10个月，或

（二）在该情形下，慈善委员会可因特殊原因批准的更长期限。

Ⅱ．若慈善组织任一会计年度的总收益未超过25000英镑，且慈善组织做出下列要求，则慈善组织受托人必须将第一百六十二条项下的该年度报告在下列期限内发送给慈善委员会：

（一）当该要求是在自该报告所规定的会计年度结束时起算7个

月内作出的，自该年度年末10个月内，且

（二）当该要求并非在此期限内作出，自要求之日起3个月内，或

（三）在任一情形下，慈善委员会可能因特殊原因批准的更长期限。

Ⅲ. 当慈善组织是 CIO 时，则：

（一）无论慈善组织的总收益如何，第一款中的要求均适用，且

（二）第二款不适用。

第一百六十四条　应随年度报告一同发送的文件

Ⅰ. 在遵循第三款的前提下，任何依据第一百六十三条应向慈善委员会发送的年度报告均应附有：

（一）依据第一百三十二条第一款为所规定的会计年度制作的账目表副本，及有关审计员或审查员的报告副本；或

（二）（依据具体情况）依据第一百三十三条为上述目的准备的报表和说明的副本，及有关审计员或审查员的报告副本。

Ⅱ. 第一款中，"有关审计员或审查员的报告"指：

（一）若该年度慈善组织的账目已依据第一百四十四条、第一百四十五条、第一百四十六条、第一百四十九条或第一百五十条进行了审计，则指审计员所作的关于该账目表或（依据具体情况）报表和说明的报告；

（二）若慈善组织该年度的账目已依据第一百四十五条、第一百四十九条或第一百五十条进行审查，则指进行审查之人员所作的报告。

Ⅲ. 第一款和第二款不适用于慈善公司，且慈善公司的慈善组织内部受托人依据第一百六十三条发送的年度报告副本应附有：

（一）为2006年公司法第十五编所规定的会计年度制作的公司年度报表副本，及

（二）有关审计员或审查员的报告副本。

Ⅳ. 第三款中"有关审计员或审查员的报告"指：

（一）若该年度公司的账目已依据公司法第十六编进行了审计，则指审计员所作的关于该账目的报告；

（二）若该年度公司的账目已依据第一百四十五条、第一百四十九条或第一百五十条进行了审查，则指审查员所作的关于该账目的报告；

（三）若该年度公司的账目已依据第一百四十五条进行了审查，则指由进行审查之人所作的报告。

第一百六十五条　保存年度报告等

Ⅰ．依据第一百六十三条向慈善委员会发送的年度报告副本及其所附的文件，应由慈善委员会在其认为合适的期限内保存。

Ⅱ．若慈善组织内部受托人并未被要求向慈善委员会发送副本，则在至少 6 年内，受托人应保存上述报告及文件，上述 6 年自其依据第一百六十二条第一款制作的年度报告所规定的会计年度结束时起算。

Ⅲ．若慈善组织在第二款所规定的 6 年内不复存在，则如同适用于任何年度报告一样，第四款适用于该情形。

Ⅳ．除非慈善委员会数年同意销毁或以其他形式处理年度报告，最后一个慈善组织内部受托人应继续履行依据第二款保存年度报告的义务。

第一百六十六条　年度报告和集团账目

Ⅰ．本条适用于，依据第一百三十八条第二款为母慈善组织的某一会计年度制作的集团账目。

Ⅱ．由母慈善组织的慈善组织内部受托人依据第一百六十二条为该年度制作的年度报告应包括，部长发布的条例中可能规定的以下内容：

（一）受托人作出的有关该年度慈善组织子企业活动的报告，及

（二）有关上述企业的其他信息。

Ⅲ．第二款项下的条例尤其可规定：

（一）第二款第一项中所规定的，应依据条例中列明或提及的原则制定的报告；

（二）慈善委员会可针对以下组织或者特定年度免除第二款第二项中的任何要求：

（1）特定慈善组织或特定类别的慈善组织，或

（2）某一或某类慈善组织的特定会计年度。

Ⅳ. 第一百六十三条（在特定情形下向慈善委员会发送年度报告）适用于第二款中所规定的年度报告时，其中所涉及的该会计年度慈善组织总收益应解释为该年度该集团的累计总收益。

Ⅴ. 在依据第四款向慈善委员会发送年度报告的副本时，必须附上依据第一百三十八条第二款为该年度制作的集团账目副本和以下材料：

（一）审计员所作关于上述账目的报告副本，或

（二）若上述账目已依据第一百五十二条进行了审查，由进行审查之人作出的报告副本。

Ⅵ. 本条中的要求是对第一百六十二条至第一百六十五条的补充。

第一百六十七条　豁免登记的慈善组织

第一百六十二条至第一百六十六条（年度报告等）不适用于任何豁免登记的慈善组织。

第一百六十八条　无须登记的慈善组织

Ⅰ. 第一百六十二条至第一百六十五条（年度报告等）不适用于符合下列条件的组织：

（一）符合第三十条第二款第四项（无论是否符合第三十条第二款第二项或第三项），且

（二）尚未登记。

Ⅱ. 除非依据第五款，第一百六十二条至第一百六十五条不适用于下列慈善组织：

（一）符合第三十条第二款第二项或第三项，但不符合第三十条

第二款第四项，且

（二）尚未登记。

Ⅲ. 若被慈善委员会如此要求，第二款中提及的慈善组织的慈善组织内部受托人必须为要求中列明的慈善组织会计年度制作年度报告。

Ⅳ. 依据第三款制作的任何报告均需包括，第一百六十二条第一款项下有关第一百六十二条第一款所规定的年度报告的条例可能规定的——

（一）慈善组织内部受托人所作慈善组织在所规定的会计年度的活动报告，及

（二）有关慈善组织或其受托人或高级职员的其他信息。

Ⅴ. 下列条款适用于依据第三款需要准备的报告时，如同适用于第一百六十二条第一款所需制作的年度报告：

（一）第一百六十三条第一款（在特定情形下发送年度报告），适用时删除"若慈善组织任一会计年度的总收益超过25000英镑"，及

（二）第一百六十四条（发送年度报告时应附上的文件）及第一百六十五条第一款（保存年度报告等）。

Ⅵ. 第七款和第八款适用于下列情形：

（一）依据第三款，慈善组织应准备某一会计年度的年度报告；

（二）慈善组织在该年度年末时是母慈善组织，且

（三）慈善组织的慈善组织受托人依据第一百三十八条第二款为该年度制作了集团账目。

Ⅶ. 当依据第五款向慈善委员会发送年度报告副本时，应附上集团账目的副本及以下材料：

（一）审计员所作关于上述账目的报告副本，或

（二）如上述账目已依据第一百五十二条进行了审查，由进行审查之人所作的报告副本。

Ⅷ. 第七款中的要求是对第四款的补充。

二 年报

第一百六十九条 已登记慈善组织的年报

Ⅰ.在遵循第二款的前提下，所有已登记的慈善组织均必须在每一会计年度制作年报，该年报的形式和包含的内容应遵循慈善委员会可能发布的条例中的规定。

Ⅱ.若慈善组织的总收益未超过1万英镑，则第一款不适用于该慈善组织任何会计年度（但若该慈善组织构成CIO，本条不适用）。

Ⅲ.慈善组织受托人应在规定日期前将上述年报发送给慈善委员会，该规定日期是第一百六十三条第一款要求受托人向慈善委员会发送其制作的所规定的会计年度年报的日期。

Ⅳ.慈善委员会可针对以下组织或者会计年度免除第一款中的任何要求：

（一）特定慈善组织或特定类别的慈善组织，或

（二）某一或某类慈善组织的特定会计年度。

三 公众查阅文件的权力

第一百七十条 公众查阅慈善委员会保存的年报等

任何慈善委员会依据第一百六十五条第一款（保存年报等）保存的文件应在下列期限内在合理的时间向公众公开：

（一）在其遵循上述条款保存的期间内，或

（二）若慈善委员会如此决定，则在其可能列明的更短期间内。

第一百七十一条 慈善组织内部受托人提供最新年报的副本

Ⅰ.若依据第一百六十二条第一款或第一百六十八条第三款已制作了慈善组织某一会计年度的年报，则本条适用。

Ⅱ.在下列情形下，慈善组织内部受托人必须在自要求提出之日起2个月内，满足其要求：

（一）若慈善组织内部受托人被任何人书面要求向其提供最新年

报的副本,且

(二)该等人员向受托人支付了可能的合理费用(如有),该费用是受托人要求的为满足要求而支出的费用。

Ⅲ. 第二款中所规定的慈善组织的最新年报指,依据第一百六十二条第一款或第一百六十八条第三款制作的所规定的慈善组织的最近一个会计年度年报。

第一百七十二条 慈善组织内部受托人提供最新账目的副本

Ⅰ. 在下列情形下,慈善组织内部受托人必须在自要求提出之日起2个月内,满足其要求:

(一)被任何人书面要求向其提供最新账目的副本,且

(二)该人向受托人支付了可能的合理费用(如有),该费用是受托人要求的为满足要求而支付费用。

Ⅱ. 第一款所规定的慈善组织最新账目指:

(一)当该慈善组织不属于第二项或第三项时,指下述文件所规定的慈善组织在最近一个会计年度的下列文件:

(1)依据第一百三十二条第一款制作的账目表,或

(2)依据第一百三十三条制作的报表和说明。

(二)当涉及慈善公司时,指依据2006年公司法第十六编制作的最新公司年度报告,且该等报告满足以下任一情形:

(1)已经审计;

(2)依据第一百四十五条第一款第一项已经独立审查员审查,或

(3)涉及依据2006年公司法第十六编免于审计的年度,且第一百四十四条第二款和第一百四十五条第一款均不适用,及

(三)当涉及豁免登记的慈善组织时,指依据法定或其他要求经审计的最新慈善组织账目,或者,若其账目无须审计,指最新制作的慈善组织账目。

Ⅲ. 在涉及慈善组织内部受托人已依据第一百三十八条第二款制作集团账目的慈善组织时,第一款中所规定的慈善组织的最新账目包

括由受托人制作的最新集团账目。

四 违法行为

第一百七十三条 未能提供特定文件的违法行为

Ⅰ.若未满足第二款中的任何要求,在列明的满足日期前担任慈善组织的慈善组织内部受托人构成违法行为。

Ⅱ.本款中的要求指由如下条款规定的要求:

(一)第一百六十三条或第一百六十六条第四款(向慈善委员会发送年度报告的要求),若适用时还应包括第一百六十四条、第一百六十六条第五款及第一百六十八条第七款(应附于年度报告提交的文件);

(二)第一百六十九条第三款(向慈善委员会发送年度报告的要求);

(三)第一百七十一条第二款(慈善组织内部受托人提供最新年度报告的副本),或

(四)第一百七十二条第一款或第一百七十二条第三款(慈善组织受托人提供最新账目的副本);

且第一款中"列明的满足日期"指所规定的条款中列明的满足日期。

Ⅲ.作为抗辩,构成第一款所列违法行为的人可证明下列事项:其已采取所有合理的步骤确保所规定的要求能得到及时满足。

Ⅳ.构成第一款所列违法行为的人应以即决判决处以:

(一)不超过第四标准等级的罚金,且

(二)若为持续性违法,只要所规定的人员仍为慈善组织内部受托人,便处以每日不超过第四标准等级百分之十的违约罚金。

第五章　设定最低资金限额的权力

第一百七十四条　变更本编所列特定数额的权力

Ⅰ．部长发布命令，通过下列方式修改第二款中所列的任何条款：

（一）以其他数额代替目前列于该条款中的数额，或

（二）若该条款列明的数额超过一个，则以其他数额代替该条中列明的任何数额。

Ⅱ．条款如下：

（一）第一百三十三条（与选择制作报表和说明以代替账目表的权力有关的总收益）；

（二）第一百四十四条第一款第一项或第二项（与审计大型慈善组织有关的总收益和资产值）；

（三）第一百四十五条第一款（与选择账目审计以代替审查的权力有关的总收益）；

（四）第一百四十五条第三款（与独立审查员资格有关的总收益）；

（五）第一百六十三条第一款或第二款（与向慈善委员会发送年度报告的要求有关的总收益）；

（六）第一百六十九条第二款（与制作年报有关的总收益）。

第一百七十五条　累计集团总收益

部长可发布命令规定，为本编之目的决定集团一会计年度的累计总收益，该集团由母慈善组织及其子企业组成。

第一百七十六条　大型集团："有关最低收入限额"及"有关最低资产限额"

Ⅰ．第一百五十一条第一款第一项和第二项所规定的最低收入限

额指为该款目的规定的最低收入限额。

Ⅱ.第一百五十一条第一款第二项所规定的最低资产限额指为该款目的规定的最低资产限额。

Ⅲ."规定的"指部长制定的条例中规定的。

第九编 慈善组织内部受托人、受托人及审计员等

一 "慈善组织内部受托人"定义

第一百七十七条 "慈善组织内部受托人"定义

除非另有规定,本法中"慈善组织内部受托人"指对慈善组织的运作进行整体控制和管理的人员。

二 取消慈善组织内部受托人和受托人的资格

第一百七十八条 取消成为慈善组织的慈善组织内部受托人或受托人的资格

Ⅰ.下列情形中的人员("P")应被取消慈善组织内部受托人或受托人的资格:

(一)P被判涉及不诚信及欺诈的罪行;

(二)P被判破产或被下达财产扣押令,且(在任一种情形中)

(1)P尚未被解雇,或

(2)P受破产限制令或暂行法令的限制。

(三)P与债务人达成和解或调解协议,或授予其信托书,且尚未因此被解雇。

(四)P已被下列机构基于P在管理慈善组织过程中的不法行为或管理不善(该行为由P负责或由其参与,或其行为导致或促进了该行为的发生)发布的命令被免除慈善组织内部受托人或受托人的职位:

(1)慈善委员会依据第七十九条第二款第一项或慈善委员会或委

员依据（第 179 条第五款定义的）有关早期法律，或

（2）高等法院；

（五）依据 2005 年（苏格兰）慈善组织及信托投资法第三十四条第五款第五项（苏格兰最高民事法院的权力）或（第一百七十九条第六款定义的）有关早期立法，P 被免除管理或控制任何组织的资格。

（六）P 应遵循下列命令：

（1）1986 年公司董事资格取消法规定的取消资格命令或取消资格承诺，或（北爱尔兰）公司董事取消资格命令，或

（2）1986 年破产法第四百二十九条第二款（无法取消郡法院行政法院管理命令）规定的命令。

Ⅱ．第一款的适用应遵循第一百七十九条至第一百八十一条的规定。

第一百七十九条　取消资格：启动之前的事项等

Ⅰ．第一百七十八条第一款第一项：

（一）无论定罪于第一百七十八条第一款生效之前或之后，均予以适用，但

（二）不适用于因 1974 年罪犯自新法成为失效判决的定罪。

Ⅱ．无论破产裁定、扣押令、破产限制令或暂行法令发布于第一百七十八条第一款生效之前或之后，第一百七十八条第一款第二项均适用。

Ⅲ．无论和解或调解协议达成于，或信托书授权于第一百七十八条第一款生效之前或之后，第一百七十八条第一款第三项均适用。

Ⅳ．第一百七十八条第一款第四项和第五项适用于在第一百七十八条第一款生效之前或之后发布或生效的命令或免职。

Ⅵ．第一百七十八条第一款第五项中"有关早期立法"指 1990 年（苏格兰）（其他条款）法律改革法的第七条（最高民事法院处理慈善组织管理问题的权力）。

第一百八十条　取消资格：有关慈善公司的例外

Ⅰ．当（除本条外）第一百七十八条第一款第二项中的人员

（"P"）被取消其作为慈善组织内部受托人或慈善公司的受托人的资格时，若P获得1986年公司董事取消资格法第十一条（未解除债务之破产人）项下担任公司董事的许可，则其资格将不被如此取消。

Ⅱ. 类似的，若在第一栏列出的情况下，第一百七十八条第一款第六项中的人员（"P"）获得第二栏所规定的担任公司董事的许可，则P作为慈善组织内部受托人或慈善公司的受托人的资格将不被取消。

P需遵循依据1986年公司董事取消资格法发布的取消资格命令或取消资格承诺。P需遵循依据（北爱尔兰）公司董事取消资格命令发布的取消资格命令或取消资格承诺。P需遵循依据1986年破产法第四百二十九条第二款发布的命令。	为1986年法案第一条第一款第一项或第1A条第一款第一项之目的，授予许可。北爱尔兰高等法院授予许可。发布命令的法院授予许可。

第一百八十一条　放弃取消资格的权力

Ⅰ. 本条适用于某一人员（"P"）依据第一百七十八条第一款被取消资格的情形。

Ⅱ. 若P依据本款提出申请，慈善委员会可放弃取消P的下列资格：

（一）全部资格，或

（二）有关某一慈善组织或某类慈善组织的资格。

Ⅲ. 若存在下列情形，则除非由于存在特殊情形必须拒绝，慈善委员会必须准许该申请：

（一）P被根据第一百七十八条第一款第四、五项被取消资格，且在取消资格生效日后5年或5年以上之后依据第二款提出申请，且

（二）慈善委员会不受第五款针对批准申请的限制。

Ⅳ. 依据第二款作出的弃权必须以书面形式通知P。

Ⅴ. 在下列涉及慈善公司的情形下，不得依据第二款批准弃权——

（一）以下文书禁止P担任公司董事：

（1）1986年公司董事取消资格法发布的取消资格命令或取消资格承诺，或

（2）第六款1986年法案中的条款，且

（二）尚未批准P担任其他公司的董事。

Ⅵ.1986年法案条款如下：

（一）第十一条第一款（未解除债务之破产人）；

（二）第十二条第二款（未能依据地方法院行政管理命令付款）；

（三）第十二A条（北爱尔兰取消资格命令）；

（四）第十二B条（北爱尔兰取消资格承诺）。

第一百八十二条　对被免职人员的记录

Ⅰ.为第一百七十八条至第一百八十一条之目的，慈善委员会必须以其认为适当的形式，记录所有在第四种情形下依据以下命令被免职的人员：

（一）在第一百七十八条第一款启动之前或之后，慈善委员会或委员发布的命令，或

（二）在1992年慈善组织法第四十五条第一款启动之前或之后，高等法院发布的命令；

并且，若免职的依据是高等法院的命令，法院必须向慈善委员会通知该人员被免职。

Ⅱ.第一款中的记录内容应在合理的时间通过清晰易读的文字向公众开放审阅。

Ⅲ.本条中"委员"指英格兰和威尔士慈善组织的委员。

第一百八十三条　被取消资格后仍行事的刑事责任

Ⅰ.在遵循第二款的前提下，依据第一百七十八条被取消担任慈善组织内部受托人或受托人资格，但仍以该资格行事的，构成犯罪。

Ⅱ.第一款不适用于下列情形：

（一）所规定的慈善组织是公司，且

（二）被取消资格之人仅因第一百七十八条第一款第二项或者第

六项被取消资格。

Ⅲ. 犯第一款所列之罪的应——

（一）以即决判决判处不超过 12 个月的监禁或不超过法定最高值的罚金，或二者并用；

（二）在以公诉程序定罪时，处不超过 2 年的监禁或罚金，或二者并用。

第一百八十四条　被取消资格后仍行事的民事责任

Ⅰ. 依据第一百七十八条被取消担任慈善组织的慈善组织内部受托人或受托人资格，但仍以该资格行事的，仅因其资格被取消，其所为行为无效。

Ⅱ. 若慈善委员会认为任何人具有下列情形，则第三款适用：

（一）依据第一百七十八条被取消担任慈善组织的内部受托人或受托人资格，但仍以该资格行事，且

（二）在其如此行事时，从慈善组织获得了有关担任慈善组织内部受托人或受托人的金额或实物福利，无论该金额是以报酬或费用形式体现。

Ⅲ. 慈善委员会可发布命令，指示上述人员——

（一）将上述金额的全部或部分交还慈善组织，或

（二）（依据具体情况）向慈善组织给付上述实物利益的全部或部分（由慈善委员会决定）货币价值。

Ⅳ. 若所规定的人员并未被取消慈善组织的慈善组织内部受托人或受托人资格，第三款在任何时候均不适用于以报酬或费用形式获得的上述金额。

三　慈善组织内部受托人及受托人等的报酬

第一百八十五条　慈善组织内部受托人及受托人等向慈善组织提供服务的报酬

Ⅰ. 本条适用于下列人员（"P"）因向慈善组织或代表慈善组织

提供服务而获得的报酬:

(一) P 是慈善组织的慈善组织内部受托人或受托人,或

(二) P 与慈善组织的慈善组织内部受托人或受托人有关,且该等报酬可能导致该等受托人获得利益。

上述内容应遵循第三款的规定。

Ⅱ. 若第一款中的报酬满足下列四项条件,P 有权从慈善组织基金中获得报酬:

(一) 报酬的数额或最大数额——

(1) 列明于慈善组织或其内部受托人(依据具体情况)与 P 的书面协议中,且依据该协议 P 向慈善组织或代表慈善组织提供所规定的服务,且

(2) 不得超过 P 提供所规定的服务情形下的合理数额。

(二) 是在签订上述协议前,慈善组织内部受托人决定认为,因 P 向慈善组织或 P 代表慈善组织提供的服务而向 P 提供协议中列明的报酬或最大数额报酬,符合慈善组织的最佳利益。

(三) 当涉及慈善组织时,若在签订上述协议后,符合下列条件的慈善组织内部受托人超过一个:

(1) 第一项中协议对其有效,

(2) 有权通过上述协议之外的途径从慈善组织基金中获得报酬,或

(3) 与本项上述第(1)、(2) 中的人有关,

且其总人数构成目前担任慈善组织内部受托人的大多数。

(四) 是慈善信托中未明示禁止 P 获得报酬。

Ⅲ. 本条不适用于以下情形:

(一) 因以慈善组织内部受托人或受托人资格或依据雇佣合同提供的服务而获得的报酬,或

(二) 不符合第一项,但有权依据下列条款或命令从慈善组织基金中获得的报酬:

（1）慈善信托中包含的条款；

（2）法院或慈善委员会命令；

（3）法律中包含的法定条款或依据法律生效的法定条款，但本条除外。

Ⅳ．在签订第二款第一项中的协议前，慈善组织内部受托人必须考虑慈善委员会给予的关于签订该等协议的指导。

Ⅴ．慈善组织内部受托人在做第二款第二项所规定的决定时，2000年信托法第一款第一项中的注意义务对其适用。

Ⅵ．为第二款第三项之目的，只要任何一方当事人尚未完全履行第二款第一项协议项下的义务，该协议便一直有效。

Ⅶ．为本条之目的，第一百八十七条和第一百八十八条（解释）适用。

第一百八十六条　取消依据第一百八十五条获得报酬之慈善组织内部受托人或受托人的资格

Ⅰ．本条适用于符合下列情形的慈善组织内部受托人或受托人：

（一）依据第一把十五条第二款第一项中的协议或拟定协议有权获得报酬，或

（二）与有上述权利的人有关。

Ⅱ．当涉及有关该协议的决定或其他事项时，慈善组织内部受托人或受托人不得再以受托人的资格行事。

Ⅲ．但若依据第二款被取消资格的人员从事了其无资格从事的行为，该行为不仅仅依据上述资格取消而无效。

Ⅳ．若慈善委员会认为存在以下情形的，其可依据第五款或第六款（视情况而定）发布命令。

（一）依据第二款被取消资格的人员（"P"）从事了其无资格从事的行为，且

（二）P或有关P之人员已经或将要依据所规定的协议从慈善组织获得报酬。

Ⅴ．本款项下的命令要求 P：

（一）向慈善组织偿还全部或部分第四款第二项提及的所获报酬；

（二）若该报酬包括实物福利，则向慈善组织偿还实物福利的全部或部分（依慈善委员会决定）货币价值。

Ⅵ．本款项下的命令指示不应向 P 或（依据具体情况）关联方发放全部或部分第四款第二项下的报酬。

Ⅶ．若慈善委员会发布了第五款或第六款项下的命令，P 或（依据具体情况）关联方因此不再有权依据协议获得命令要求 P 向慈善组织偿还或指示不向 P 发放的那部分报酬（或其货币价值）。

Ⅷ．为本条之目的，第一百八十七条和第一百八十八条（解释）适用。

第一百八十七条　"利益"、"报酬"、"服务"等的定义

第一百八十五条和第一百八十六条中，

（一）"利益"指任何性质的直接或间接利益；

（二）"最大数额"，当涉及报酬时，指所规定的协议中列明或可依据该协议条款确定的最大数额的报酬；

（三）"报酬"包括实物福利（且"数额"相应的包括货币价值）；

（四）"服务"，在涉及对服务的报酬时，包括所提供的与服务有关的实物。

第一百八十八条　"关联方"的定义

Ⅰ．为第一百八十五条及第一百八十六条之目的，下列主体为慈善组织内部受托人或受托人的关联方：

（一）受托人的子女、父母、孙子女、祖父母或兄弟姐妹；

（二）受托人或第一项人员的配偶或法定伴侣；

（三）与受托人或者第一项或第二项人员有商务合作关系的人；

（四）由下列人员控制的机构：

（1）受托人或属于第一项、第二项或第三项的人员，或

（2）联合属于上述（1）的两个或更多人员。

（五）符合下列条件的法人团体：

（1）第一至第三项的受托人或关联方与之有重大利害关系，或

（2）联合属于本项（1）的两个或更多人员与之有重大利害关系。

Ⅱ．为第一款之目的，第三百五十条至第三百五十二条（子女、配偶及法定配偶，受控制的机构及重大利害关系的含义）适用。

四 慈善组织内部受托人及受托人的损失补偿保险

第一百八十九条 慈善组织内部受托人及受托人的损失补偿保险

Ⅰ．慈善组织的慈善组织内部受托人可安排使用慈善组织基金购买保险，补偿慈善组织的慈善组织内部受托人或受托人承担的关于下列事项的个人责任：

（一）上述人员在以慈善组织内部受托人或受托人资格行事时的违反信托或失职行为，或

（二）上述人员在以——

（1）慈善组织（若是法人团体），或

（2）以慈善组织名义从事活动的法人团体的董事或高级职员资格行事时的过失、违约、失职或违反信托行为。

Ⅱ．但上述保险合同应排除赔偿上述人员（"P"）有关下列事项的条款：

（一）P承担的支付下列款项的责任：

（1）在刑事程序中判处的罚金，或

（2）因（无论如何产生的）违背管理性质的要求而需向管理机构支付的罚金；

（二）当P在刑事程序中因欺诈或不诚信，或者故意或过失的不当行为被定罪时，其因进行抗辩所承担的责任，或

（三）P因下列行为应向慈善组织承担的责任：

（1）其知道（或应合理推定知道）不符合慈善组织利益的行

为，或

（2）当其不在意是否符合慈善组织利益时所从事的任何行为。

Ⅲ．为第二款第二项之目的：

（一）所规定的定罪指终局性的定罪；

（二）在下列情形下，定罪是终局性的；

（1）在提起上诉期限结束时，未提起上述，或

（2）在上诉（或进一步申诉）被处理后仍进行上诉，并且

（三）下列情形下上诉获得解决：

（1）决定已作出，且提起进一步上诉的期限已结束，或

（2）上诉被放弃或不再有效。

Ⅳ．慈善组织内部受托人不可依据本条购买保险，除非其决定认为如此符合慈善组织的最佳利益。

Ⅴ．慈善组织内部受托人在做上述决定时，2000年信托法第一款第一项中的注意义务适用。

Ⅵ．本条：

（一）并非授权购买慈善信托中明示禁止的保险，但

（二）即便存在禁止慈善组织内部受托人或受托人从慈善组织基金中获得任何个人利益的条款，亦有效。

第一百九十条　修改第一百八十九条的权力

部长可发布命令，对第一百八十九条第二款及第三款作出其认为适当的修改。

五　减轻受托人及审计员等人责任的权力

第一百九十一条　慈善委员会减轻受托人及审计员等人责任的权力

Ⅰ．本条适用于符合和曾经符合下列条件的人员（"P"）：

（一）慈善组织内部受托人或受托人；

（二）被指定审计慈善组织账目的人（无论是否依据法律进行指定），或

（三）被指定审查或报告慈善组织账目的独立审查员或其他人员（无论是否依据法律进行指定）。

Ⅱ. 若慈善委员会认为存在下列情形的，可发布命令，减轻 P 的上述全部或部分责任：

（一）P 需要或可能为其以第一款第一项、第二项或第三项之资格所从事的违反信托或失职行为承担个人责任，但

（二）P 行事诚实、合理，且应被公正地免除违反信托或失职责任。

Ⅲ. 第二款项下的准许减轻命令可以慈善委员会认为适当的条件为前提。

Ⅳ. 第二款不适用于慈善组织内部受托人或受托人的任何个人合同责任。

Ⅴ. 为本条与第一百九十二条之目的：

（一）第一款第二项应解释为包括以第八编中审计员身份行事的威尔士审计长，且

（二）第一款第三项应解释为包括以第八编中审查员身份行事的威尔士审计长；

且第一款第二和第三项中所规定的慈善组织账目应解释为包括慈善组织的慈善组织受托人制作的集团账目。

Ⅵ. 本条并不妨碍以下条款的实施：

（一）1925 年信托法第六十一条（法院准许宽免受托人的权力），

（二）2006 年公司法第一千一百五十七条（法院准许宽免公司高级职员或审计员的权力），或

（三）第一百九十二条（将第一千一百五十七条适用于非公司慈善组织的审计员等）。

第一百九十二条　法院准许宽免的权力适用于非公司慈善组织的所有审计员等

Ⅰ. 如同对公司雇佣的审计员有效一样，2006 年公司法第一千一

百五十七条（法院准许宽免公司高级职员或审计员的权力）对本条适用的人员有效力。

Ⅱ. 本条适用于

（一）以第一百九十一条第一款第二项或第三项所规定的资格行事的人员，且除依据本条外，2006年公司法第一千一百五十七条不适用于如此行事的人员，以及

（二）CIO的慈善组织内部受托人。

第十编 慈善公司等

一 导言

第一百九十三条 "慈善公司"的定义

本法"慈善公司"指具备公司地位的慈善组织。

二 公司对其慈善身份的披露

第一百九十四条 披露慈善身份的要求

Ⅰ. 若慈善公司的名称中不包含"慈善组织"或"慈善",慈善公司应在以下文件中以清晰易读的文字说明该公司是慈善组织。

(一)在2006年公司法第八十二条项下条例要求其说明登记名称的所有地点及所有文件或通讯中,及

(二)在公司拟定签署的转让文件中。

Ⅱ. 若公司的名称包含"elusen"或"elusennol"("慈善组织"或"慈善"的威尔士表达),第一款不适用于全部以威尔士语书写的文件。

Ⅲ. 第一款要求的说明应以英文作出,除非某一文件全部以威尔士语书写且该文件包括"elusen"或"elusennol"或者由其组成,则该说明可以威尔士语作出。

Ⅳ. 第一款第二项中"转让文件"指创设、转让、变更或消灭土地上利益的文件。

第一百九十五条 未能依据要求进行披露的民事责任

Ⅰ. 本条适用于慈善公司根据第一百九十四条提起的、由于未能遵守该条规定导致的,为行使合同或转让文件项下权利的诉讼。

Ⅱ．若表明被告在该诉讼中存在下列情形的，则该起诉必须被驳回，除非法院在起诉之前认为允许诉讼继续进行是公正公平的。

（一）因公司未遵守第一百九十四条致被告无法获得该合同或转让项下的利益，有权要求公司赔偿，或

（二）由于公司未遵守该条款，而遭受了有关该合同或转让的经济损失。

Ⅲ．本条不妨碍在由他人提起的诉讼中有权向他人主张权利之人实施该等权利。

第一百九十六条　未能依据要求进行披露的刑事责任

Ⅰ．若在无合理理由的情形下，慈善公司未能遵循第一百九十四条的规定，则下列组织和个人均构成犯罪。

（一）该公司，及

（二）该公司所有违约的高级职员。

Ⅱ．为上述目的，若公司未能遵循第一百九十四条第一款第一项规定，则公司的影子董事应被视为公司的高级职员，且为2006年公司法第八十二条项下条例中相应要求之目的，该等人员将被视作公司的高级职员。

Ⅲ．犯上述之罪的人应以即决判决处以不超过第三标准等级的罚金，并且，对于持续犯，处以每日不超过第三标准等级百分之十的违约金。

Ⅳ．本条中所用表述与2006年公司法第八十四条（未能披露公司登记名称的刑事责任）中相应表述意思相同。

三　对变更目的的限制

第一百九十七条　法人团体变更目的及慈善身份

Ⅰ．第二款适用于符合下列条件的慈善组织：

（一）是公司或其他法人团体，且

（二）拥有权力，变更将其设立为公司或对其以公司形式进行管

理的文件。

Ⅱ. 为下列财产使用之目的，剥夺一个机构的慈善组织主体资格的行为无效：

（一）财产的取得是依据之前的处置或签署的协议，但以足够对价或货币价值或者其他代表该等财产之财产为对价取得时除外；

（二）任何表明变更前累计收益的财产，或

（三）该等财产中的收益。

第一百九十八条　公司变更目的以及慈善委员会的同意

Ⅰ. 慈善公司进行的任何受限制的变更应符合下列条件：

（一）应取得慈善委员会事先的书面同意，且

（二）在未获得上述同意的情形下无效。

Ⅱ. 下列事项受限制的变更：

（一）以增加、减少或变更公司目的说明的方式对公司章程的变更；

（二）变更公司章程中指导解散时使用公司财产的条款，及

（三）变更公司章程中的条款，且该变更将授权董事、公司成员或与该等人员有关的人获得利益。

Ⅲ. 根据下列条款的规定，依据第一款进行受限制变更的公司提交副本或者发出通知的，该副本或通知应附上慈善委员会书面同意的副本。

（一）2006年公司法第二十六条要求其将变更后的章程副本发给公司登记机构；

（二）该法律第三十条要求其将通过变更的特别决议副本转发至登记机构，或

（三）该法律第三十一条要求将变更通知登记机构。

Ⅳ. 若应适用上述条款中的不止一条，且公司在不同的时间遵守上述条款，在以前曾发送过慈善委员会书面同意副本的情形下，公司无须再次发送。

Ⅴ. 如同适用于未能遵守第三十条的情形一样，该法第三十条中第二款至第四款（因未能遵守第三十条构成犯罪）适用于未能遵守第三款的情形。

第一百九十九条　第一百九十八条第二款中"利益"的定义

为第一百九十八条第二款第三项之目的，"利益"指任何性质的直接或间接利益，但不包括第一百八十五条授权接受的（符合该条定义的）报酬。

第二百条　第一百九十八条第二款中"关联方"的定义

Ⅰ. 根据第一百九十八条第二款第三项的规定，下列人员为慈善公司的董事或成员的关联方：

（一）董事或成员的子女、父母、孙子女、祖父母或兄弟姐妹；

（二）董事、成员或第一项人员的配偶或法定伴侣；

（三）与董事、成员或者第一项或第二项人员有商业合作关系的人；

（四）由下列人员控制的机构：

（1）董事或成员或属于第一项、第二项或第三项的人员，或

（2）联合属于本项（1）的两个或更多人员。

（五）符合下列条件的法人团体——

（1）第一项至第三项的董事、成员或关联方与之有重大利害关系，或

（2）联合属于本项（1）的两个或更多人员与之有重大利害关系。

Ⅱ. 为第一款之目的，第三百五十条至第三百五十二条（子女、配偶及法定配偶，受控制的机构及重大利害关系的定义）适用。

四　须经慈善委员会同意的行为

第二百〇一条　慈善公司成员进行批准等需获得慈善委员会同意

Ⅰ. 当涉及慈善公司时，未经慈善委员会事前书面同意，下列事项均无效：

（一）公司成员依据第二款所列 2006 年公司法第十编第四章中条

款（需要成员批准的与董事进行的交易）进行批准，以及

（二）公司成员依据 2006 年法案第一百九十六条或第二百一十四条（确认未经批准的财产交易和贷款）进行确认。

Ⅱ.2006 年法案中的条款如下：

（一）第一百八十八条（董事长期服务合同）；

（二）第一百九十条（与董事等进行大量财产交易）；

（三）第一百九十七条、第一百九十八条或第二百条（向董事等贷款和准贷款）；

（四）第二百〇一条（为董事等利益进行的信贷交易）；

（五）第二百〇三条（关联安排）；

（六）第二百一十七条（向董事支付的失业赔偿）；

（七）第二百一十八条（向董事支付的失业赔偿：转让权利义务等）。

第二百〇二条　慈善公司为特定行为需获得慈善委员会同意

Ⅰ.未经慈善委员会事先的书面同意，慈善公司不得为本条适用的行为。

Ⅱ.本条适用于下列行为：

（一）无须依据 2006 年慈善法第十编第四章所列条款（与董事进行的交易）进行批准，但

（二）除所规定的条款中豁免了法人成员应获得的批准，且该法人是另一法人的全资子机构，亦需进行批准。

Ⅲ.所规定的所列条款指第二百〇一条第二款列出的条款。

Ⅳ.若公司行为违背本条，第二款第二项中的豁免应被视为对该行为无效。

五　慈善公司重新登记

第二百〇三条　慈善公司重新登记的适用

Ⅰ.慈善委员会可依据 2006 年公司法第一千〇二十九条向公司登

记机构申请重新登记为慈善公司。
Ⅱ.慈善委员会依据本条行使的权力：
（一）可由慈善委员会主动行使，但
（二）前提是每次都应经司法部长同意。

第十一编　登记为法人的慈善组织

第一章　总则

一　性质及组织章程

第二百零四条　"CIO"的定义

在本法中,"CIO"指的是登记为法人的慈善组织。

第二百〇五条　性质

Ⅰ.CIO必须是法人团体。

Ⅱ.CIO必须具有下列条件:

(一) 组织章程;

(二) 位于英格兰或威尔士的主营业地;

(三) 一个或者多个成员。

Ⅲ.成员可——

(一) 在CIO破产时无须以自有财产补充CIO资产,或

(二) 以最高限额为限,以自有财产承担责任。

第二百〇六条　组织章程

Ⅰ.CIO的章程必须包含下列事项:

(一) 名称;

(二) 目的;

(三) 主营业地是否位于英格兰或威尔士,以及

(四) 如果发生破产情形,其成员是否需以自有财产补充CIO资

产，及（如需要）其承担责任的最高限额。

Ⅱ. CIO 的章程中必须规定下列事项：

（一）成为其成员的资格以及方式；

（二）指定一位或多位人士作为 CIO 的慈善内部受托人，以及受指定人所应具备的条件与资格，及

（三）CIO 解散时其财产分配方式。

Ⅲ. CIO 的组织大纲亦须规定 CIO 条例中的其他事项，并且遵守其中的要求。

Ⅳ. CIO 的章程：

（一）如果该 CIO 主营业地位于英格兰，必须以英文书写；

（二）如果该 CIO 主营业地位于威尔士，可以以英语或威尔士语书写。

Ⅴ. CIO 的组织章程必须以慈善委员会制定的条例中要求的格式编制，或者在条件允许的情况下，以近似的格式编制。

Ⅵ. 根据 CIO 组织章程的任何规定——

（一）CIO 的慈善内部受托人可以（但是没有义务）成为 CIO 的成员；

（二）CIO 的成员可以（但是没有义务）成为该 CIO 的内部受托人，以及

（三）CIO 的成员与 CIO 的内部受托人可以（但是没有义务）为同一人士。

二　CIO 的成立及登记

第二百○七条　申请设立及登记 CIO

Ⅰ. 任何一人或多人（以下简称"申请人"）可向慈善委员会申请设立 CIO 并将其登记为慈善组织。

Ⅱ. 申请人必须向慈善委员会提交下列文件：

（一）一份 CIO 组织章程的草案；

（二）CIO 条例中规定的需要提交的其他文件或者信息，以及

（三）委员为申请之目的要求提供的文件或者信息。

第二百〇八条　应当或可以拒绝申请的情形

Ⅰ．如下情形中，慈善委员会必须拒绝本法第二百〇七条项下的申请：

（一）在申请登记时，该 CIO 并不符合慈善组织的条件，或

（二）CIO 提交的组织章程草案与本法第二百〇六条（CIO 章程）的要求中的一项或几项以及依据该条制定的条例不符。

Ⅱ．如果发生如下事由之一，慈善委员会可以拒绝向其提交的申请：

（一）CIO 拟采用的名称具有下列情形之一的：

（1）与任何其他的慈善组织的名称（无论是否登记）相同，或

（2）经由慈善委员会认定与任何其他的慈善组织的名称（无论是否登记）过于近似。

（二）慈善委员会认为 CIO 拟定的名称符合第四十二条第二款第二至第五项（要求变更慈善组织名称的权力）情形（该条第二项所规定的目的及活动应解释为 CIO 拟定的目的及其拟定从事的活动）。

第二百〇九条　CIO 的登记

Ⅰ．若慈善委员会准许第二百〇七条项下的申请，则其应在登记簿中将 CIO 登记为慈善组织。

Ⅱ．登记簿中涉及慈善组织登记的记录应包括如下内容：

（一）慈善组织登记的时间，及

（二）表明其为 CIO 的标注。

Ⅲ．登记簿中的登记记录副本应发送至 CIO 总部。

第二百一十条　CIO 登记的效力

Ⅰ．一旦 CIO 在慈善组织登记机构登记，则由于该登记，其成为符合如下条件的法人团体：

（一）申请中拟定的组织章程即为其章程，

（二）章程中列明的名称即为其名称，且

（三）第二百零七中所规定的申请人即为其第一个或第一批成员。

Ⅱ．依据本款，目前申请人（或者，如果申请人超过一个，其中

任何一人）因为设立 CIO 的目的而所有的具有慈善目的的信托财产，应在 CIO 登记时成为 CIO 的财产。

三 名称及身份

第二百一十一条 名称

Ⅰ．下列情形中应以清晰易读的文字表明 CIO 的名称：

（一）在 2006 年公司法第八十二条项下条例要求其说明登记名称的所有地点及所有文件或通讯方式中，及

（二）在公司拟定签署的转让文件中。

Ⅱ．第一款第二项中"转让文件"指创设、转让、变更或消灭土地上利益的文件。

第二百一十二条 身份

Ⅰ．第三款适用于不包括下列内容的 CIO 名称：

（一）"慈善法人"；

（二）"CIO"，无论每个字母后是否有句号，或

（三）第二款提及的上述内容的威尔士表达（但仅当 CIO 的章程是以威尔士语书写时，本项适用）；

并且，任何情形下，是否大写并无影响。

Ⅱ．第一款第三项提及的威尔士语表达如下：

（一）"sefydliad elusennol corfforedig"，或者

（二）"SEC"，无论每个字母后是否有句号。

Ⅲ．若本款适用，则 CIO 的身份应以清晰易读的文字形式在所有第二百一十一条第一款提及的地点、文件、通讯方式及转让文件中说明。

Ⅳ．第三款要求的说明必须以英文作出，除非某一文件全部以威尔士语书写，该说明可以威尔士语作出。

第二百一十三条 未披露名称或身份的民事责任

Ⅰ．本条适用于 CIO 提起的为行使合同或转让合同项下权利的诉

讼，且该合同或转让文件未能遵循第二百一十一条或第二百一十二条。

Ⅱ．若表明被告在该诉讼中存在下列情形之一的，则该起诉必须被驳回，除非法院在起诉之前认为允许诉讼继续进行是公正公平的。

（一）因 CIO 未遵守第二百一十一条或第二百一十二条致被告无法继续履行该合同或转让，有权要求 CIO 赔偿，或

（二）由于 CIO 未遵守该条款，而遭受了有关该合同或转让的经济损失。

Ⅲ．本条不妨碍在由他人提起的诉讼中有权向他人主张权利之人实施该等权利。

第二百一十四条　未披露名称或身份，构成犯罪

Ⅰ．下列人员若未能遵守第二百一十一条或第二百一十二条，且无合理理由，则构成违法行为：

（一）所有失职的 CIO 慈善组织内部受托人，及

（二）其他代表 CIO 从事下列行为之人：

（1）签署或授权签署违法文件、信息或转让文件，或

（2）以其他方式实施或授权作为或不作为的违法行为。

Ⅱ．从事第一款违法行为的人应以即决判决处以不超过第三标准等级的罚金，并且，对于持续性违法，处以每日不超过第三标准等级百分之十的违约金。

Ⅲ．第一款中所规定的失职的慈善组织内部受托人，及第二款中所规定的每日违约金，与 2006 年公司法第八十四条（未能披露公司登记名称的刑事责任）中意思相同。

第二百一十五条　冒充 CIO，构成违法

Ⅰ．（以任何形式）将并非 CIO 的机构冒充为 CIO，构成违法行为。

Ⅱ．被指控事实第一款违法行为之人，可通过证明下述内容进行抗辩：其基于合理理由认为该机构是 CIO。

Ⅲ．实施第一款违法行为之人应以即决判决处以不超过第三标准等级的罚金。

第二章 权限、行为能力及程序等

第二百一十六条　CIO 的权限

Ⅰ. 在遵循章程的前提下，CIO 可从事意在实现或者有助于或能附带实现其目的的活动。

Ⅱ. CIO 的慈善组织内部受托人应管理 CIO 的事务，且可为该目的行使 CIO 的所有权限。

第二百一十七条　章程要求

Ⅰ. CIO 可为实现其目的，依据章程利用及使用其财产。

Ⅱ. 若 CIO 的成员在其解散时应以自身财产偿还 CIO 债务，则其组织章程的条款对 CIO 及其成员的效力如同符合下列条件的合同的效力：

（一）CIO 及其所有成员为该合同当事人，且

（二）该合同包含 CIO 的义务及成员遵守章程所有条款的义务。

Ⅲ. 依据章程，成员应向 CIO 支付的款项构成 CIO 应向成员索取的债务，且其性质为一般合同之债。

第二百一十八条　第三方

Ⅰ. 在遵循第三款的前提下，CIO 从事（或故意从事）的行为不因 CIO 超出章程规定的行为能力而无效。

Ⅱ. 在遵循第三款的前提下，CIO 慈善组织内部受托人为限制 CIO 而行事（或授权他人行事）的权限不因章程中对其权限的限制而受影响。

Ⅲ. 仅符合下列情形，第一款和第二款方可适用：如此适用有利于为所规定的行为支付了货币或货币价值对价的人，且该人不知——

（一）在第一款情形下，该行为超出了 CIO 章程规定的行为能

力，或

（二）在第二款情形下，该行为超出了章程中规定的慈善组织内部受托人权力；

并且，（此外）仅当该人员善意地与 CIO 进行交易时，第二款方可适用。

Ⅳ. 与 CIO 签订协议或进行交易的当事人无须调查——

（一）CIO 章程中是否规定了相应行为能力，或

（二）对于慈善组织内部受托人限制 CIO 或授权他人如此的权力，章程进行的限制。

Ⅴ. 若 CIO 意欲转让或授予财产上的利益，具有下列情形之一的，不影响后续获得该财产上权力或利益之人的所有权，但该人需已支付充分对价且并未实际知道影响 CIO 行为效力的情况：

（一）该行为超出章程规定的行为能力；

（二）有关该行为的慈善组织受托人超出了章程授予的行为能力。

Ⅵ. 在因第一款至第三款而提起的诉讼中，证明该人知晓该行为具有下列情形之一的责任应由提出该主张的人承担：

（一）超出 CIO 章程规定的行为能力，或

（二）超出章程授予慈善组织内部受托人的行为能力。

Ⅶ. 本条及第二百一十九条中

（一）所规定的 CIO 缺乏章程行为能力指，由于章程中的任何规定缺乏行为能力，且

（二）所规定的依据 CIO 组织章程对 CIO 慈善组织内部受托人的章程限制，包括源于 CIO 全体大会决议或 CIO 成员协议的限制，且所规定的章程权力亦应如此解释。

第二百一十九条　对第二百一十八条的限制

Ⅰ. 第二百一十八条的规定并不妨碍为限制下列行为而提起诉讼：

（一）超出 CIO 章程行为能力的行为，或

（二）超出 CIO 慈善组织内部受托人章程权力的行为。

Ⅱ．但若该行为是为履行 CIO 以往行为引起的法律义务，则不得对其提起诉讼。

Ⅲ．第二款不妨碍慈善委员会行使其任何权力。

Ⅳ．第二百一十八条第二款不影响 CIO 慈善组织内部受托人（或其中的任何人）为超出其（或该受托人的）章程权力而承担的责任。

Ⅴ．第二百一十八条不免除受托人在 CIO 章程范围内及在遵守章程中权力限制的前提下行事的义务。

第二百二十条　CIO 成员的义务

所有 CIO 成员应以其善意认为最可能实现 CIO 目的的方式，行使其有能力实施的权限。

第二百二十一条　慈善组织内部受托人的义务

Ⅰ．所有 CIO 的慈善组织内部受托人应以其善意认为最可能实现 CIO 目的的方式，行使其有能力实施的权限及履行该等职责。

Ⅱ．所有 CIO 的慈善组织内部受托人在履行其有权履行的职责时，应履行注意义务并运用技能，且该等义务及技能应是在考虑下列因素后被认为合理的：

（一）慈善组织内部受托人掌握或应掌握的特殊知识或技能，及

（二）若慈善组织内部受托人从事某种业务或职业，可合理期待的从事该种业务或职业的人应具备的特殊知识或经验。

但以上规定应遵循 CIO 章程条款的规定，且该规定应为依据第三款制定的条例批准。

Ⅲ．CIO 条例可准许 CIO 章程规定，第二款所规定的义务——

（一）不适用，或

（二）只要章程如此规定，便可不适用。

Ⅳ．第三款项下的条例可规定如下限制：CIO 章程可在何种程度或何种情形下规定不适用第二款项下的义务。

第二百二十二条　个人利益及付款

Ⅰ．若在签署协议或交易前，慈善组织内部受托人并未向所有 CIO

的慈善组织内部受托人披露其对该协议或交易，或对作为当事人的个人或机构有重大利害关系（无论为直接或间接的），则该 CIO 慈善组织内部受托人不得从该协议或交易中获取个人利益。

Ⅱ. 第一款绝非给予 CIO 慈善组织内部受托人权力以从 CIO 签署的协议或交易中获取个人利益。

Ⅲ. CIO 的慈善组织内部受托人可通过下列方式之一要求补偿或者支付其在履行慈善组织受托人职责时合理承担的费用：

（一）有权要求 CIO 补偿，或

（二）可从 CIO 基金中支付。

第二百二十三条 关于 CIOs 程序的条例

Ⅰ. CIO 条例可规定 CIOs 的程序。

Ⅱ. 在遵循下列规定的前提下，CIO 可管理其自身的程序：

（一）上述条例；

（二）其他本法或其他法律规定的要求；

（三）CIOs 章程中的规定。

Ⅲ. 但 CIO 的程序应包括召开成员全体大会的条款，且第一款所规定的条例尤其可规定有关该等会议的条款。

第三章　修改章程

第二百二十四条　修改章程及其程序

Ⅰ. CIO 可通过其成员决议修改章程（且单一决议可规定不止一处修改）。

Ⅱ. 上述决议的通过应符合下列条件：

（一）由参与 CIO 全体大会投票成员的百分之七十五通过（如允许，应包括代表投票或邮寄投票），或

（二）除召开全体大会外，由 CIO 成员一致通过。

Ⅲ. 通过上述决议的日期应为：

（一）通过决议的全体大会召开日期，或

（二）若并非在全体大会上通过，CIO 组织章程所规定的日期或根据第二百二十三条项下条例制定的规章确定的日期将被视为通过的日期（但该日期不可早于最后一个成员同意通过的日期）。

第二百二十五条　修改章程和慈善身份

若 CIO 修改章程的权力将导致 CIO 不再是慈善组织，则不可行使该权力。

第二百二十六条　修改组织章程与慈善委员会同意

Ⅰ. 在遵循第二百二十七条第五款规定的前提下，除非慈善委员会事前书面同意进行修改，否则包含受限制变更的决议无法使该修改生效。

Ⅱ. 受限制的变更如下：

（一）对 CIO 目的进行修改；

（二）对指导 CIO 解散时财产使用的 CIO 章程进行修改；

（三）对 CIO 章程进行修改，且该等修改将导致授予 CIO 慈善组

织内部受托人或成员或者该等人员的关联方以利益。

Ⅲ. 为本条之目的，第二百四十八条（"利益"定义）和第二百四十九条（"关联方"定义）适用。

第二百二十七条　修改的登记和生效

Ⅰ. CIO 应在自决议通过之日（见第二百二十四条第三款）起 15 日内，向慈善委员会发送包含修改章程决议的副本，并附上以下文件：

（一）修改后的章程副本，及

（二）慈善委员会可能要求的其他文件及信息。

Ⅱ. 在登记前，CIO 章程的修改不生效。

Ⅲ. 在下列情形下，慈善委员会可拒绝登记修改章程：

（一）慈善委员会认为，CIO 无权进行修改（例如，由于修改将导致 CIO 不再是慈善组织，或 CIO 或其登记不符合本法或其他法律规定的要求），或

（二）该修改将改变 CIO 的名称，且此后慈善委员会可基于第二百零八条第二款拒绝第二百零七条项下的章程申请及修改中列明的 CIO 名称登记。

Ⅳ. 下列情形下，慈善委员会可拒绝登记章程的修改：

（一）该修改为受限制的变更，且

（二）尚未获得第二百二十六第一款所规定的同意。

Ⅴ. 但若慈善委员会已对修改进行了登记，则第二百二十六条第一款不适用。

第四章　转换、合并及转让

一　特定组织转换成 CIO

第二百二十八条　慈善公司申请转换

Ⅰ. 慈善公司可依据本条向慈善委员会申请转换为 CIO，并申请将 CIO 登记为慈善组织。

Ⅱ. 但上述申请不可由下列组织提出：

（一）未缴清资本额的股份公司，或

（二）豁免登记的慈善组织。

Ⅲ. 公司应向慈善委员会提交下列文件：

（一）决定转换为 CIO 的公司决议副本；

（二）CIO 拟定的章程副本；

（三）采纳拟定 CIO 的公司决议副本；

（四）CIO 条例可能规定的其他文件或信息，以及

（五）慈善委员会为申请之目的可能要求的其他文件或信息。

Ⅳ. 第三款第一项所规定的决议应是：

（一）公司的特别决议，或

（二）由有权对特别决议投票的所有成员签署，或以其名义签署的一致通过的书面决议。

Ⅴ. 2006 年公司法第三编第三章（影响公司章程的决议和协议）不适用于上述决议。

Ⅵ. 若依据本条提出申请的公司（无论是否为股份公司）受担保权限制，则（除非第八款适用）拟定的 CIO 章程应规定如下内容：

（一）在 CIO 解散时，其成员应以自有财产补充 CIO 资产，且

（二）成员应承担的最高限额。

Ⅶ. 该限额不应少于，公司解散时其成员应以自有财产补充公司财产的最高限额。

Ⅷ. 若公司解散时，每个成员应以自有财产补充公司资产的限额为 10 英镑或更少，则：

（一）当公司转换为 CIO 时，担保消灭，且

（二）第六款及第七款的要求不适用。

第二百二十九条　已登记社团申请转换

Ⅰ. 依据本条，作为已登记社团的慈善组织可向慈善委员会申请转换为 CIO 及以慈善组织性质登记 CIO。

"已登记社团"的定义与 1965 年合作社、社会福利团体及信用社法中相同。

Ⅱ. 但上述申请不得由下列人员提出：

（一）所拥有股份资本未缴清的已登记社团，或

（二）豁免登记的慈善组织。

Ⅲ. 已登记社团应向慈善委员会提交下列文件：

（一）决定转换为 CIO 的已登记社团决议副本；

（二）CIO 拟定的章程副本；

（三）采纳拟定 CIO 的已登记社团决议副本；

（四）CIO 条例可能规定的其他文件或信息；以及

（五）慈善委员会为申请之目的可能要求的其他文件或信息。

Ⅳ. 第三款第一项所规定的决议应是：

（一）已登记社团的特别决议，或

（二）由有权对特别决议投票的所有成员签署，或以其名义签署的一致通过的书面决议。

Ⅴ. 第四款中"特别决议"的定义规定在 1965 年合作社、社会福利团体和信用社法第五十二条第三款中。

第二百三十条　慈善委员会咨询适当的登记员及他人

Ⅰ. 慈善委员会应将转换申请通知下列人员：

（一）适当的登记员，及

（二）慈善委员会认为在个案中适当的其他人员（如有），

且应向被通知的人员咨询是否应准许该等申请。

Ⅱ．第一款及第二百三十一条至第二百三十三条中"适当的登记员"指：

（一）在由慈善公司提出的申请中，公司的登记员；

（二）在由已登记社团提出的申请中，金融服务局。

Ⅲ．本条及第二百三十一条至第二百三十三条中"转换申请"指依据第二百二十八条或第二百二十九条提出的申请。

第二百三十一条　必须或可能拒绝申请的情形

Ⅰ．下列情形下，慈善委员会必须拒绝申请：

（一）慈善委员会不认为CIO在该登记时将会是慈善组织；

（二）CIO拟定的章程不符合第二百零六条（CIOs的章程）及依据该条制定的条例中的一条或多条要求，或

（三）当转换申请是由受担保权限制的公司提出时，CIO拟定的章程不符合第二百二十八条第六款和第七款的要求。

Ⅱ．下列情形下，慈善委员会可拒绝申请：

（一）CIO拟定的名称与任何其他慈善组织（无论是否已登记）相同，或在慈善委员会看来十分相似。

（二）慈善委员会认为该申请符合第四十二条第二款第二至第五项（要求慈善组织改名的权力）所列情形（将第二项有关内容解释为CIO拟定目的及其拟定从事的活动），或

（三）在考虑其所咨询的第二百三十条第一款项下人员的意见后，慈善委员会（考虑到依据第三款制定的条例）认为批准申请不合适。

Ⅲ．CIO条例可规定不适宜批准转换申请的情形。

Ⅳ．若慈善委员会拒绝转换申请，其应通知适当的登记员。

第二百三十二条　转换组织的临时登记及最终登记

Ⅰ．若慈善委员会准许转换申请，其应做出下列行为：

（一）在慈善组织登记簿中登记该申请有关的 CIO，并且

（二）向适当的登记员发送转换公司或已登记社团的所有有关决议，及登记簿中有关 CIO 的记录，以及上述文件的副本。

Ⅱ. 第一款第二项中"有关决议"是指：

（一）当涉及转换公司时，第二百二十八条第三款第一项及第三项提及的决议，及

（二）当涉及转换社团时，第二百二十九条第三款第一项及第三项提及的决议。

Ⅲ. 直至适当的登记员依据第四款第二项取消该公司或社团的登记，在登记簿中登记 CIO 是临时性的。

Ⅳ. 适当的登记员必须：

（一）登记第一款第二项下的文件，并

（二）在公司登记簿中取消公司登记，或在社团登记簿中取消社团登记，并且需向慈善委员会通知完成该等行为。

Ⅴ. 登记簿中有关慈善组织登记的记录应包括以下内容：

（一）表明其为 CIO 的标注；

（二）其成为 CIO 的日期，以及

（三）表明被转换为 CIO 的公司或社团名称的标注。

Ⅵ. 但仅在适当的登记员依据第四款通知慈善委员会后，第五款第一项和第二项中提及的事项才应被包含在登记簿中。

Ⅶ. 登记簿中记录的副本应通过发送至 CIO 总部的方式发送给慈善组织。

第二百三十三条　登记具有终局效力

Ⅰ. 当适当的登记员取消公司或已登记社团的登记时，该公司或社团转变为 CIO，且该 CIO 为符合下列条件的法人团体：

（一）转换申请中拟定的组织章程即为其章程；

（二）章程中列明的名称即为其名称，且

（三）转换前公司或社团成员即为其首批成员。

Ⅱ. 若转换公司或社团拥有股份资本——

（一）依据本条，所有股份在公司或社团转换时均消灭，且

（二）被消灭股份之前的持有者在消灭后不享有任何权利。

Ⅲ. 第二款不影响股份在消灭前产生的权利。

Ⅳ. 公司或社团转换为 CIO 尤其不影响，因其为慈善公司或已登记社团而需承担的责任。

第二百三十四条 公益公司的转换

Ⅰ. CIO 条例可规定：

（一）将公益公司转换为 CIO，及

（二）将该 CIO 登记为慈善组织。

Ⅱ. 该条例尤其可适用或者以条例列明的修改形式适用或不适用：

（一）2004 年公司法第五十三条至第五十五条（审计、调查及社区企业），或

（二）第二百二十八条至第二百三十三条。

二 CIO 的合并

第二百三十五条 申请合并 CIOs

Ⅰ. 任何两个或更多的 CIO（"原有 CIO"）可依据本条，向慈善委员会申请合并，及将其合并后的机构登记为新的 CIO 慈善组织（"新 CIO"）。

Ⅱ. 原有 CIO 应向慈善委员会提交以下材料：

（一）新 CIO 拟定的组织章程副本；

（二）CIO 条例可能规定的其他文件或信息，以及

（三）慈善委员会可为申请之目的要求的其他文件或信息。

Ⅲ. 除了第二款所规定的文件和信息外，原有 CIO 还应向慈善委员会提交以下材料：

（一）每个原有 CIO 批准拟定合并的决议副本，及

（二）每个原有 CIO 采纳新 CIO 章程的决议副本。

Ⅳ. 上述决议的通过应符合下列条件：

（一）由参与 CIO 全体大会投票成员的百分之七十五通过（如允许，应包括代表投票或邮寄投票），或

（二）除召开全体大会外，由 CIO 成员一致通过。

Ⅴ. 通过上述决议的日期应为以下日期中的一个：

（一）通过决议的全体大会召开日期，或

（二）若并非在全体大会上通过，CIO 组织章程所规定的日期或根据第二百二十三条项下条例所通过的规章所确定的日期将被视为通过的日期（但该日期不可早于最后一个成员同意通过的日期）。

第二百三十六条　申请合并的通知

Ⅰ. 每个原有 CIO 均需——

（一）以慈善组织内部受托人认为最能引起受此次合并影响之人注意的方式，发送拟定合并的通知，且

（二）向慈善委员会发送通知副本。

Ⅱ. 但凡任何人认为其会受拟定合并的影响，该通知均应征求其意见，且该意见应在慈善委员会决定，并在通知中列明的日期前向慈善委员会表达。

第二百三十七条　必须或可能拒绝申请的情形

Ⅰ. 下列情形下，慈善委员会必须拒绝合并申请：

（一）慈善委员会不认为新 CIO 登记时将会是慈善组织，或者

（二）CIO 拟定的章程不符合第二百零六条及依据该条制定的条例中的一条或多条要求。

Ⅱ. 除基于第一款所规定的原因必须拒绝外，慈善委员会若认为新 CIO 在适当实现其目的方面有巨大风险，则应拒绝合并申请。

Ⅲ. 具有下列情形之一的，慈善委员会可拒绝申请：

（一）新 CIO 拟定的名称与任何其他慈善组织（无论是否已登记）相同，或在慈善委员会看来十分相似，或

（二）慈善委员会认为该申请符合第四十二条第二款第二至第五项（要求慈善组织改名的权力）所列情形（将第二项有关内容解释为CIO拟定目的及其拟定从事的活动）。

Ⅳ. 慈善委员会若认为新CIO中有关第五款事项的条款与每个原有CIO章程中相应条款不相同，或非实质相同，则可拒绝合并申请。

Ⅴ. 事项如下：

（一）CIO目的；

（二）在CIO解散时对其财产的使用，及

（三）授权慈善组织受托人、CIO成员或该等人员的关联方获得任何利益。

Ⅵ. 本条之目的，第二百四十八条（"利益"定义）与第二百四十九条（"关联方"定义）适用。

Ⅶ. 本条、第二百三十八条和第二百三十九条中"合并申请"指依据第二百三十五条提出的申请。

第二百三十八条　合并后CIO的登记

Ⅰ. 慈善委员会若准许合并申请，则必须在慈善组织登记簿中登记新CIO。

Ⅱ. 慈善组织登记簿中有关新CIO的记录应包括：

（一）其为CIO的标注；

（二）慈善组织登记日期，及

（三）表明其为合并后的CIO，及每个原有CIO名称的标注。

Ⅲ. 登记簿中的记录副本应通过发送至新CIO总部的方式发送给慈善组织。

第二百三十九条　登记的效力

Ⅰ. 依据本条，在其登记时新CIO成为符合下列条件的法人团体

（一）合并申请中拟定的组织章程为其章程，

（二）章程中列明的名称为其名称，及

（三）在新CIO登记前的原有CIO成员为其首批成员。

Ⅱ．在新 CIO 登记时，

（一）依据本款，所有原有 CIO 的财产、权利和义务均由新 CIO 享有或承担，且

（二）原有 CIO 解散。

Ⅲ．符合下列条件的赠与均作为向 CIO 的赠与而生效：

（一）明确表明是向某个原有 CIO 作出的赠与，并且

（二）在新 CIO 登记之日当天或之后生效。

三 将 CIO 的权利义务转让给其他 CIO

第二百四十条　将 CIO 权利义务转让给其他 CIO 的决议

Ⅰ．CIO 可决议，将其所有财产、权利和义务转让给决议中列明的其他 CIO。

Ⅱ．若 CIO 通过了上述决议，其必须向慈善委员会发送以下材料：

（一）决议副本，以及

（二）受转让方 CIO 同意向其转让的决议副本。

Ⅲ．第二款及第二款第二项所规定的决议必须符合下列条件：

（一）由参与 CIO 全体大会投票成员的百分之七十五以上通过（如允许，应包括代表投票或邮寄投票），或

（二）除召开全体大会外，由 CIO 成员一致通过。

Ⅳ．通过上述决议的日期应为：

（一）通过决议的全体大会召开日期，或

（二）若并非在全体大会上通过，CIO 组织章程所规定的日期或根据第二百二十三条项下条例制定的规章所确定的日期将被视为通过的日期（但该日期不可早于最后一个成员同意通过的日期）。

Ⅴ．在慈善委员会确认前，转让方 CIO 的决议不生效。

第二百四十一条　将 CIO 权利义务转让给其他 CIO 的通知

在收到第二百四十条第二款项下的决议副本后，慈善委员会——

（一）可指示转让方 CIO 以指示中列明的形式向公众发布决议通

知,且

(二) 若 CIO 发布了该等指示,则其应考虑任何其认为与转让方 CIO 有利害关系的人所提出的建议,但该等建议应在自转让方 CIO 向公众发布决议通知之日起 28 天内向其提出。

第二百四十二条 应拒绝或可能拒绝确认决议的情形

Ⅰ. 若慈善委员会认为转让方 CIO 将无法合理实现受让方 CIO 之目的,则慈善委员会应拒绝确认该决议。

Ⅱ. 若慈善委员会认为受让方 CIO 章程中有关第三款所规定的事项的条款与转让方 CIO 章程中相应事项的条款不相同,或非实质相同,则慈善委员会可拒绝确认决议。

Ⅲ. 事项如下:

(一) CIO 的目的;

(二) 在 CIO 解散时对其财产的使用,以及

(三) 授权慈善组织受托人、CIO 成员以及该等人员的关联方获得任何利益。

Ⅳ. 为本条之目的,第二百四十八条("利益"定义)与第二百四十九条("关联方"定义)适用。

第二百四十三条 决议确认

Ⅰ. 若在有关期限内,慈善委员会未通知转让方 CIO 确认或拒绝其决议,则该决议被视为由慈善委员会在该期限结束后一日确认。

Ⅱ. 在遵循第三款的条件下,"有关期限"指:

(一) 若慈善委员会依据第二百一十四条指示受让方 CIO 向公众发布决议通知,指自发布通知之日起 6 个月,或

(二) 其他情形下,自慈善委员会收到第二百四十条第二款所规定的决议副本之日起 6 个月。

Ⅲ. 慈善委员会可在第二款第一项或第二项所规定的 6 个月期限内,向转让方 CIO 发布通知,再延长通知中列明的期限(不超过 6 个月)。

Ⅳ. 第三款项下的通知应列明慈善委员会延长期限的原因。

第二百四十四条 确认决议的效力

Ⅰ. 若转让方 CIO 的决议被慈善委员会确认（或被视为确认），则发生以下效力：

（一）根据本款，转让方 CIO 的所有财产、权利及义务均依据决议由受让方 CIO 享有或承担，并且

（二）转让方 CIO 解散。

Ⅱ. 符合下列条件的赠与均作为向受让方 CIO 的赠与而生效：

（一）明确表明是向转让方 CIO 作出的赠与，并且

（二）在新 CIO 确认（或被视为确认）之日当天或之后生效。

第五章　补充

第二百四十五条　有关清算、破产和解散的条例

Ⅰ. CIO 条例可规定下列内容：

（一）CIO 的清算；

（二）其破产；

（三）其解散，以及

（四）解散后恢复登记。

Ⅱ. 上述条例尤其可规定以下内容：

（一）在 CIO 解散时，将其财产和权利（包括以 CIO 信托形式持有的财产和权利）转让给官方托管人或者其他人员或机构；

（二）要求名义上持有受益人为 CIO 的信托股票、基金或证券之人将其转让至官方托管人或者其他人员或机构的名下；

（三）拥有 CIO 财产的官方托管人或其他受让人放弃对该财产的所有权；

（四）慈善组织内部受托人可以个人财产补充 CIO 资产或承担其债务的情形；

（五）在 CIO 恢复时撤销解散时所为的行为。

Ⅲ. 上述条例可——

（一）在不进行修改或作出条例列明的修改前提下，适用本不可适用的法律；

（二）规定不适用不可适用的法律，或（以条例中列明的方式）变更其适用。

Ⅳ. 第三款中的"法律"包括符合 1978 年《法律解释法》定义的次级立法中的条款。

第二百四十六条　对 CIO 进行进一步规定的权力

Ⅰ. CIO 条例可对下列事项进行进一步规定：CIO 的登记，CIO 的管理，慈善公司、已登记社团及公益公司转换成 CIO、CIO 合并及其他有关 CIO 的一般事项。

Ⅱ. 上述条例可规定以下内容：

（一）契约和文件的签署；

（二）有关 CIO 或与慈善委员会进行的涉及 CIO 的电子通讯信息或文件；

（三）保存登记的成员和内部受托人；

（四）保存其他登记簿（例如，CIO 财产抵押登记簿）。

Ⅲ. 上述条例可规定：

（一）在不进行修改或作出条例列明的修改前提下，适用本不可适用的法律；

（二）不适用不可适用的法律，或（以条例中列明的方式）变更其适用。

Ⅳ. 当涉及构成 CIO 的慈善组织时，上述条例可——

（一）不对其适用第二十九条和第三十八条（慈善组织的登记）；

（二）以条例列明的方式变更上述条例对其的适用。

Ⅴ. 第三款中的"法律"包括符合 1978 年《法律解释法》定义的次级立法中的条款。

第二百四十七条　"CIO 条例"定义

本编"CIO 条例"指部长制定的条例。

第二百四十八条　"利益"定义

Ⅰ. 为第二百二十六条第二款第三项、第二百三十七条第五款第三项及第二百四十二条第二款第三项之目的（慈善委员会可拒绝同意修改章程、拒绝准许合并申请或拒绝确认转让 CIO 权利义务的决议），本条适用。

Ⅱ. "利益"指任何性质的直接或间接利益，但不包括第一百八十五条授权接受的（符合该条含义的）报酬。

第二百四十九条 "关联方"定义

Ⅰ．为第二百二十六条第二款第三项、第二百三十七条第五款第三项及第二百四十二条第三款第三项之目的，本条适用。

Ⅱ．下列人员与慈善公司内部受托人或 CIO 成员有关：

（一）受托人或成员的子女、父母、孙子女、祖父母或兄弟姐妹；

（二）受托人、成员或第一项人员的配偶或法定伴侣；

（三）与受托人、成员或者第一项或第二项人员有商业合作关系的人；

（四）由下列人员控制的机构：

（1）受托人、成员或属于第一项、第二项或第三项的人员，或

（2）共同属于本项（1）的两个或更多人员。

（五）符合下列条件的法人团体：

（1）第一至第三项的受托人、成员或关联方与之有重大利害关系，或

（2）共同属于本项（1）的两个或更多人员与之有重大利害关系。

Ⅲ．为第二款之目的，第三百五十条至第三百五十二条（子女、配偶、合法伴侣、受控制机构及重大利害关系）适用。

第二百五十条 有关授予或转让财产的条款的效力

任何根据本编规定所进行的财产转让或转移都不属于违反禁止让与的契约或条件，也不导致没收。

第十二编　慈善组织受托人成立法人

一　总则

第二百五十一条　慈善组织内部受托人成立法人

Ⅰ.在下列情形下,慈善委员会可为慈善组织内部受托人颁发其作为法人持有的执照:

(一)依据第二百五十六条,慈善组织内部受托人向慈善委员会申请上述执照,且

(二)慈善委员会认为慈善组织内部受托人登记成立为法人符合慈善组织的利益。

Ⅱ.上述执照应遵循慈善委员会认为适于加入的条件或指示。

Ⅲ.但在下列情形下,慈善委员会不得颁发执照:

(一)慈善委员会认为该慈善组织应依据第三十条登记,但

(二)其未登记。

Ⅳ.在颁发该执照时——

(一)慈善组织内部受托人成为法人团体,且其名称为执照中列明的名称,且

(二)与依据第二百五十二条授予该法人的财产有关的任何上述受托人的权利或义务均由该法人享有或承担。

Ⅴ.在成立法人后,慈善组织内部受托人——

(一)可以其法人名称起诉或被诉,且

(二)在为慈善组织目的持有、获得或处置财产,或者上述行为与慈善组织目的有关时,拥有与未成立法人时相同的权力,并受相同

的限制和制约；

并且可由慈善组织内部受托人继续或提起的，及针对其继续或提起的有关诉讼，可由法人以其名称继续或提起、或者向其名称继续或提起。

Ⅵ. 第五款"有关诉讼"指有关第二百五十二条项下授予法人团体的财产的诉讼。

Ⅶ. 法人无须有公章。

第二百五十二条　授予法人的财产

Ⅰ. 为慈善组织信托所拥有或持有的所有不动产或动产，无论其性质或占有期为何，均由法人执照授予为法人所有。

Ⅱ. 在依据第一款授予不动产和动产时，为有关慈善组织信托而以自身名义持有股票、基金或证券的人员，应将上述财产转移至法人名下。

Ⅲ. 第一款和第二款不适用于授予官方托管人的财产。

第二百五十三条　视同向法人作出的赠与而生效的赠与

Ⅰ. 在慈善组织内部受托人依据本编登记为法人后，任何下列捐赠、赠与及财产处置，作为向法人作出或为其利益作出，或者为法人目的而作出而生效：

（一）向慈善组织或慈善组织的内部受托人作出的，或者为其利益作出的捐赠、赠与及财产处置；

（二）其他为慈善组织作出的捐赠、赠与及财产处置。

Ⅱ. 为第一款之目的，若符合下列条件，则为有关捐赠、赠与或财产处置（无论涉及不动产或动产，及是否通过契约、遗嘱或其他形式进行）

（一）该捐赠、赠与或财产处置在登记为法人前作出，但尚未实际生效，或

（二）上述行为是在登记为法人后作出的。

第二百五十四条　慈善组织内部受托人的义务不受登记影响

在依据本编颁发法人执照后，即便慈善组织已登记为法人，其所

有慈善组织内部受托人应如同上述登记未生效一般,以相同的方式及相同的限度:

(一) 对其控制的财产负责,且

(二) 对自身的行为、所获之物、疏忽及失职,以及慈善组织及其财产承担责任。

第二百五十五条 慈善组织内部受托人应受执照中的条件等约束

Ⅰ. 慈善组织内部受托人应履行或遵循法人执照中的条款及指示,并受其约束,如同该条款及指示为慈善组织信托条款。

Ⅱ. 如同适用于犯未能遵循第三百三十六条(执行慈善委员会命令)所规定的慈善委员会命令之罪的人一样,该条适用于未能履行或遵循该条款所规定的条件或指示的慈善组织内部受托人。

二 适用程序

第二百五十六条 申请成立法人

Ⅰ. 依据本编向慈善委员会申请法人执照,需满足下列条件:

(一) 以书面形式作出,且由所规定的慈善组织内部受托人签署,且

(二) 附上慈善委员会为申请之目的要求的文件或信息。

Ⅱ. 慈善委员会可要求依据其说明的方式证实下述文件:

(一) 申请中包含的任何说明,或

(二) 依据第一款第二项提供的文件或信息。

第二百五十七条 在颁发执照前应满足的要求

在依据本编颁发法人执照前,慈善委员会应确定慈善组织内部受托人是被有效任命的。

第二百五十八条 执照是遵循公司要求的终局性证据

Ⅰ. 依据本编颁发的法人执照应可终局性地证明满足成立本编项下法人的初步要求。

Ⅱ. 执照中提及的法人成立日期应被视为法人成立的日期。

三 对慈善组织受托人成立为法人的慈善组织进行管理

第二百五十九条 补足慈善组织受托人中的空缺

Ⅰ．本条适用于依据本编颁发了法人执照的情形。

Ⅱ．只要慈善组织章程或协议，或者执照中的条件或指示要求，应不时以下列方式补足慈善组织内部受托人中的空缺：

（一）未颁发法人执照时可利用的任命新慈善组织内部受托人的法定方式，或

（二）上述条件或指示要求的其他方式。

第二百六十条 法人签署文件：一般规定

Ⅰ．本条及第二百六十一条适用于法人签署文件。

Ⅱ．法人若有公章，则可通过加盖公章的方式签署文件。

Ⅲ．无论是否有公章，法人均可通过下列方式签署文件：

（一）有关慈善组织的大多数内部受托人签署了该文件，且（无论以何种表述）宣称由法人签署，或

（二）依据第二百六十一条第一款的授权签署该文件。

Ⅳ．由法人合法签署，且明确表明制定之人意欲使之成为契约的文件，在交付时应作为契约生效；且除非证明相反意向，应推定如上签署时即为交付时。

Ⅴ．若拟定由下列人签署文件，为有利于买方，该文件被视为由法人合法签署：

（一）有关慈善组织内部受托人中的大多数，或

（二）由上述慈善组织内部受托人授权、以法人的名义代表其签署文件的慈善组织受托人，

且，若该文件明确表明制定之人意欲使之成为契约，则该文件被视为在签署时交付。

Ⅵ．第五款中的"买方"：

（一）指付出相当对价的善意买方，且

（二）包括付出相当对价的承租人、抵押权人或其他人员。

第二百六十一条　授权签署文件

Ⅰ．根据第二百六十九条第三款第二项的规定，在遵循慈善组织信托的前提下，有关慈善组织的成为法人内部受托人可授予受托人中的一个或多个人：

（一）全部权限，或

（二）受慈善组织内部受托人认为适当的方式限制的权限，

以使法人作为当事人的交易生效，以法人的名义代表其签署文件。

Ⅱ．第一款项下的授权——

（一）即便除该款外授权还需要的手续尚未满足，若该授权是以书面形式作出，或由有关慈善组织内部受托人会议决议通过，便可适用于任何文件；

（二）可授予任何慈善组织内部受托人行使，或通过授予指定的人员或其他方式予以限制；

（三）在授权被撤回前，受到此类限制并依然具有慈善组织不时做出的、慈善组织内部受托人有权行使的授权效力，即使有关慈善组织内部受托人发生变化。

Ⅲ．除非表明相反意向，第一款项下授予的以法人名义代表其签署文件的权限应默示包括以官方托管人或其他任何人的名义代表其签署文件的权限，但以慈善组织内部受托人有权行使后者权限为条件。

四　慈善委员会变更执照或解散法人的权力

第二百六十二条　变更法人执照

Ⅰ．慈善委员会可依据所规定的法人的申请，或主动变更法人执照。

Ⅱ．在主动作出上述变更前，慈善委员会应书面通知以下事项：

（一）告知有关慈善组织内部受托人其意向，并

（二）吸引上述受托人在通知列明的时间内向其提出意见。

Ⅲ. 该等列明的时间应不少于一个月,自通知之日起算。

Ⅳ. 慈善委员会

(一) 应考虑在上述列明的期限内,上述受托人向其提出的意见,并

(二) 可(在不再发布通知的情形下)实施其意向,实施时可不对意向加以修改,或作出其认为适宜的修改。

Ⅴ. 慈善委员会可通过下列方式变更法人执照:

(一) 发布说明变更的命令,或

(二) 颁发变更后的执照。

第二百六十三条 法人解散

Ⅰ. 若慈善委员会认为满足下列条件,则可主动发布命令,自命令中列明的日期解散法人:

(一) 该法人没有资产或不再运作;

(二) 有关慈善组织不再存在;

(三) 之前构成,或被慈善委员会认为构成有关慈善组织的机构不再存在,或(依据具体情况)在法人成立时不再是慈善组织,或

(四) 有关慈善组织的目的只要可行均已实现,或在实际中不可行。

Ⅱ. 若慈善委员会认为,依据有关慈善组织的内部受托人申请,解散法人符合慈善组织的利益,则其可主动发布命令,自命令中列明的日期解散法人。

Ⅲ. 在遵循第四款的前提下,本条项下有关法人的命令可将目前为慈善组织信托之目的而由:

(一) 该法人,或

(二) (除官方托管人外的)其他人员

所有的财产授予有关慈善组织的内部受托人所有,并作为受益人为慈善组织的信托财产。

Ⅳ. 若慈善委员会在命令中做出如下指示:

（一）将该财产的全部或列明的部分授予下列人员（而非授予有关慈善组织的内部的受托人）：

（1）作为该慈善组织内部受托人或代表人的特定人员，或

（2）除有关慈善组织的内部受托人外列明的其他人员；

（二）由任何人员以慈善组织信托形式持有的，任何投资或者某种类型或种类的投资应向下列人员转让：

（1）该慈善组织的内部受托人，或

（2）第一项（1）或（2）提及的人员。

为上述目的，"列明的"指慈善委员会在命令中列明的。

Ⅴ. 若本款适用的命令是向下列法人作出的：

（一）该法人的任何权力或义务均由有关慈善组织内部受托人享有或承担，并且

（二）任何可能由该法人继续、提起或向其继续、提起的诉讼，可由上述受托人继续、提起或向其继续、提起。

Ⅵ. 第五款适用于本条项下的命令，且依据该命令：

（一）任何依据第三款授予的财产应授予——

（1）有关慈善组织内部受托人，或

（2）该慈善组织的受托人或代表人，或

（二）为有关慈善组织的信托而由任何人持有的投资应向下列人员或机构转让：

（1）该慈善组织内部受托人，或

（2）该慈善组织的受托人或代表人。

五　补充

第二百六十四条　对申请及执照进行记录

Ⅰ. 慈善委员会必须对所有依据本编进行的成立法人申请及法人执照进行记录。

Ⅱ. 依据本编向慈善委员会寄送的文件应由慈善委员会在其认为

适当的期限内保存。

Ⅲ. 依据本条保存的文件应在合理的时间向公众开放以供审阅。

Ⅳ. 任何获得本条项下保存的文件的副本或摘录的人可要求慈善委员会职员签署证明以证实该副本或摘录。

第二百六十五条　"法人"及"有关慈善组织"的定义

本编中：

（一）"法人"指依据第二百五十一条登记的法人；

（二）"有关慈善组织"与法人有关，指慈善组织内部受托人已登记为上述法人的慈善组织。

第二百六十六条　有关财产授予及转让的条款的效力

任何根据本编规定所进行的财产转让或转移都不属于违反禁止让与的契约或条件，也不导致没收。

第十三编　非法人慈善组织

一　转让非法人慈善组织所有财产的权力

第二百六十七条　导言

Ⅰ. 第二百六十九条（转让所有财产的决议）适用于符合下列条件的慈善组织：

（一）（在遵守第二款的前提下）其上一会计年度总收益未超过1万英镑；

（二）其未持有指定土地，且

（三）其并非公司或其他法人团体。

"指定土地"指信托内容如下的信托土地：应为慈善组织的目的或其他特殊目的而使用土地。

Ⅱ. 第一款第一项不适用于慈善组织内部受托人作出的有关下列事项的决议：

（一）向 CIO 转让所有财产，或

（二）将财产分给两个或更多 CIO。

Ⅲ. 若慈善组织获得永久性捐赠，则依据第二百七十三条和第二百七十四条，第二百六十八条至第二百七十二条有效。

Ⅳ. 第二百六十八条至第二百七十四条所规定的向慈善组织转让财产是指向下列机构或人员的转让：

（一）慈善组织；

（二）慈善组织内部受托人；

（三）慈善组织的受托人，或

（四）由慈善组织内部受托人指定，为慈善组织信托而持有该财产的人，

具体由慈善组织内部受托人决定。

第二百六十八条　转让所有财产的决议

Ⅰ．本条适用的慈善组织内部受托人（见第二百六十七条）可为本条之目的决议：

（一）将慈善组织的所有财产转让给决议中列明的其他慈善组织，或

（二）将慈善组织的所有财产转让给决议中列明的两个或更多慈善组织，且财产分配依据决议列明的方式进行。

Ⅱ．上述列明的慈善组织可以是已登记慈善组织或并未被要求进行登记的慈善组织。

Ⅲ．但除非慈善组织内部受托人（"转让方慈善组织"）认为符合下列条件，否则其无权通过第一款项下的决议：

（一）为实现转让方慈善组织持有该财产之目的，适宜依据决议转让该财产，且

（二）依据决议接受财产的慈善组织的目的（或目的之一）与转让方目的（或目的之一）实质相似。

Ⅳ．第一款项下的决议应由慈善组织内部受托人中的大多数通过，且参与投票者不得少于慈善组织内部受托人人数的三分之二。

Ⅴ．若慈善组织内部受托人通过第一款项下的决议，其必须向慈善委员会发送该决议的副本，并附上其通过决议的原因说明。

第二百六十九条　发布关于转让财产决议的通知和信息

Ⅰ．在收到第二百六十八条第五款项下的决议副本后，慈善委员会：

（一）可指示慈善组织内部受托人以指示中列明的方式，向公众发布决议通知，且

（二）若其发布了上述指示，应考虑向其提出的符合下列条件的

意见：

（1）由表面上与该慈善组织有利害关系之人提出，且

（2）在28日内提出，自慈善组织内部受托人向公众发布决议通知之日起算。

Ⅱ．慈善委员会亦可指示慈善组织内部受托人向其提供有关下列事项的额外信息或说明：

（一）受托人决定为第二百六十八条之行为所处或参考的情形，或

（二）是否满足第二百六十八条或本条规定的有关决议的义务。

第二百七十条　第二百六十八条决议何时生效的一般规则

在遵循第二百七十一条的前提下，第二百六十八条第一款项下的决议在60日期限结束时生效，该期限自慈善委员会收到其副本之日起算。

第二百七十一条　第二百六十八条决议不生效或之后生效

Ⅰ．若在下列期限届满前，决议尚未依据第二百七十条生效，则慈善委员会可书面通知慈善组织内部受托人，基于程序性原因或决议中的提案，慈善委员会反对该决议生效。

（一）60日期限，或

（二）第四款或第五款改动后的期限。

Ⅱ．''60日期限''指第二百七十条提及的60日期限。

Ⅲ．''基于程序性原因''指依据下列原因：慈善组织内部受托人尚未满足第二百六十八条或第二百六十九条对其施加的有关决议的义务。

Ⅳ．若慈善委员会依据第二百六十九条第一款指示慈善组织内部受托人向公众发布决议通知，则依据本条60日期限依照下列规定中止：

（一）自向慈善组织内部受托人发布指示之日起中止，并

（二）自慈善组织向公众发布决议通知之日起42日恢复。

Ⅴ．若慈善委员会依据第二百六十九条第二款指示慈善组织内部受托人向其提供任何信息或说明，则60日期限依照下列规定中止：

（一）自向慈善组织内部受托人发布指示之日起中止，并

（二）自向慈善委员会提供上述信息或说明之日起恢复。

Ⅵ．若依据第四款及第五款中的一款或两款，60日期限中止的时间，或整体中止的时间超过120日，则第七款适用。

Ⅶ．在上述情形下，该决议（若之前未被慈善委员会反对）应被视为未被通过。

第二百七十二条　依据第二百六十八条决议转让财产

Ⅰ．若决议依据第二百六十八条第一款生效，则第二款适用。

Ⅱ．慈善组织内部受托人应依据决议并按照下列条件，安排转移转让方慈善组织的所有财产：

（一）依据上述转让的财产应由接受转让的慈善组织（"受让方慈善组织"）依据第三款持有，但

（二）作为转让方慈善组织财产时该财产所受费用方面的限制也适用于转让后持有的该等财产；

并且慈善组织内部受托人应在决议生效后的下述日期安排财产转让：其与受让方慈善组织或所规定的慈善组织内部受托人同意的日期。

Ⅲ．只要合理可行，依据本条接受转让慈善组织内部受托人应确保，将该财产使用于与转让方慈善组织实质相似的目的。但是，若上述慈善组织内部受托人认为遵循上述要求将导致无法适当和有效地使用该财产，则上述要求不适用。

Ⅳ．为使得依据本条能够向慈善组织转让财产，慈善委员会可依据该慈善组织内部受托人要求，发布命令，将转让方慈善组织的任何财产授予——

（一）受让方慈善组织及其慈善组织内部受托人，或为该慈善组织设立的信托，或

（二）该慈善组织内部受托人指定的，为该慈善组织信托而持有

财产之人。

第二百七十三条　当慈善组织拥有永久性捐赠时的转让：一般规定

Ⅰ.本条及第二百七十四条规定的内容为，当第二百六十七条第一款项下的慈善组织拥有永久性捐赠（无论慈善组织信托中是否包含慈善组织终止的条款）时，第二百六十八条至第二百七十二条适用。

Ⅱ.当慈善组织既拥有永久性捐赠，也拥有其他财产（不受限制的财产）时：

（一）第二百六十八条第一款项下的决议应既与其永久性捐赠有关，也与其不受限制的财产有关，并且

（二）第二百六十八条至第二百七十二条——

（1）当涉及不受限制的财产时，所规定的慈善组织的全部或部分财产应被视为其不受限制的全部或部分财产，且

（2）当涉及永久性捐赠时，适用应依据第二百七十四条。

Ⅲ.若慈善组织所有财产均由永久性捐赠构成，则第二百六十八条至第二百七十二条对其永久性捐赠的适用应依据第二百七十四条。

第二百七十四条　有关永久性捐赠的要求

Ⅰ.第二百六十八条至第二百七十二条适用于慈善组织的[第二百七十三条第二款第二项（2）提及的]永久性捐赠，但适用时应进行以下修改。

Ⅱ.第二百六十八条至第二百七十二条所规定的慈善组织的全部或部分财产应指全部或部分由其永久性捐赠构成的财产。

Ⅲ.若由永久性捐赠构成的全部或部分财产被转让给某个慈善组织，慈善组织内部受托人应确认（而非确认第二百六十八条第三款第二项要求）拟定的受让方慈善组织拥有与转让方慈善组织全部目的实质相似的目的。

Ⅳ.若将由永久性捐赠构成的财产转让给两个或两个以上慈善组织，慈善组织内部受托人应确认（而非确认第二百六十八条第三款第

二项要求）：

（一）拟定的受让方慈善组织目的总体上与转让方慈善组织的所有目的实质相似，且

（二）每一拟定受让方慈善组织的目的与转让方慈善组织目的中的一个或多个实质相似。

Ⅴ．在第四款适用的转让情形中，第二百六十八条第一款项下的决议应规定由永久性捐赠构成的慈善组织财产在受让方慈善组织中进行分配的计划，且该计划必须考虑慈善委员会为本条之目的可能发布的指导。

Ⅵ．根据第二百六十八条至第二百七十二条的规定，第二百六十九条第二款第二项和第二百七十一条第三款所规定的第二百六十八条或第二百六十九条规定的慈善组织内部受托人的义务包括第三款至第五款规定的义务。

Ⅶ．第二百七十二条第三款中的要求适用于所有该等转让，且在遵循上述要求时受让方慈善组织内部受托人应确保，对转让财产的使用考虑了慈善委员会为本条之目的可能发布的指导。

Ⅷ．慈善委员会为本条之目的发布的指导可以慈善委员会认为适当的形式及方式发布。

二　变更非法人慈善组织目的或权限的权力

第二百七十五条　替换非法人慈善组织目的的决议

Ⅰ．本条适用于符合下列条件的慈善组织：

（一）上一会计年度总收益不超过10000英镑；

（二）未持有指定土地，且

（三）并非公司或其他法人团体。

"指定土地"指以信托方式持有的土地，并且规定应为慈善组织的目的或其他特殊目的使用土地。

Ⅱ．上述慈善组织内部受托人可为本条之目的决议，以决议中列

明的其他目的替换慈善组织的所有或任何目的，从而对慈善组织信托进行变更。

Ⅲ．上述列明的其他目的应为慈善目的。

Ⅳ．但慈善组织内部受托人无权通过第二款项下的决议，除非其确认以下事实：

（一）为慈善组织之利益，适宜替换所规定的目的，且

（二）只要合理可行，新目的包括与被替换目的相似的目的。

Ⅴ．第二款项下的任何决议应由参与投票的慈善组织内部受托人中的大多数通过，且参与投票者不得少于慈善组织内部受托人人数的三分之二。

Ⅵ．若慈善组织内部受托人通过第二款项下的决议，其必须向慈善委员会发送决议副本，并附上其通过的理由说明。

第二百七十六条　有关第二百七十五条决议的通知和信息

Ⅰ．在收到第二百七十五条第六款项下的决议副本后，慈善委员会——

（一）可指示慈善组织内部受托人以指示中列明的方式向公众发布决议通知，且

（二）若发布上述指示，则应考虑向其提出的符合下列条件的意见：

（1）由表面与慈善组织有利害关系之人提出，且

（2）在 28 日内提出，自慈善组织内部受托人向公众发布决议通知之日起算。

Ⅱ．慈善委员会亦可要求慈善组织内部受托人提供有关下列事项的额外信息或说明：

（一）受托人决定为第二百七十五条之行为所处或参考的情形，或

（二）是否满足第二百七十五条或本条规定的有关决议的义务。

第二百七十七条　第二百七十五条决议何时生效的一般规定

在遵循第二百七十八条的前提下，第二百七十五条第二款项下决

议在 60 日期限结束时生效，自慈善委员会收到其副本之日起算。

第二百七十八条　第二百七十五条决议不生效或之后生效

Ⅰ．若在下列期限届满前决议尚未依据第二百七十七条生效，则慈善委员会可书面通知慈善组织内部受托人：基于程序性原因或决议中的提案，慈善委员会反对该决议生效：

（一）60 日期限，或

（二）第四款或第五款改动后的期限。

Ⅱ．"60 日期限"指第二百七十条提及的 60 日期限。

Ⅲ．"基于程序性原因"指依据下列原因：慈善组织内部受托人尚未满足第二百七十五条或第二百七十六条对其施加的有关决议的义务。

Ⅳ．若慈善委员会依据第二百七十六条第一款指示慈善组织内部受托人向公众发布决议通知，则依据本条 60 日期限以下列方式中止：

（一）自向慈善组织内部受托人发布指示之日起中止，并

（二）自慈善组织向公众发布决议通知之日起 42 日恢复。

Ⅴ．若慈善委员会依据第二百七十六条第二款指示慈善组织内部受托人向其提供任何信息或说明，则 60 日期限依照下列规定中止：

（一）自向慈善组织内部受托人发布指示之日起中止，并

（二）自向慈善委员会提供上述信息或说明之日起恢复。

Ⅵ．若依据第四款及第五款中的一款或两款，60 日期限中止的时间，或整体中止的时间超过 120 日，则第七款适用。

Ⅶ．在上述情形中，该决议（若之前未被慈善委员会反对）应被视为未被通过。

第二百七十九条　依据第二百七十五条替换目的

自决议依据第二百七十七条生效时，所规定的慈善组织信托应被视为根据决议条款而修改。

第二百八十条　修改非法人慈善组织权力或程序的权力

Ⅰ．本条适用于非公司及其他法人团体的慈善组织。

Ⅱ．上述慈善组织的慈善组织内部受托人可为本条之目的决议，以决议中列明的方式修改有关下列事项的慈善组织信托条款：

（一）慈善组织内部受托人在管理慈善组织中可行使的权力，或

（二）规定在管理过程中应遵循的程序。

Ⅲ．若慈善组织为非法人社团，且其成员与慈善组织内部受托人不同，则第四款适用。

Ⅳ．第二款项下慈善组织受托人的决议应以在该组织全体大会上以下列方式通过的另一决议批准：

（一）由参与决议投票成员的大多数通过，且参与投票者应不少于有权参加大会并投票的成员人数的三分之二，或

（二）未经投票，但亦未对会议议题提出反对，而作出的决定。

Ⅴ．若发生下列情形，则慈善组织信托应被视为依据决议条款进行了修改：

（一）慈善组织内部受托人已通过第二款项下决议，且

（二）（若第四款适用）依据该款通过了另一决议。

Ⅵ．上述信托修改被视为始于：

（一）第二款项下决议为该目的列明的日期，或

（二）（若之后生效）依据第四款通过上述另一决议之日。

三　非法人慈善组织使用资金的权力

第二百八十一条　非法人使用资金的权力：一般规定

Ⅰ．本条适用于非公司及非法人慈善组织可利用的捐赠基金。

Ⅱ．但若第二百八十二条至第二百八十四条（使用为特定目的捐赠的大型基金的权力）适用，则本条不适用。

Ⅲ．若慈善组织满足了第四款所规定的条件，慈善组织内部受托人可为本条之目的决议：本应适用的有关资金支出的限制应不再适用于该基金或部分该基金。

Ⅳ．上述条件指，慈善组织内部受托人应确认：使用该基金或该

基金的有关部分以及其累计的收益,而非仅使用收益,能更有效地实现该基金应遵循的信托中列明的目的。

Ⅴ.若慈善组织内部受托人通过第三款项下的决议,则依据本条,可为该基金应遵循的信托目的使用该基金或该基金的部分而不受该款项下限制的约束。

Ⅵ.自决议中为该目的列明的日期起,可使用该基金或该基金的部分。

Ⅶ.本条中"可利用的捐赠基金"在涉及慈善组织时指:

(一)当全部的永久性捐赠均受同一信托约束时,指慈善组织的全部永久性捐赠,或

(二)若部分永久性捐赠遵循的特殊信托与其他部分不同,指该部分永久性捐赠。

第二百八十二条 作出决议,使用为特殊目的捐赠的大型基金

Ⅰ.本条适用于非公司及非法人慈善组织可利用的捐赠基金,该慈善组织符合下列条件:

(一)其资金完全由下列机构或人员捐赠:

(1)特定个人,

(2)特定机构(通过拨款或其他方式捐赠),或

(3)为实现共同目的的两个或两个以上个人或机构,及

(二)慈善组织上一会计年度总收益超过1000英镑,且捐赠基金的市值超过10000英镑。

Ⅱ.若慈善组织满足第三款中的条件,则慈善组织内部受托人可为本条之目的决议:本应适用的有关基金使用的限制应不再适用于该基金或该基金的部分。

Ⅲ.上述条件指,慈善组织内部受托人应确认:使用该基金或该基金的有关部分以及其累计的收益,而非仅使用收益,能更有效地实现该基金应遵循的信托中列明的目的。

Ⅳ.慈善组织内部受托人——

（一）应向慈善委员会发送第二款项下的决议副本，并附上其通过原因的说明，并且

（二）除依据第二百八十三条和第二百八十四条外，不可实施决议。

Ⅴ. 本条中——

（一）"可利用永久性捐赠"与第二百八十一条中含义相同；

（二）"市值"在涉及捐赠基金时，指

（1）记录在有关慈善组织上一会计年度账目中的基金市值，或

（2）若并未记录上述价值，则指依据特地进行的估价确定的目前基金的市值。

Ⅵ. 第一款所规定的个人捐赠的财产包括个人遗赠。

第二百八十三条　关于第二百八十二条决议的通知和信息

Ⅰ. 在收到第二百八十二条第四款项下的决议副本后，慈善委员会：

（一）可指示慈善组织内部受托人以指示中列明的方式向公众发布决议通知，且

（二）若发布上述指示，则应考虑向其提出的符合下列条件的意见：

（1）由表面与慈善组织有利害关系之人提出，且

（2）在28日内提出，自慈善组织内部受托人向公众发布决议通知之日起算。

Ⅱ. 慈善委员会亦可要求慈善组织内部受托人提供有关下列事项的额外信息或说明：

（一）受托人决定为第二百八十二条之行为所处或参考的情形，或

（二）是否满足第二百八十二条或本条规定的有关决议的义务。

第二百八十四条　第二百八十二条决议生效的时间和方式

Ⅰ. 当考虑是否同意第二百八十二条第二款项下决议时，慈善委员会应考虑：

（一）任何可获得的有关第二百八十二条第一款第一项下捐赠者意愿的证据，及

（二）自捐赠后有关慈善组织的情事变更（尤其包括其财务状况，受益人需求及其运作的社会、经济和法律环境）。

Ⅱ．慈善委员会不得同意决议，除非其确认：

（一）实施该决议符合第二百八十二条第一款第一项的精神（即使与第二百八十二条第二款提及的限制不符），且

（二）慈善组织内部受托人遵循了第二百八十二条或第二百八十三条规定的关于决议的义务。

Ⅲ．在自有关日期起算的3个月内，慈善委员会应书面通知慈善组织受托人：

（一）其同意该决议，或

（二）其不同意该决议。

Ⅳ．第三款中"有关日期"指：

（一）若慈善委员会依据第二百八十三条第一款指示慈善组织受托人向公众发布决议通知，则指通知发布日期，及

（二）其他情形下，慈善委员会依据第二百八十二条第四款收到决议副本的日期。

Ⅴ．若发生以下情形之一，则依据本条，慈善组织内部受托人可为基金应遵循的信托中列明的目的使用该基金或该基金的部分，且不受第二百八十二条第二款限制。

（一）慈善委员会通知慈善组织内部受托人其同意决议，或

（二）第三款所规定的3个月期限已结束，但慈善委员会未通知受托人其不同意决议。

四　补充

第二百八十五条　变更本编所列数额的权力

Ⅰ．部长可发布命令，以下列方式修改第二款所列条款：

（一）用其他数额替换目前列于该条款中的数额，或

（二）若该条款列明的数额不止一个，用其他数额替换该条款中列明的任何数额。

Ⅱ. 条款包括：

（一）第二百六十七条第一款（作出转让非法人慈善组织财产决议所需达到的收益水平）；

（二）第二百七十五条第一款（作出替换非法人慈善组织目的决议所需达到的收益水平）；

（三）第二百八十二条第一款（作出使用为特殊目的捐赠的大量资金的决议所需达到的收益水平和市值）。

第二百八十六条　有关财产授予或财产转让条款的效力

任何根据本编规定所进行的财产转让或转移都不属于违反禁止让与的契约或条件，也不导致没收。

第十四编　特殊信托

第二百八十七条　"特殊信托"定义

Ⅰ．本法中"特殊信托"指符合下列条件的财产：

（一）为慈善组织的特殊目的，由慈善组织或以其名义持有或管理，且

（二）但为第八编（慈善组织账目、报告和年报）之目的，特殊信托不可自动成为慈善组织。

第二百八十八条　遵循特殊信托使用资金的权力：一般规定

Ⅰ．为本条及第二百八十九至第二百九十二条的目的，本条适用于符合下列条件的特殊信托的可利用捐赠基金：依据第十二条第一款项下的指示，该信托被视为单独慈善组织（"有关慈善组织"）。

Ⅱ．但是，如果第二百八十九条至第二百九十一条（在遵循特殊信托的前提下使用基金的权力：大型基金）适用于该基金，则本条不适用。

Ⅲ．若有关慈善组织满足第四款项下的条件，慈善组织内部受托人可为本条之目的决议：本应适用的有关资金支出的限制不适用于该基金或部分该基金。

Ⅳ．上述条件指，慈善组织内部受托人应确认：使用该基金或该基金的有关部分以及其累计的收益，而非仅使用收益，能更有效地实现该基金应遵循的信托中列明的目的。

Ⅴ．若慈善组织内部受托人通过第三款项下的决议，则依据本条，

可为该基金应遵循的信托目的使用该基金或部分该基金而不受该款项下限制的约束。

Ⅵ. 自决议中为该目的列明的日期起，可使用该基金或部分该基金。

Ⅶ. 本条中"可利用的捐赠基金"与第二百八十一条（非法人慈善组织使用资金的权力：一般规定）中相同。

第二百八十九条　作出决议，遵循特殊信托使用资金：大型基金

Ⅰ. 本条适用于第二百八十八条项下符合下列条件的基金：

（一）其资金完全由下列机构或人员捐赠：

（1）特定个人，

（2）特定机构（通过拨款或其他方式捐赠），或

（3）为实现共同目的的两个或两个以上个人或机构，及

（二）慈善组织上一会计年度总收益超过 1000 英镑，且捐赠基金的市值超过 10000 英镑。

Ⅱ. 若有关慈善组织满足第三款中的条件，则慈善组织内部受托人可为本条之目的决议：本应适用的有关基金使用的限制应不再适用于该基金或部分该基金。

Ⅲ. 上述条件指，慈善组织内部受托人应确认：使用该基金或该基金的有关部分以及其累计的收益，而非仅使用收益，能更有效地实现该基金应遵循的信托中列明的目的。

Ⅳ. 慈善组织内部受托人：

（一）应向慈善委员会发送第二款项下的决议副本，并附上其通过原因的说明，并且

（二）除依据第二百九十条和第二百九十一条外，不可实施决议。

Ⅴ. 本条中"市值"与第二百八十一条（作出决议，使用为特殊目的捐赠的大型基金）中相同。

Ⅵ. 第一款中所规定的个人财产捐赠包括个人遗赠。

第二百九十条　有关第二百八十九条决议的通知和信息

Ⅰ. 在收到第二百八十九条第四款项下的决议副本后，慈善委员

会——

（一）可指示慈善组织内部受托人以指示中列明的方式向公众发布决议通知，且

（二）若发布上述指示，则应考虑向其提出的符合下列条件的意见：

（1）由表面与慈善组织有利害关系之人提出，且

（2）在 28 日内提出，自慈善组织内部受托人向公众发布决议通知之日起算。

Ⅱ．慈善委员会亦可要求慈善组织内部受托人提供有关下列事项的额外信息或说明：

（一）受托人决定为第二百八十九条之行为所处或参考的情形，或

（二）是否履行第二百八十九条或本条规定的有关决议的义务。

第二百九十一条　第二百八十九条决议生效的时间和方式

Ⅰ．当考虑是否同意第二百八十九条第二款项下决议时，慈善委员会应考虑：

（一）任何可获得的有关第二百八十九条第一款第一项下捐赠者意愿的证据，以及

（二）自捐赠后有关慈善组织的情事变更（尤其包括其财务状况，受益人需求及其运作的社会、经济和法律环境）。

Ⅱ．慈善委员会不得同意决议，除非其确认——

（一）实施该决议符合第二百八十九条第一款第一项的精神（即使与第二百八十九条第二款提及的限制不符），且

（二）慈善组织内部受托人遵循了第二百八十九条或第二百九十条对其施加的关于决议的义务。

Ⅲ．在自有关日期起算的 3 个月内，慈善委员会应书面通知慈善组织内部受托人：

（一）其同意该决议，或

（二）其不同意该决议。

Ⅳ. 第三款中"有关日期"指

（一）若慈善委员会依据第二百九十条第一款指示慈善组织内部受托人向公众发布决议通知，则指通知发布日期，及

（二）其他情形下，慈善委员会依据第二百八十九条第四款收到决议副本的日期。

Ⅴ. 有下列情形之一的，则依据本条，慈善组织内部受托人可为基金应遵循的信托中列明的目的使用该基金或部分该基金，且不受第二百八十九条第二款限制：

（一）慈善委员会通知慈善组织内部受托人其同意决议，或

（二）第三款所规定的 3 个月期限已结束，但慈善委员会未通知受托人其不同意决议。

Ⅵ. 自决议中为此列明的日期起，可对该等基金或部分该等基金进行上述使用。

第二百九十二条　变更第二百八十九条所列数额的权力

部长可发布命令，以下列方式修改第二百八十九条第一款（作出遵循特殊信托的资金使用决议：大型基金中提及的基金市值）：用其他数额替换目前列于该条款中的数额。

第十五编　地方慈善组织

一　索引与审查等

第二百九十三条　"地方慈善组织"的定义

除另有规定外，本法中"地方慈善组织"涉及任何地区，指设立目的符合下列条件的慈善组织：

（一）本质上全部或主要为增进该地区或部分该地区利益而设立，或

（二）依据慈善组织信托，全部或主要为增进该地区或部分该地区利益而设立。

第二百九十四条　地方政府制作的地方慈善组织索引

Ⅰ．地方议会可保存该地区所有地方慈善组织或特定种类的地方慈善组织的索引，并可公开包含于该索引中的信息，或者其总结或摘录。

Ⅱ．意欲制作或保存本条项下所有地方慈善组织或特定种类慈善组织索引的地方议会应要求慈善委员会免费提供下列资料，且慈善委员会可安排向地方议会提供上述变更详情，而无须议会再次要求。

（一）有关该索引的慈善组织登记簿中的记录副本，或

（二）之前被提供过副本的记录的变更详情。

Ⅲ．依据本条保存的所有索引应在合理的时间向公众公开以供审查。

第二百九十五条　地方政府对地方慈善组织的审查

Ⅰ．地方议会可——

（一）在遵循本条下列条款的前提下，与慈善组织内部受托人合

作，发起并进行对本议会辖区内具有相同或相似目的的地方慈善组织的审查；

（二）向慈善委员会作出关于审查及在审查中提出的建议的报告，且地方议会在与受托人商议后认为作出该等报告是适当的。

Ⅱ. 有权依据本条发起审查的地方议会可

（一）在由其进行的对其辖区内地方慈善组织工作的审查中，与其他人员合作；

（二）与其他人员一同发起并进行该等审查。

Ⅲ. 本条项下地方议会发起的审查不应适用于

（一）慈善组织内部受托人尚未同意的慈善组织，或

（二）任何教会慈善组织。

Ⅳ. 除非经郡议会同意，区议会发起的本条项下的审查不应适用于下列慈善组织的工作：设立目的与郡议会提供的服务相似或互补。

Ⅴ. 第四款不适用于威尔士。

第二百九十六条　第二百九十四条和第二百九十五条：补充

Ⅰ. 第二百九十四条和第二百九十五条中"地方议会"指：

（一）地区议会；

（二）郡议会；

（三）自治市议会；

（四）伦敦自治市议会；

（五）伦敦城市议会。

Ⅱ. 地方议会可为第二百九十四条和第二百九十五条之目的雇佣任何志愿组织作为其代理人，代理条件、限制（如有）或情形以双方约定为准。

Ⅲ. 第二款中"志愿组织"指符合下列条件的机构：

（一）非以营利为目的，并且

（二）不属于政府机构或地方政府。

Ⅳ. 针对议会管辖地域内设立的、目的与慈善委员会服务相似或

互补的地方慈善组织，履行议会职责的联合慈善委员会拥有与议会相同的第二百九十四条、第二百九十五条和本条项下的权力。

第二百九十七条　慈善组织之间、慈善组织与地方政府的合作

Ⅰ. 地方议会及履行地方议会职责的联合慈善委员会

（一）可为从议会或慈善委员会的服务或者设立目的与议会或慈善委员会服务相似或互补的慈善组织中获利的人员之利益，与该等慈善组织一同，制定合作完成下列活动的安排：

（1）议会或慈善委员会的活动，及

（2）该慈善组织的活动，并且

（二）有权为该等人员之利益，向上述慈善组织披露其获取的有关议会或慈善委员会服务的信息，无论是否依据本款与慈善组织一同制定安排。

Ⅱ. 第一款中"地方议会"指：

（一）当涉及英格兰时，

（1）地区议会，

（2）郡议会，

（3）伦敦自治市议会，

（4）教区慈善委员会，

（5）伦敦城市议会，

（6）锡利群岛议会，且

（二）当涉及威尔士时，

（1）郡议会，

（2）自治市议会，

（3）社区议事会。

Ⅲ. 无论慈善组织信托中所列为何，若慈善组织受托人认为表面上可能促进慈善组织工作或提高工作效率，则其可依据本款从事下列所有或部分活动：

（一）其可参与第二百九十五条或其他条款项下对慈善组织或特

定种类慈善组织的工作的审查;

(二)其可与依据第一款行事的政府或其他慈善组织一同制定安排,协调自身活动及该政府或该其他慈善组织的活动。

Ⅳ.慈善组织内部受托人可从作为慈善组织收益使用的收益或资金中支付依据第三款行事的费用。

二 教区慈善组织

第二百九十八条 向教区慈善委员会或社区议事会,或者其受其任命者转让财产

Ⅰ.若受托人为下述目的持有财产,则本条适用。

(一)为设有教区慈善委员会的教区或(在威尔士的)有社区议事会的社区之利益,为公共游乐场或配给土地(无论是否依据附件中的法律或其他法律)之目的而持有,或

(二)为其他与该等教区或社区有关的慈善目的;

且如同适用于为慈善目的持有的财产一样,本条适用于为任何公共目的持有的财产。

但本条不适用于受托人为教区慈善组织持有财产的情形。

Ⅱ.在经慈善委员会批准和教区慈善委员会或社区议事会同意的条件下,受托人可向下列人员转让财产:

(一)教区慈善委员会或社区议事会,或者

(二)教区慈善委员会或社区议事会任命的人员,

并且慈善委员会、议事会或受其任命者持有财产所依据的信托及所遵循的条件应与受托人相同。

第二百九十九条 地方政府任命受托人代表的权力

Ⅰ.若教区或(在威尔士的)社区中的教会慈善组织并非

(一)教会慈善组织,或

(二)在近40年内建立的慈善组织,

则本条适用。

Ⅱ. 如果慈善组织内部受托人不包括下列人员：

（一）由地方政府选民或者教区、社区居民选举出的人员，或

（二）由教区慈善委员会、教区会议或（在威尔士）由社区议事会、郡议会、（依据具体情况）自治市议会任命的人员。

那么教区慈善委员会、教区会议、社区议事会、郡议会、自治市议会可任命额外的慈善组织受托人，具体数量由慈善委员会准许。

Ⅲ. 如果唯一的慈善组织内部受托人未如同第二款所述被选任或任命，在经慈善委员会同意后，慈善组织内部受托人的人数可增加至3人，其中

（一）一人可由该唯一慈善组织受托人任命，且

（二）一人可由教区慈善委员会、教区会议、社区议事会、郡议会或自治市议会任命。

第三百条　从 1894 年之前的权力中衍生出的任命权

Ⅰ. 第二款适用于：依据非教会慈善组织的慈善组织信托，

（一）（无论是否在教区慈善委员会中的）乡村教区居民，或

（二）选定的教区慈善委员会，

（在 1894 年之前）有权为慈善组织内部受托人或受益人任命慈善组织受托人。

Ⅱ. 该任命应

（一）由教区慈善委员会或社区议事会，或当涉及受益人时，由教区会议、郡议会或（依据具体情况）自治市议会，在设有教区慈善委员会或（在威尔士）设有社区议事会的社区完成；

（二）由教区会议、郡议会或（依据具体情况）自治市议会，在未设有教区慈善委员会或（在威尔士）未设有社区议事会的社区完成。

Ⅲ. 第四款适用于：

（一）监察员等，或

（二）除涉及教会慈善组织外，教会委员等

（在1894年之前）单独或与其他人员一同，是乡村教区慈善组织的慈善组织内部受托人或受托人。

Ⅳ．为替代之前的监察员或教会委员受托人，下列人员应任命受托人（数量不超过之前监察员或教会委员受托人的数量）

（一）教区慈善委员会或者未设有教区慈善委员会时的教区会议，或

（二）社区议事会或者未设有社区议事会时的郡议会或（依据具体情况）自治市议会。

Ⅴ．本条中"（在1894年之前）"指在1894年地方政府法通过之前的时期，并且"之前的"亦应如此解释。

第三百零一条　从1927年之前的权力中衍生出的任命权

Ⅰ．第二款适用于：在大伦敦（除外伦敦自治市）之外，教区的监察员等人（在1927年之前）单独或与其他人员一同，是任何慈善组织内部受托人或受托人。

Ⅱ．为替代之前的监察员，下列人员应任命受托人（数量不超过之前监察员的数量）：

（一）教区慈善委员会或者未设有教区慈善委员会时的教区会议，或

（二）社区议事会或者未设有社区议事会时的郡议会或（依据具体情况）自治市议会。

Ⅲ．若1972年地方政府法通过之前存在的城市教区在1974年4月1日后不再属于教区，则第二款项下的任命权应由区议会行使。

Ⅴ．本条中"（在1927年之前）"指在1927年4月1日之前的时期，并且"之前的"亦应如此解释。

第三百零二条　依据第二百九十九条至第三百零一条被任命的受托人的任期

Ⅰ．任何依据第二百九十九条至第三百零一条任命的慈善组织内部受托人或受托人的任期应为4年，并且退休的受托人具备再任命的

资格。但本条应遵循第二款和第三款的规定。

Ⅱ．当依据第二百九十九条任命时，若

（一）之前的任命均非依据第二百九十九条，或1894年地方政府法、1960年慈善法或1993年慈善法中的相应条款，并且

（二）受任命的受托人不止一个，

则一半（或尽可能接近一半的）受任命者的任期为2年。

Ⅲ．为填补临时空缺而受任命者的任期应为前任受任命者剩余的任期。

第三百零三条　第二百九十八条至第三百零二条：补充

Ⅰ．在第二百九十九条及第三百条中，"教区慈善组织"与教区或（威尔士的）社区有关，指该慈善组织的利益或利益分配仅限于下列地区的居民：

（一）该教区或社区；

（二）包括该教区、社区或其部分地区的单个古老堂区，或

（三）由该教区或社区以及不超过四个的其他相邻教区或社区组成的地区。

Ⅱ．第二百九十八条至第三百零二条不妨碍对符合1998年学校标准和框架法的基金会或民办学校进行托管、控制或管理。

Ⅲ．第二百九十八条至第三百零二条

（一）不适用于锡利群岛，且

（二）当涉及地方政府辖区或地方政府权力时，其效力应遵循有关地方政府辖区或权力的法令项下的命令（包括任何后续命令）。

三　补充

第三百零四条　授予或转让财产条款的效力

任何根据本编规定所进行的财产转让或转移都不属于违反禁止让与的契约或条件，也不导致没收。

第十六编 慈善组织合并

一 登记

第三百零五条 慈善组织合并登记

Ⅰ.慈善组织合并登记簿仍保留,并由慈善委员会以其认为适当的方式保存和保管。

Ⅱ.依据第三百零七条及慈善委员会决定的程序通知慈善委员会的有关慈善组织的每一个合并,均应登记在登记簿中。

第三百零六条 "有关慈善组织合并"的定义等

Ⅰ.本编中"有关慈善组织合并"指:

(一)两个或两个以上慈善组织的合并,在该合并中,某一慈善组织("受让方")将其他慈善组织的所有财产转让给自身,且其他慈善组织("转让方")在财产转让给受让方时或之后均不再存在,或将不再存在,或

(二)两个或两个以上慈善组织("转让方")的合并,在该合并中,二者或所有慈善组织在财产转让给新慈善组织("受让方")时或之后均不再存在,或将不再存在。

Ⅱ.当合并涉及下列慈善组织财产的转让时:

(一)既拥有永久性捐赠也有其他财产("不受限制的财产"),并且

(二)其信托中不包括慈善组织终止的条款,

第一款第一项或第二项的适用应遵循第三款中的修改。

Ⅲ.有关上述慈善组织的修改如下:

(一)所规定的其全部财产应被视为其全部不受限制的财产,并且

（二）删除其不再存在的表述。

Ⅳ．本条及第三百零七至第三百零八条中——

（一）所规定的财产转让包括依据授予公告生效的转让，且

（二）"授予公告"指第三百一十条第二款适用的公告。

第三百零七条　慈善组织合并通知

Ⅰ．第三百零五条第二款项下有关慈善组织合并的通知可在下述时间之后发布：

（一）合并所规定的财产转让完成时，或

（二）（若所规定的财产转让超过一项）最后一项转让完成时。

Ⅱ．若授予公告与有关慈善组织合并有关，一旦第一款所规定的转让或最后一项转让完成，则应发布第三百零五条第二款项下有关该合并的通知。

Ⅲ．第三百零五条第二款项下的通知应由受让人的慈善组织内部受托人发布，且应：

（一）列明合并所规定的财产转让及其完成的日期；

（二）包括已对转让方慈善组织的义务履行安排妥当的说明，且

（三）当涉及第二款要求的通知时，列明第四款项下事项。

Ⅳ．事项如下：

（一）所规定的授予公告已发布的事实；

（二）公告发布的日期，及

（三）依据第三百一十条第二款完成公告项下权力授予的日期。

第三百零八条　慈善组织合并登记簿中记录的细节

Ⅰ．第二款适用于第三百零五条第二款要求的，慈善组织合并登记簿中涉及的有关慈善组织合并的记录。

Ⅱ．该记录应：

（一）列明合并所规定的财产转让及其完成的日期；

（二）若授予公告与合并有关，列明第三百零七条第四款提及的事项，且

（三）包括慈善委员会认为适当的其他合并细节。

第三百零九条　审阅慈善组织合并登记簿的权利

Ⅰ. 慈善组织合并登记簿应在合理的时间向公众开放以供审阅。

Ⅱ. 若包含在登记簿中的信息并非以成文形式呈现，第一款应被解释为要求在合理的时间通过清晰易读的文字向公众公开以供审阅。

二　授予公告及合并对特定捐赠的影响

第三百一十条　合并前的授予公告

Ⅰ. 第二款适用于符合如下条件的公告：

（一）为本条之目的，由转让方慈善组织内部受托人制作的契约予以规定；

（二）涉及有关慈善组织合并，且

（三）内容为（在遵循第三款和第四款的前提下）转让方的所有财产应在公告中列明的日期（"列明日期"）授予受让方。

Ⅱ. 公告在列明日期将所有转让方财产上的法定权利授予受让方，且再无须任何转让文件。本款应遵循第三款和第四款的规定。

Ⅲ. 第二款不适用于：

（一）转让方依据转让方信托为资金担保持有的任何土地（为担保债权或借款股份而持有的信托土地除外）；

（二）未经他人同意，依据包含转让转让方利益之契约（无论表述为何）的租约或协议持有的任何土地，除非在列明日期前已取得同意，或

（三）仅可在由公司或其他机构或者以法律指示的方式保存的记录中转让的股份、股票、年金或其他财产。

Ⅳ. 在适用于符合 2002 年土地登记法定义的已登记土地时，第二款应遵循该法第二十七条的规定（应登记的处置）。

第三百一十一条　慈善组织合并登记对给予转让方的捐赠的影响

Ⅰ. 本条适用于有关慈善组织合并已在慈善组织合并登记簿中登记的情形。

Ⅱ. 符合下列条件的捐赠作为给予受让方的捐赠而生效，除非该

捐赠为受排除捐赠：

（一）明确表示是基于转让方的捐赠，且

（二）在合并登记之日当天或之后生效。

Ⅲ．符合下列条件的捐赠是受排除捐赠：

（一）转让方为符合第三百零六条第二款的慈善组织，且

（二）该捐赠拟定遵循持有全部或部分慈善组织永久性捐赠的信托。

第三百一十二条　第三百一十条和第三百一十一条的"转让方"和"受让方"等

Ⅰ．第三百一十条和第三百一十一条中——

（一）所规定的转让方与有关慈善组织合并有关，指第三百零六条定义的转让方（或转让方之一），且

（二）当转让方是第三百零六条第二款定义的慈善组织时，所规定的转让方的全部财产指（第三百零六条第二款第一项定义的）转让方全部不受限制的财产。

Ⅱ．第三百一十条和第三百一十一条中，所规定的受让方与有关慈善组织合并有关，指的是：

（一）若受让方是公司或其他法人团体，则指（第三百零六条定义的）受让方，且

（二）在其他情况下，指（第三百零六条定义的）受让方慈善组织内部受托人。

三　补充

第三百一十三条　授予或转让财产条款的效力

任何根据本编规定所进行的财产转让或转移都不属于违反禁止让与的契约或条件，也不导致没收。

第三百一十四条　CIO 除外

若第二百三十五条（CIO 合并）或第二百四十条（将 CIO 的权利义务转让至另一 CIO）适用，则本编不适用。

第十七编 法庭

第一章 总则

第三百一十五条 法庭

Ⅰ．本法中"法庭"与上诉、申请或提交审断有关，指

（一）在法庭程序规则确定由上级法庭审理上诉、申请或被提交的审断时，指上级法庭，或

（二）在其他情形下，指一审法庭。

Ⅱ．法庭有权审理并裁决：

（一）依据第二章或其他法律可向其提起的有关慈善委员会决定、命令或指示的上诉及申请，及

（二）由慈善委员会或司法部长依据第三章可向法庭提交的事项。

Ⅲ．该等上诉、申请及事项应由法庭依据第二章和第三章或其他此类法律进行审理并决定，同时还需遵循——

（一）第三百一十六条第二款项下的规则，及

（二）法庭程序规则。

第三百一十六条 有关上诉、申请或提交审断的规则

Ⅰ．本条适用于第三百一十五条第二款项下向法庭提起的上诉、申请或提交的审断。

Ⅱ．大法官可制定规则：

（一）列明向法庭提起上诉、申请或提交审断前应完成的步骤（及该等步骤应完成的时间）；

（二）要求慈善委员会向关联方通知其在获得慈善委员会终局决定、指示或命令后向法庭上诉或申请的权利。

Ⅲ．法庭程序规则中的其他条款可规定向法庭上诉或申请的权利的行使或作出提请的事项。

Ⅳ．第二款或第三款项下的规则可授予自由裁量权给——

（一）法庭，或

（二）其他人员

Ⅴ．本条项下的大法官规则：

（一）应由法律文件规定，且

（二）议会两院决议均可将其取消。

Ⅵ．本条项下的大法官规则可——

（一）为不同类别制定不同的规则，且

（二）规定大法官认为适当的补充、附带、后续或过渡性条款或者保留。

第三百一十七条　自法庭上诉

Ⅰ．为2007年法庭、法院及执行法第十一条第二款及第十三条第二款之目的，慈善委员会和司法部长应被视为提交至法庭的有关第三百一十五条第二款所规定的上诉、申请或提请的案件的当事人。

Ⅱ．当涉及2007年法庭、法院及执行法第十一条或第十三条项下、就法庭对慈善委员会或司法部长提交的问题作出的裁决而提起的上诉，审理法庭或法院——

（一）应重新考虑提交至该法庭的问题，并

（二）可考虑该法庭未获取的证据。

第三百一十八条　司法部长介入

Ⅰ．本条适用于司法部长并非一方当事人的

（一）法庭审理的诉讼，或

（二）自法庭上诉的诉讼。

Ⅱ．适当主体可在诉讼的任何阶段，指示将诉讼中所有必需的文件发送至司法部长。

Ⅲ. 第二款项下的指示可由适当主体：

（一）主动发布，或

（二）依据诉讼当事人的申请发布。

Ⅳ. 司法部长可——

（一）以其认为必要或适宜的方式介入诉讼，并

（二）在适当主体面前辩论该主体认为需要充分辩论的有关诉讼的问题。

Ⅴ. 无论第二款项下的指示是否发布，第四款均适用。

Ⅵ. 本条中"适当主体"指法庭，或在涉及自法庭的上诉时，指审理上诉的法庭或法院。

第二章　向法庭提出上诉和申请

第三百一十九条　上诉：一般规定

Ⅰ．除涉及可审查事项（见第三百二十二条）外，可向法庭提起针对附件六第1栏项下所规定的决定、指示或命令的上诉。

Ⅱ．该等上诉可由下列人员提起：

（一）司法部长，或

（二）附件六第2栏相应条目中列明的人员。

Ⅲ．慈善委员会为该等上诉中的被告。

Ⅳ．在裁决该等上诉时，法庭

（一）应重新考虑上诉针对的决定、指示或命令，并且

（二）可考虑慈善委员会未取得的证据。

Ⅴ．法庭：

（一）可驳回上诉，或

（二）若裁决支持上诉，则可行使附件六第3栏相应条目列明的权力。

第三百二十条　上诉：第五十二条项下的命令

Ⅰ．第三百一十九条第四款第一项不适用于针对第五十二条（要求提供文件的权力）项下命令提起的上诉。

Ⅱ．在审理上诉时，慈善委员会应考虑所规定的信息或文件是否

（一）涉及慈善组织；

（二）涉及慈善委员会或官方托管人职责的履行。

Ⅲ．法庭只有在确认所规定的信息或文件不属于第二款第一项或第二项后，才可准许上诉。

第三百二十一条　审查

Ⅰ．可为审查可审查事项而向法庭提出申请。

Ⅱ．该等申请应由下列人员提出：

（一）司法部长，或

（二）与附件六第 1 栏中可审查事项的条目相对应的第 2 栏条目中的人员。

Ⅲ．慈善委员会应为该等申请的被告。

Ⅳ．在裁决该等申请时，慈善委员会应适用高等法院在处理司法审查申请中应用的原则。

Ⅴ．法庭

（一）可驳回该等申请，或

（二）若裁决支持申请，则可行使与附件六第 1 栏可审查事项条目相对应的第 3 栏条目中的权力。

第三百二十二条　可审查事项

Ⅰ．本章中所规定的可审查条目指：

（一）第二款适用的决定，及

（二）第三款适用的命令。

Ⅱ．本款适用于内容如下的慈善委员会命令：

（一）依据第四十六条针对特定机构发起调查；

（二）依据第四十六条针对特定类别机构发起调查；

（三）不制定第九十六条项下的共同投资计划；

（四）不制定第一百条项下的共同存款计划；

（五）不制定第一百〇五条（授权处理慈善组织财产等权力）项下针对慈善组织的命令；

（六）不依据第一百一十七条（对处理土地的限制）发布针对慈善组织持有的或以其信托形式持有的土地的命令；

（七）不发布第一百二十四条（对抵押的限制）项下针对慈善组织持有的或以其信托形式持有的土地的抵押发布的命令。

Ⅲ.本款适用于慈善委员会根据第一百四十七条第二款（调查与审计）针对慈善公司发布的命令。

第三百二十三条 向慈善委员会移交事项

附件六第 3 栏所规定的向慈善委员会移交某一事项的权力指：

（一）一般性移交事项的权力，或

（二）为根据法庭作出的裁决或发布的指示对其进行裁决而移交事项的权力。

第三百二十四条 修改向法庭上诉和申请的有关条款的权力

Ⅰ.部长可发布命令——

（一）修改或以其他方式更改附件六中的条目；

（二）增加附件六中的条目，或

（三）删除附件六中的条目。

Ⅱ.第一款项下的命令可修改、撤销或以其他方式更改下列条款或法律：

（一）第三百一十九条至第三百二十三条，或

（二）适用于本章和附件六的法令，

且上述修改或撤销等应是部长认为为该命令引起的附件六变更的适当结果。

Ⅲ.第一款和第二款适用于 2006 年慈善法第五十七条时（可能存在必要的变动），如同——

（一）本章包含第五十七条，且

（二）第二款所规定的第三百一十九条至第三百二十三条包括 2006 年慈善法第三编第一章中包含的有关向法庭上诉的其他条款。

第三章　向法庭提请

第三百二十五条　慈善委员会提起诉讼

Ⅰ.慈善委员会若认为适宜提交法庭审判，则可将下列问题提交至法庭：

（一）与慈善委员会行使其职责有关，且

（二）涉及慈善组织法律的实施或对特定情势的适用。

Ⅱ.慈善委员会仅可在司法部长同意后进行该等提交。

Ⅲ.慈善委员会应是处理该提起的法庭诉讼中的被告。

Ⅳ.下列人员有权成为处理该提交的法庭诉讼的当事人：

（一）司法部长，以及

（二）经法庭准许后：

（1）可能受该提交的法庭裁决影响的任何慈善组织内部受托人，

（2）具备法人身份的慈善组织，及

（3）可能受上述影响的其他人员。

第三百二十六条　司法部长提起诉讼

Ⅰ.若司法部长认为适宜，可向法庭提交涉及下列事项的问题：

（一）慈善法的实施，或

（二）慈善法对特定情势的适用。

Ⅱ.司法部长应是处理该提交的法庭诉讼中的被告。

Ⅲ.下列人员有权成为处理该提交的法庭诉讼的当事人

（一）司法部长，以及

（二）经法庭准许后：

（1）可能受该诉讼的法庭裁决影响的任何慈善组织内部受托人，

（2）具备法人身份的慈善组织，及

(3）可能受上述影响的其他人员。

第三百二十七条　慈善委员会有关提交法庭审判的事项的权力

Ⅰ．若依据第三百二十五条或第三百二十六条，涉及慈善法对特定情势适用的问题被提交至法庭，则本条适用。

Ⅱ．在下列时间前，慈善委员会不得基于有关慈善法适用于该情势的任何意见而采取行动：

（一）处理提请的诉讼已结束（包括上诉程序），且

（二）进行上诉的一般期限已届满。

Ⅲ．如果下列条件满足，则慈善委员会在处理与该提交有关的情势时应执行该裁决：

（一）满足第二款第一项和第二项，且

（二）处理提交的诉讼已裁决了上述问题，

第三百二十八条　提交审判进行中的期限中止

Ⅰ．第二款适用于下述情形：

（一）第三百二十七条第二款阻碍慈善委员会采取本法允许或要求其从事的行动，且

（二）所规定的行动仅可在法令规定的期限（"法定期限"）内采取。

Ⅱ．法定期限按照下述方式中止：

（一）自将所规定的问题提交至法庭之日起中止；

（二）自满足第三百二十七条第二款第一项和第二项之日起恢复。

Ⅲ．下列条款不得阻碍法定期限因第二款及第二百七十一条和第二百七十八条中的条款中止：

（一）本条，或者

（二）第二百七十一条或第二百七十八条（慈善委员会可反对非法人慈善组织决议期限的中止）。

第三百二十九条　同意慈善委员会在诉讼进行中继续行动

Ⅰ．若下列主体同意，则第三百二十七条第二款不适用于慈善委

员会采取的任何行动：

（一）慈善委员会采取行动时，处理提交诉讼的诉讼的当事人，及

（二）（若不符合第一项）符合下列条件的慈善组织内部受托人：

（1）被采取的行动可能直接影响该受托人，且

（2）在上述时间并非诉讼当事人。

Ⅱ．即便根据第三百二十八条第一款所规定的其被允许或要求采取行动的期间中止，慈善委员会仍可采取这些行动。

Ⅲ．若有关慈善法适用于特定情势的决定与慈善委员会依据本条对该情势已采取的任何行动不一致，则第三百二十七条第二款不要求慈善委员会执行该等决定。

第三百三十条　针对诉讼中决定的事项的上诉和申请

Ⅰ．第二款适用的人员不得向法庭提起针对以下事项的上诉或申请：慈善委员会依据第三百二十七条第三款作出的命令、决定或发布的指示。

Ⅱ．本款适用于，在处理提交至法院的所规定的问题的诉讼中任一阶段的当事人。

Ⅲ．任何规定向法庭上诉或申请的法令（包括本法中包含的）应遵循第一款规定。

第三百三十一条　释义

Ⅰ．本章中，

（一）"慈善法"指：

（1）本法或 2006 年慈善法中包含的，或依据该等法律制定的法令，

（2）部长制定的条例中列明的法令，及

（3）有关慈善组织的任何法律规则，并且

"法令"包括（1978 年《法律解释法》定义的）次级立法中的法令，且包括无论何时通过或制定的法令。

Ⅱ．为本章之目的，第十条第二款（教会企业等）包含的排他规定不生效。

第十八编　其他条款和补充条款

一　慈善组织管理条款

第三百三十二条　发布慈善组织会议通知的方式等

Ⅰ. 慈善组织信托中要求或授权向慈善组织内部受托人、成员或捐赠者发布的所有通知

（一）可通过邮寄发送，且

（二）如果通过邮寄发送，可送达慈善组织办公地或总部现用的慈善组织内部受托人、成员或捐赠者名单中记载的地址。

Ⅱ. 第三款和第四款适用于慈善组织信托要求向慈善组织内部受托人、成员或捐赠者发布通知的情形。

Ⅲ. 若通知通过邮寄送达，则发送时间被视为在邮寄的通常过程中，包含该通知的信件会被发送的时间。

Ⅳ. 若通知内容涉及会议或选举，则不必向第一款第二项所规定的名单中在英国没有地址的慈善组织内部受托人、成员或捐赠者。

第三百三十三条　授权签署文件

Ⅰ. 在遵循慈善组织信托的前提下，慈善组织内部受托人可授予两个或两个以上受托人：

（一）全部权限，或

（二）受慈善组织受托人认为适当的方式限制的权限，

以慈善组织内部受托人的名义代表其签署文件，以使法人作为当事人的交易生效。

Ⅱ. 任何依据第一款项下授权签署的文件与慈善组织内部受托人

整体签署时效力相同。

Ⅲ. 第一款项下的授权——

（一）即便除该款外授权还需要的其他手续尚未满足，若该授权是以书面形式作出，或由有关慈善组织内部受托人会议决议通过，便可适用于任何文件；

（二）可授予任何慈善组织内部受托人行使，或通过授予指定的人员或其他方式予以限制；

（三）在撤销之前受到此类限制并依然具有慈善组织不时做出的、慈善组织内部受托人有权行使的授权效力，即使有关慈善组织内部受托人发生变化。

Ⅳ. 除非表明相反意向，第一款项下授予的以法人名义并代表其签署文件的权力中应默示包括以官方托管人或其他任何人的名义并代表其签署文件的的权力，但以慈善组织内部受托人有权行使后者权力为条件。

Ⅴ. 如果根据本条签订某文件，为有利于（当时或之后）以货币或货币价值善意取得

（一）财产上的利益或抵押权，或

（二）慈善组织内部受托人表明将写入文件的契约或协议之利益，则应终局性地推定，该文件已依据本条被合法签署。

Ⅵ. 本条授予的权限不包括，且不减损其他任何权限。

第三百三十四条　受托人财产的所有权转让和证明

Ⅰ. 第二款适用于如下情形：依据慈善组织信托，慈善组织内部受托人、成员或其他人员会议的决议可任命或解雇为慈善组织持有财产的受托人。

Ⅱ. 若宣告受托人已如上述被任命或解雇的备忘录符合下列条件，则该备忘录为该事实的充分证据：

（一）由主持会议之人在会议上签署或以会议指示的其他方式签署，且

（二）由到会的两名人员作证。

Ⅲ．若第二款项下证明受托人任命或解雇的备忘录是以契据形式签署的，则如同该任命或解雇是依据该契据生效一般。

Ⅳ．为本条之目的，若文件被签署并被证明属于第二款规定的文件，则除非有相反证据，依据签字这一证据可推定该文件已如该条款被签署和证明。

Ⅴ．本条适用于任何时候制定的备忘录，但第三款仅适用于1961年1月1日当天及之后制定的备忘录。

Ⅵ．如同适用于慈善组织一样，本条适用于1854年文学和科学机构法所适用的机构。

Ⅶ．任何根据本编规定所进行的财产转让或转移都不属于违反禁止让与的契约或条件，也不导致没收。

二　慈善委员会的执行权等

第三百三十五条　通过慈善委员会命令执行要求

Ⅰ．若关联方未遵循本法规定或依据本法规定的任何要求，则（在遵循第二款的前提下）慈善委员会可发布命令给予该等人员其认为为确保消除上述行为是适当的指示。

Ⅱ．若出现下列情形，第一款不适用于任何上述要求：

（一）未能遵循或持续违背该要求之人应承担刑事责任，或

（二）该要求是由以下命令或指示规定的：

（1）第三百三十六条适用的慈善委员会命令，或

（2）第三百三十八条第二款规定的第三百三十六条适用的慈善委员会指示。

第三百三十六条　执行慈善委员会命令

Ⅰ．依据慈善委员会向高等法院的申请，可如同处置违背高等法院命令的人一样处置因违背第二款所规定的命令构成违法的人。

Ⅱ．命令如下

（一）下列条款项下的慈善委员会命令：

第五十二条第二款（要求提供文件的权力），

第八十四条（指示采取具体行动的权力），

第八十五条（指示慈善组织财产适用的权力），

第八十七条（监督特定苏格兰慈善组织），

第一百五十五条（指示遵循提供审计员等获取信息及其他的权力的条例），

第一百八十四条（被解除资格时行事的民事责任），

第一百八十六条（解除获取第一百八十五条项下报酬的慈善组织内部受托人或受托人资格），

第二百六十三条（法人团体的解散）；

（二）下列条款项下要求进行财产转移或付款的慈善委员会命令：

第六十九条（为特定目的与高等法院共享的管辖权），或

第七十六条以及第七十九条至第八十一条中的任何条款（为保护慈善组织而行事的权力及其他）；

（三）要求消除本法项下不履行行为的慈善委员会命令。

第三百三十七条　有关慈善委员会命令的其他条款

Ⅰ．慈善委员会依据本法制定的任何命令均可包括慈善委员会认为便于实现命令之目的的附带或补充条款。

Ⅱ．若慈善委员会依据向其提出的申请或进行的移交行使管辖权并发布本法项下的命令，即便该申请或移交并未有此目的，慈善委员会可在命令中加入上述条款。

Ⅲ．若发布本法项下的命令，慈善委员会可——

（一）在其认为适当时，由其自身向公众发出有关该命令发布或命令内容的通知，或

（二）要求：

（1）提出命令发布所依据的申请的人发出该通知，

（2）受命令影响的慈善组织发出该通知。

Ⅳ. 在下列情形下，无论是否收到向其提出的申请或进行的移交，慈善委员会可全部或部分撤销该命令，且无论是否遵循保留或其他过渡性条款：

（一）慈善委员会依据除第二百六十三条（法人团体的解散）外的本法其他条款发布该命令，且

（二）在其发布命令后的 12 个月内，其确认发布错误或发布是基于虚假陈述，或者该命令与本法不符。

Ⅴ. 除为第四款之目的或本法项下的上诉，慈善委员会依据本法发布的命令：

（一）应被视为合理且正式地发布的，且

（二）不能仅因为违背规则或不正式而被异议，

但（在遵循后续命令的前提下）其效力受其期限的限制。

Ⅵ. 慈善委员会依据本法条款发布的任何命令可由如此发布的命令改变或撤销，且应包括过渡性条款或保留。

第三百三十八条　慈善委员会或调查人员的指示

Ⅰ. 慈善委员会依据本法条款发布的任何指示：

（一）可由依据该条款发布的进一步指示改变或撤销，且

（二）应以书面形式作出。

Ⅱ. 如同适用于慈善委员会命令一样，第三百三十六条（执行命令）及第三百三十七条第一款至第三款和第五款（有关命令的其他条款）适用于上述指示。

Ⅲ. 第一款所规定的慈善委员会与第四十七条第二款项下指示（为调查之目的获取证据等）有关，包括第四十六条项下的调查人员。

Ⅳ. 本条不得解释为适用于第三百三十五条第一款（为确保消除不履行行为而发布的指示）项下的慈善委员会命令中包含的任何指示。

第三百三十九条　命令和指示的送达

Ⅰ. 本条适用于慈善委员会依据本条制定或发布的命令或指示。

Ⅱ. 可通过以下方式将该等命令或指示送达至（法人团体外的）

关联方：

（一）递送给该人员，

（二）将其留置于该人员最后被知晓的英国地址，或

（三）邮寄至该人的上述地址。

Ⅲ. 可通过邮寄至下列地址将该等命令或指示送达法人团体：

（一）该法人在英国的登记办公地或总部，或

（二）若其在英国没有上述办公地，则寄至其在英国营业或从事活动的任何地点（依据具体情况）。

Ⅳ. 亦可通过邮寄至该等人员（包括法人团体）为本款之目的通知慈善委员会的地址送达该等命令或指示。

Ⅴ. 本条中所规定的慈善委员会与第四十七条第二款（为调查之目的获取证据等）项下指示有关，包括第四十六条项下的调查人员。

三 文件及证据等

第三百四十条 文件的登记与保存等

Ⅰ. 慈善委员会可提供登记簿以登记与慈善组织有关的任何契据、遗嘱或其他文件。

Ⅱ. 慈善委员会可为安全保护之目的接收慈善组织或有关慈善组织的任何文件，并且保管该等文件（包括不再存在的慈善组织文件或有关该等机构的文件）的慈善组织受托人或其他人员可在经慈善委员会同意后，为安全保护之目的将该等文件交予慈善委员会保管，除非其他法令要求将该文件保存于别处。

Ⅲ. 部长制定的条例可为下述依据本条保存于慈善委员会处的文件作出规定：该条例可在其规定的时间或之后或者在其规定的情形下销毁或以其他方式处置该文件。

Ⅳ. 第三款适用于下列文件时视同慈善委员会为安全保护之目的依据本款保存该文件：

（一）依据第五十二条发送给慈善委员会的文件，以及

（二）慈善委员会依据第五十二条第三款保存的文件。

Ⅴ．第三款和第四款适用于依据相应的早期法律，尤其包括1853年至1939年慈善组织信托法，登记于、保存于或发送给英格兰和威尔士慈善组织委员的文件（适用时存在必要调整）。

第三百四十一条　慈善委员会收到的文件证明等

Ⅰ．第二款适用于依据第三百四十条登记于或目前保存于慈善委员会处的文件。

Ⅱ．获得慈善委员会为此目的给予的一般或特殊授权的职员证实的文件副本可作为文件内容的证明。

Ⅲ．无须下述证据，声称为上述副本的文件便可作为证据：

（一）证明人员的公职、授权或笔迹，或

（二）被登记或保存的原件。

Ⅳ．如同下述文件依据第三百四十条为安全保护之目的被保存于慈善委员会处一样，第二款和第三款适用于符合下列条件的任何文件：

（一）依据第五十二条发送给慈善委员会，且

（二）由慈善委员会依据第五十二条第三款保存。

Ⅴ．第三款和第四款适用于依据相应的前述法律，尤其包括1853年至1939年慈善组织信托法，登记于、保存于或发送给英格兰和威尔士慈善组织委员的文件（适用时存在必要调整）。

第三百四十二条　在特定诉讼中，调查报告可成为证据

Ⅰ．若慈善委员会证实第四十六条项下调查之人的报告副本为真，该副本可在本条适用的诉讼中证明：

（一）报告陈述的事实，以及

（二）该人针对报告中所规定的事项的意见。

Ⅱ．本条适用于：

（一）慈善委员会依据第六编提起的诉讼，及

（二）司法部长针对慈善组织提起的诉讼。

Ⅲ．除非有相反证据，声称是为第一款之目的出具的证明文件

应——

（一）被采纳为证据，且

（二）具备证明效力。

第三百四十三条　慈善委员会出具的文件证明等

Ⅰ.若获得慈善委员会为此目的给予的一般或特殊授权的职员证实为真，慈善委员会保存的副本或该等副本的摘录副本可证明慈善委员会发布的命令、执照或其他文件。

Ⅱ.若获得慈善委员会为此目的给予的一般或特殊授权的职员证实为真，则慈善委员会持有的登记簿中的记录的副本可作为该记录的证明。

Ⅲ.无须证明人员的公职、授权或笔迹，声称为第一款或第二款项下副本的文件便可作为证据。

Ⅳ.如同适用于慈善委员会发布的命令、执照或其他文件一样，第一款和第三款适用于英格兰和威尔士慈善组织委员发布的命令、执照或其他文件。

第三百四十四条　其他有关证据的条款

Ⅰ.第二款适用于追索或强制支付租金或其他按期付款的诉讼，该等租金或付款由慈善组织主张或以其名义主张，且应以土地或从土地租金、盈利或其他收益中支付，但附带于土地归还的租金除外。

Ⅱ.若本款适用的诉讼中表明，已连续向慈善组织或为慈善组织之利益支付上诉租金或其他按期付款超过12个月：

（一）则该情况可初步证明，且、

（二）无须原始证据。

Ⅲ.在任何诉讼中，下列文件均可证明其中陈述的文件或事实：

（一）调查所规定的慈善组织的委员的报告印本，该委员依据1818至1837年法律及后续法律被任命，以及

（二）为不同郡或自治市制作并向慈善组织委员提交的报告印本，该报告由助理委员制作，并作为对1890年12月8日至1909年9月9

日间发布命令的反馈向下议院呈请。

四 违法行为

第三百四十五条 针对特定违法行为提起的诉讼的限制

Ⅰ．除非经检察官同意，不得针对本条适用的违法行为提起诉讼。

Ⅱ．本条适用于下列条款项下的违法行为：

（一）第四十一条（与官方出版物中要求的声明有关的违法行为）；

（二）第六十条（向慈善委员会提供虚假或误导性信息等）；

（三）第七十七条第一款（违背为保护慈善组织之目的发布的特定命令而构成违法）；

（四）第一百七十三条（未能提供特定文件而构成违法），或

（五）第一百八十三第一款（在被撤销资格时行事的刑事责任）。

第三百四十六条 法人实施的违法行为

Ⅰ．若本法项下的违法行为符合下列条件：

（一）由法人实施，且

（二）已证实法人的高级职员同意或参与该行为共谋，或该行为可归咎于该等高级职员的疏忽，

则该等高级职员与该法人均构成违法，且应被控诉并被处以相应处罚。

Ⅱ．本条中"高级职员"与法人有关，指：

（一）法人团体的董事、经理、秘书或其他类似高级职员，或

（二）声称以上述资格行事的人员，

并且，当法人事务由其成员管理时，"董事"指法人成员。

五 条例和命令

第三百四十七条 条例和命令：一般规定

Ⅰ．部长应通过法定文书行使本法项下制定条例或命令的权力。

Ⅱ．在遵循第三百四十八条第一款和第三百四十九条第一款的前

提下，议会两院的决议均可取消本法项下部长制定的条例或命令。

Ⅲ. 本法项下部长或慈善委员会指定的条例以及部长发布的命令可——

（一）为不同情况、不同类别的情况、不同目的或不同地区规定不同条款，且

（二）可依据具体情况，规定慈善委员会认为适当的补充、附带、后续、临时或过渡性的条款或者保留。

Ⅳ. 本条不适用于附件九（临时条款修订）第 29 条项下的命令。

第三百四十八条　因遵循确认程序的条例及其他

Ⅰ. 第三百四十七条第二款（否定程序）不适用于：

（一）第十九条（向慈善委员会支付的费用和其他金额）项下的条例，该条款要求支付有关之前未付款事项的费用；

（二）修订法律条文的第二十五条项下条例（"主管人"定义）；

（三）第二百四十五条（有关 CIO 清算、破产和解散的条例）项下条例。

Ⅱ. 仅当第一款第一项或第三项项下的条例草案已呈交议会两院，且经其决议批准，方可制定该条例。

Ⅲ. 仅当第一款第二项项下的条例草案已呈交议会两院，且经其决议批准，方可制定该条例（无论单独或与其他条款一同制定）。

Ⅳ. 在依据以下条款制定条例前，部长必须与其认为适当的人员或组织商议：

（一）第八编（慈善组织账目、报告或年报），或

（二）第二百四十五条或第二百四十六条（制定有关 CIO 条例的特定权力）。

第三百四十九条　应遵循确认程序的命令等

Ⅰ. 第三百四十七条第二款（否定程序）不适用于：

（一）第二十三条项下命令（为增加或删除豁免登记的慈善组织而修改附件三的权力）；

（二）第七十三条第二款项下命令（制订修改法律条文的计划的权力及其他）；

（三）第一百九十条项下命令（修改关于慈善组织内部受托人或受托人损失补偿保险的条款的权力）；

（四）第三百二十四条项下命令（修改关于向法庭上诉或申请的条款的权力）。

Ⅱ．仅当第一款第一项下命令的草案已呈交议会两院并经决议批准，不得发布该命令（无论单独或与其他条款一同发布）。

Ⅲ．仅当第一款第三项或第二项下命令的草案已呈交议会两院并经决议批准，不得发布该命令（无论单独或与其他条款一同发布）。

Ⅳ．若为议会上议院或下议院现行命令之目的，包含第二十三条项下命令的文书草案在本条之外被视为混合型文件，则该议院行事时不应将其视为该等文件。

六　释义

第三百五十条　关联方：子女、配偶和合法伴侣

Ⅰ．第一百一十八条第二款第三项、第一百八十八条第一款第一项、第二百条第一款第一项及第二百四十九条第二款第一项中的"子女"包括继子女及非婚生子女。

Ⅱ．为第一百一十八条第二款第五项、第一百八十八条第一款第二项、第二百条第一款第二项及第二百四十九条第二款第二项之目的：

（一）作为其丈夫或妻子与某人生活的人应被视为其配偶；

（二）若相同性别的二人并非合法伴侣，但以该身份共同居住，则应视其中一人为另一人的合法伴侣。

第三百五十一条　关联方：受控制的机构

为第一百一十八条第二款第七项、第一百五十七条第一款第一项、第一百八十八条第一款第四项、第二百条第一款第四项及第二百四十九条第二款第四项之目的，若某人能够确保某机构事务依照其意愿进

行运作，则该人控制该机构。

第三百五十二条　关联方：与法人有实质性利害关系

Ⅰ. 为第一百一十八条第二款第八项、第一百五十七条第一款第二项、第一百八十八条第一款第五项、第二百条第一款第五项及第二百四十九条第二款第五项之目的，若所规定的人员：

（一）与票面价值超过股本五分之一的由该法人权益股本构成的股票有利害关系，或

（二）有权在该法人全体大会上行使超过五分之一的投票权，或有权对该投票权进行控制。

Ⅱ. 如同为该法第二百五十四条（"关联方"等）之目的适用2006年公司法附件一列明的规则（解释该法特定条款的规则）一样，为第一款之目的适用该规则。

Ⅲ. 本条中"权益股本"和"股份"的含义与2006年公司法相同。

第三百五十三条　其他定义

Ⅰ. 除另有要求外，本法中——

"公司"指依据2006年公司法在英格兰及威尔士或者苏格兰登记登记的公司；

"法院"指：

（一）高等法院，以及

（二）在管辖权范围内，（在地域或数额限制的范围内）与法院共同享有针对慈善组织管辖权的其他英格兰及威尔士法院，

并且包括法院中行使法院管辖权的法官或官员。

"教会慈善组织"与1894年地方政府法中的含义相同；

"会计年度"是指：

（一）与慈善公司有关时，应依据2006年公司法第三百九十条解释，以及

（二）与其他慈善组织有关时，其解释应参照依据第一百三十二

条第三款制作的条例；

但上述规定应遵循依据第一百四十二条第三款（附属企业的会计年度）制作的条例中的任何条款。

"独立审查员"与慈善组织有关，指第一百四十五条第一款第一项提及的人员；

"成员"与拥有的成员不同于慈善组织内部受托人的慈善组织有关，指该等成员；

"部长"指内阁办公室部长；

"信托"——

（一）与慈善组织有关时，指将其设立为慈善组织并管理其目的和运作的条款，无论该等条款是否通过信托生效，以及

（二）与其他机构有关时，具有相应的含义。

Ⅱ. 除另有要求外，本法中"文件"包括以任何形式记录的信息，并且与以非清晰易读的文字记录的信息有关时：

（一）所规定的应解释为其清晰易读的文字副本中的条文，并且

（二）所规定的其副本中的条文或摘录应解释为以清晰易读的文字呈现的副本条文或摘录。

Ⅲ. 为本法之目的，慈善组织应被视为拥有永久性捐赠，非为慈善组织目的不可使用为该目的持有的所有财产且不区分——

（一）资金，以及

（二）收益。

并且本法中"永久性捐赠"与慈善组织有关，指仅可为慈善组织目的而使用的财产。

第十九编　最后条款

第三百五十四条　修正案等

Ⅰ. 附件七包含后续修订。

Ⅱ. 附件八包含过渡性条款和保留。

Ⅲ. 附件九包含暂时修订。

Ⅳ. 附件十包含废止和撤销。

第三百五十五条　生效日期

本法自通过之日起三个月后生效。

第三百五十六条　适用范围

Ⅰ. 在遵循第二款至第七款的前提下，本法仅适用于英格兰和威尔士。

Ⅱ. 第二编第一章（"慈善组织"和"慈善组织目的"定义：总则）：

（一）亦适用于苏格兰，但仅在第七条提及的范围内影响苏格兰法；

（二）亦适用于北爱尔兰，但仅在第八条提及的范围内影响北爱尔兰法。

Ⅲ. 第五编（获取信息的权力），第五十四条至第五十九条（向慈善委员会披露或由其披露信息）适用于英国全境。

Ⅳ. 第六编（将财产用作其他相似目的等）中，下列条款亦适用于北爱尔兰：

（一）第六十八条第三款和第四款（在制定有关法人团体的计划时，通过枢密令修改皇家宪章），以及

（二）第九十六条至第一百○四条（共同投资或存款基金）。

Ⅴ．附件七第二条（解释法律及文件中所规定的英格兰和威尔士慈善组织委员）亦适用于苏格兰和北爱尔兰。

Ⅵ．在遵循附件七中条款的前提下，附件七或附件十中规定的修订、废止或撤销的适用范围与其所规定的法律或条文相同。

Ⅶ．附件八中第二章（过渡性条款和保留：娱乐等目的）中：

（一）第九条至第十二条亦适用于苏格兰，但第十条和第十二条仅在其提及的范围内影响苏格兰法；

（二）第九条至第十一条以及第十三条亦适用于北爱尔兰，但第十条至第十三条仅在其提及的范围内影响北爱尔兰法。

第三百五十七条　已定义表述的索引

附件十一中列明了本法所使用的一些表述在何处有定义或其他说明。

第三百五十八条　简称

本法可被援引为2011年慈善法。

译后记

金锦萍

凡研究慈善法者,言必称英国,盖因英国乃世人公认的现代慈善法的起源地,诸如澳大利亚、加拿大等英联邦国家的慈善立法也深受其影响,尽管美国是个例外。

十六、十七世纪的英国正处于从封建社会向资本主义社会转变的历史时期,面临深刻的社会变化,当时无论是宗教改革还是社会经济的剧变都对法律和政策产生了重大影响。在世纪之交的1601年,英国有两部法律令人瞩目:一曰济贫法,一曰公益用益法。后者旨在"用来纠正公益用益权人对获赠的土地、物品和款项的滥用",成为现代慈善法的肇始,也被称为"1601年英国慈善法"(或称为1601年伊丽莎白法)。该法篇幅不长,但是常常被后来的著名案例所引用,其序言中关于慈善的界定也成为英美法上最为经典的阐述之一:"老人、残疾、疾病和贫民的救济;伤病士兵和水手的救助;资助学校教育、免费学校以及大学的学者;桥梁、港湾、避难所、堤道、教会、海岸和公路的维修;孤儿的教育和辅导;感化院的维护、救助;贫困女子的婚姻的协助;创业青年以及弱者的协助;囚犯、战俘的救济与更生保护;贫民的租税负担、出征费(安家费)的援助"。尽管这一表述并无界定法律上的慈善含义的企图,但是却以列举的方式向世人和后世的立法者彰显了这一看起来似乎并不可能的努力。①

英国慈善法自此有了成文法,而且令人惊讶的是,其在接下来的四个多世纪中不断推陈出新,在法典化的路上越走越远。从十七世纪初期到二十世纪中期,英国也陆陆续续出台了一些单行法律,以规范慈善组织和慈善活动,但是尚无完整的慈善法典,直至1960年。1960年慈善法体系性地对于以往的相关法律进行整合。此后陆续于1992、1993、2006、2011年,立法者又对慈善法进行了重大修订和更新。

当我十多年前着手翻译英国慈善法时,还是1993年慈善法有效施行之时,但是完成之后一直隐藏在电脑深处不敢示人,以至于在前两辑《外国非营利组织法译汇》中都未将其收入,纯因信心不足也。2014年,随着我国慈善法立法进程的加快,对于域外法律的了解和把握也成为一种刚需。我重拾1993年英国慈善法的翻译校订工作,而彼时英国2006年、2011年慈善法已经先后出台,让我的这一努力似乎彻底失去了时效。于是乎突发奇想,干脆将此三部法律逐一翻译出来,一者对于自己原先的工作是个小结和交代,同时也让后续研究者得以窥探到英国在二十和二十一世纪交替之际,其慈善法的修订和变更历程,并从中获得一些灵感。尽管此时众多研究者的英语水平俨然无需译者的多此一举,但是这一努力如果能够为后续研究者省却一点心力,也是令人欣喜的事情。

慈善法的这两次修订力度都很大。2006年慈善法对1993年慈善法的修订,历时十余年,其间对于重大问题进行专题研究,并充分进行论证。由于立法者还希冀保留原有的条文编排,故通篇都是以修订模式进行的。但是形式上的固守并没掩盖住2006年慈善法的诸多历史性突破:首次为慈善目的下了一个明确的法律定义;首次明确了慈善委员会的法律地位:是直接向议会负责的、具有特殊独立性的主管慈

---

① 后来麦克纳坦爵士根据1601年慈善法的规定于1891年在"帕姆萨尔上诉案"的判决中提出了四大慈善目的:扶贫济困、推动教育进步、促进宗教发展以及任何惠及社区的其他目的。

善事业的政府机关；引进了一种专门为慈善组织设计的具有正式法律地位的公司制组织形式：公司类型的慈善法人（Charitable Incorporated Organization，简称CIO）；设立了慈善申诉法庭；对慈善组织的筹款募捐活动进行了规制；等等。但是仅仅时隔五年之后，2011年便再次进行修订。如果2006年的修订是"轻形式重实质"的话，那么2011年的修订则刚好相反，诚可谓"重形式轻实质"也。其基本上没有突破性规定，但是将2006年的修订模式完全重新进行体系性安排，条文顺序也有所改变，因而需要以附件的形式解决该法与其他法律之间的援引问题。

在英国慈善法走过四个多世纪之后的2016年，我国也出台了历史上第一部慈善法。此法由十二届全国人大四次会议通过，为慈善领域的基础性法律，兼具慈善组织法、慈善行为法和慈善促进法的内容。慈善法及时回应现实需要，生正逢时，力求全面、严谨而专业地规范和鼓励慈善组织及慈善行为，促进慈善事业之发展。我当时以《慈善法开启民间与政府共同为社会筑底的时代》为题写了评论文章，其中有一段是这样阐述的：

"慈善法的出台意味着民间与政府将在社会公益活动、社会服务提供和社会治理等方面协同努力。毋庸讳言，我国正处于社会转型的关键时期，社会问题与社会矛盾凸显。在政府提供基础公共服务之外，慈善组织将有效提供基础公共服务不能或者尚未覆盖的部分，增进社会福祉；在传统社会管控转向社会治理的过程中，慈善组织作为社会组织中的代表，将有力培育民众参与公共事务和承担公共责任的精神和意识；社会公益活动更是慈善组织最为擅长的领域，因为其宗旨和使命就在于此。以扶贫济困为例，当下国家正启动精准式扶贫发展攻坚战，然而贫困问题的解决不仅是政府的职责，也需要社会参与，慈善组织将一如既往地投身于此。"

尽管我对于慈善法寄予厚望，但是原先并不支持慈善法的立法主张（时至今日依然持这一主张）。因为长期以来我一直认为：与其立一部慈善法，不如立一部非营利组织法。其中缘由不言而喻：慈善法所规制的只是慈善组织，而慈善组织在非营利组织中只占一席之地，为数众多的非营利组织并不在此列（无论是组织属性所致，还是设立者意愿所致）。如果非营利领域缺失一部基本法律，那么不仅慈善组织的相关法律规范如同建立在沙滩上的城堡而根基不牢，而且大量的非营利组织依然因缺乏秩序供给而身陷无法可依之窘境。近期通过的《民法总则》将法人分类为营利法人和非营利法人，则更大程度上揭示了这一窘境：营利领域的法人因为有特别法作为依据，故民法总则中只做出原则性固定即可；然而非营利法人却因为无特别法作为依据，导致民法总则的规定捉襟见肘，进退维谷。这些就不再赘述，因为似乎已经有所离题。

感谢在慈善法立法过程中一起努力过的伙伴们，由于你们的鼓励和肯定，才让我在这样一个边缘的法学领域，有了继续坚持下去的充分理由；依然要感谢社科文献出版社的刘骁军编审，没有你温和而坚定的督促，不会有此一书，因为懒惰的我总想无限期地拖延；感谢我的父母，永远肯定和信任我，无条件地支持我；感谢我的先生，总是毫无怨言地纵容我的一切；还要感谢我的女儿，她是我此生最好的作品，让我因为想成为她的好妈妈而不断磨砺自己。

译后记写完之时，恰逢中秋时分，仰望明月，打油一首，作为结语：

十五月亮十七盈，远瞰秦汉近撩卿。
稚儿奶声唤玉盘，诤友豪饮对月影。
千古赏咏多痴情，良夜凝铁少回音。
问君济世梦安在，一片银光满天心。

金锦萍

2017年中秋夜于北京百望山下

图书在版编目（CIP）数据

非营利组织法译汇.三，英国慈善法/金锦萍译
.--北京：社会科学文献出版社，2017.11
（北京大学非营利组织法研究书系）
ISBN 978-7-5201-1198-0

Ⅰ.①非… Ⅱ.①金… Ⅲ.①非营利组织–行政管理–法规–汇编②慈善事业–法律–汇编–英国 Ⅳ.①D912.109②D956.121

中国版本图书馆CIP数据核字（2017）第192171号

·北京大学非营利组织法研究书系·

非营利组织法译汇（三）：英国慈善法

译　　　者 / 金锦萍
出　版　人 / 谢寿光
项目统筹 / 刘骁军
责任编辑 / 关晶焱　赵瑞红
出　　　版 / 社会科学文献出版社（010）59367161 　　　　　　地址：北京市北三环中路甲29号院华龙大厦　邮编：100029 　　　　　　网址：www.ssap.com.cn
发　　　行 / 市场营销中心（010）59367081　59367018
印　　　装 / 三河市尚艺印装有限公司
规　　　格 / 开本：787mm×1092mm　1/16 　　　　　　印张：28.5　字数：395千字
版　　　次 / 2017年11月第1版　2017年11月第1次印刷
书　　　号 / ISBN 978-7-5201-1198-0
定　　　价 / 128.00元

本书如有印装质量问题，请与读者服务中心（010-59367028）联系

▲ 版权所有 翻印必究